贵州省2014年省级重点支持学科（中国语言文学）建设成果
贵州省2013年"专业综合改革试点"项目（汉语言文学专业）成果

文化论丛

（第5辑）

吴　俊　周　江　主编

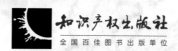

知识产权出版社
全国百佳图书出版单位

图书在版编目（CIP）数据

文化论丛．第5辑／吴俊，周江主编．—北京：知识产权出版社，
2017.7

ISBN 978-7-5130-4971-9

Ⅰ．①文…　Ⅱ．①吴…②周…　Ⅲ．①文化—文集　Ⅳ．①G-53

中国版本图书馆 CIP 数据核字（2017）第 144557 号

责任编辑：徐　浩　　　　　　　责任校对：潘凤越
封面设计：SUN 工作室　韩建文　责任出版：刘译文

文化论丛（第 5 辑）
吴　俊　周　江　主编

出版发行：知识产权出版社 有限责任公司	网　　址：http：//www.ipph.cn
社　　址：北京市海淀区气象路 50 号院	邮　　编：100081
责编电话：010-82000860 转 8343	责编邮箱：xuhao@cnipr.com
发行电话：010-82000860 转 8101/8102	发行传真：010-82000893/82005070/82000270
印　　刷：北京科信印刷有限公司	经　　销：各大网上书店、新华书店及相关专业书店
开　　本：720mm×960mm　1/16	印　　张：21.25
版　　次：2017 年 7 月第一版	印　　次：2017 年 7 月第一次印刷
字　　数：333 千字	定　　价：79.00 元
ISBN 978-7-5130-4971-9	

编　委　会

卷首语

　　记得有段贵州人描述自己的顺口溜，开头说："地无三尺平，天无三日晴。"前者是说贵州多山，后者是说贵州多水。这应该是很好的地方了，山水之乡，人生梦境。好多年前我到贵州，深刻感受到这山水之乐，为之撰写竹枝词一组，开头有云："东日西雨杨柳青，一日三遍洗兰城。"贵阳遍种兰花，人称兰城，给人有极好的印象。但是前述那个顺口溜的最后一句却说："人无三文银"，那就是说穷了，这样的山水便是穷山恶水，前面的山水失去了色彩，有山有水反倒是一个问题。

　　同一山水对象，为什么会出现这样的截然不同的表述呢？这固然有经济发展的因素，但是，与人文学者、文人雅士没有对地方风景与风物很好地加以颂扬、加以解读、加以传播，没有正面表述语，却是有着绝大关系的。梵净山不好吗？荔波水不好吗？黄果树不好吗？人称云贵高原，四季如春，这样的山水是天下绝佳山水。为什么就没有弄出来一句像"桂林山水甲天下"那样的俗语呢？

　　除了绝佳山水，贵州还有着近边多彩的西南民族民俗文化，其原真性、神秘性十分突出，所以称其为"多彩贵州"。做人文研究的人都会感到自己的幸运。生在此地，犹如金矿四围，多少文化资源可以开掘啊！

　　人文学者对于地域文化的研究和传播不是王婆式的自卖自夸，而是对于文化资源的辛勤搜集、整理、解读、应用、传播和传承。人文学者是文化的研究者，更是文化的建构者。我们举一个例子说吧。文化资源犹如田野里的萝卜，需要去拔回来，这就是资源搜集。但是还是不能吃，因为很脏很乱，所以要洗涤、要去泥，大小区分归类，这就是整理。我们还要确定萝卜的属性、生长规律、功用价值等，这就是解释研究。根据我们认识到的萝卜的属性功用，分门别类地对萝卜进行加工，比如有的做成萝卜干，有的做成萝卜丝，有的加工成萝卜酱，有的生吃，有的泡成酸菜吃，有的下火锅吃，等等，这就是应用。这还没完，做成的萝卜干等得卖出去。过去我们生产萝卜干都是自己吃，自给自足，现在不行了，如果这样就会破产、落伍，所以卖出去才是生存之本，这就是传播和交流。对于萝卜生产者来说，还有最为重要的事情，就是得准备来年的萝卜种植，不然萝卜失传了，来年还哪有萝卜呢？这就是传承。萝卜的生产加工与种植的循环程序，就是一个标准的文化工作者的研究程序。人文研究者中有能够全程掌控的高人，也有某一环节的专家，缺一不可。人文研究是一个系统工程，需要人文学者的高度合作以及有效管理。学术研究不是纸上谈兵，而是惠及民生、传承文化、为万世开太平的伟大事业。

地域文化一般由语言的口头与档案形态、仪式的行为形态和物象的物质形态三个层面构成，文化通过叙事叙述而发生功用，因此，我们又将人文的诸形态称为语言（语言、书写）叙事、行为（仪式、日常生活）叙事和物象（景观、图像）叙事。这种三位一体的结构，有的文化是三种形态完整保留且和谐生存，如屈原的传说，有其投江传说（含屈原诗歌）故事，又有端午节之赛龙舟、吃粽子之仪式，更有屈原塑像、屈原庙景观并粽子龙舟之物质制品，所以关于屈原文化遗产的形态是语言传说、节日仪式和景观物象的合一，是一种复合的文化形态。贵州地区的傩文化也是这样的三层结构，有神话传说，有仪式舞蹈，更有傩面等诸多的物质载体。文化的叙事性转化为观赏性，因此，我们从最初的语言审美的形态到关注动态的艺术表演以及静态的景观，审美世界的空间拓展了，而文化资源的开发空间也就大大拓展了；自然的山水与人文的山水景观变成人文空间，转化为表演的世界，一种可观赏、富含人文价值的文化景观，文化的多方面的巨大能量就会焕发出来。这些都有赖于人文学者思维空间的拓展，有赖于人文学者的辛勤劳动。

过去的文化研究往往区别所谓雅文化研究和俗文化研究，这不是一种科学的分类方法。文化研究只有一种雅致文化的研究，一种提升日常生活境界的文化形态的研究。以贵州为例，过去似乎没有太多的所谓的雅文化，屈原、李白、杜甫、唐宋八大家等，都不是贵州出生的，但是贵州是不是就没有高雅文化呢？贵州最为突出的高雅文化就是贵州的民族民俗文化。

民俗是生活的华彩乐章，是提升日常生活境界的文化要素，是一种超越性的存在，这是我们一贯的民俗学的主张，希望以此改变各地对待民俗文化资源的态度。以安顺蜡染为例，作为世世代代传承的民族服饰文化，可谓国之瑰宝、灿烂无比，是不是很雅致。民俗之俗不是通俗之俗，而是文化遗产。再以传统饮食民俗的代表中国白酒为例，贵州茅台这样的地方特产是国酒的代表，是珍贵的国礼。因此，贵州之美在民间，贵州之美在民俗，贵州之美在各民族之心灵。

70 年前，在中华民族灾难深重的岁月，上海高校一路西南行，颠沛流离，来到了贵州，贵州人民以热忱的胸怀接纳了这批流浪的、坚定的人文学子。贵州人民的优秀儿子、上海大夏大学文学院院长、杰出的神话学家和民俗学家谢六逸教授，带领着吴泽霖教授等一大批学者，开展西南地区民族文化调查研究，为贵州文化进入学术视野，做出了开拓性的贡献，其功绩载入史册。前年，当我来到黔灵山，伫立在谢六逸先生墓前，深深感动。大夏大学学者拯救国家民族文化，献身学术事业的精神，一直鼓励着一代又一代学者为之奋斗。新中国成立后，大夏大学整体并入华东师范大学。谢六逸、吴泽霖先生开创的传统，是华东师范大学的人文研究传统，希望也能够成为贵州师范学院的人文传统，因为贵师是贵州文化研究的直接继承者，而大夏的这项传统是在贵州开创的，是我们的共同遗产。

中国的发展进入了一个新的时期，以消耗资源为代价的制造业时代即将过去，一个文化共享、文化竞争的时代即将到来。多彩的文化资源将成为贵州发展的核心竞争力，贵师的同仁获得了一个学术发展、事业发展的难得机遇，为贵州文化的发展和社会的发展做出杰出的贡献。衷心期待《文化论丛》继往开来，书写贵州文化的华章。

2014 年 10 月 6 日

目　　录

黔地文化

民族文献与文化

文学与文化

外国文化与文化比较

语言与文化

教育与文化传播

现代传媒与文化传播

学生专栏

黔地文化

本土艺术、工艺及其保护、传承和发展研究述评*

——贵州大学学报（艺术版）"本土艺术研究"专栏文献综述

■ 周　江　孟晓娜**

【摘　要】"本土艺术研究"是贵州大学学报（艺术版）自 2007 年起为刊发本土艺术研究成果、推动本土艺术研究而开设的专栏。综观该栏目下百余篇论文，可大致分为艺术研究，工艺研究以及民间工艺、艺术文化的保护、传承和发展研究三个大类。艺术研究文献繁多、种类多样，不仅不缺乏某地区某民族的某种艺术形式的研究，而且还有关于某民族某门类艺术之一般特征的研究和综述类文献研究；工艺研究主要对贵州本土著名的民间工艺进行细致描述和研究；民间工艺、艺术文化的保护、传承和发展研究，一方面在理论研究部分提出保护、传承和发展的抽象理念和普遍原则，另一方面在应用研究部分也不乏对某地区某种民间工艺或艺术的保护、传承和发展的具体方案、策略的研究，以及具体促进民间工艺或艺术保护、传承和发展的物态化产品的研究。但各类研究都存在一个问题，即大多数研究止于现象描述和经验总结，研究的理论性存在欠缺，其原因在于没有自觉运用各门类艺术的具体理论或一般艺术学、美学理论。而第三大类研究也应注意加强对理论研究部分的抽象原则的合理性、可落实性的

* 本文是贵州省科教青年英才培养工程项目"生存的史诗——苗族生存论美学研究"（黔省专合字［2012］133）的阶段性成果。

** 周江，男，博士，贵州师范学院文学院教授，研究方向为美学原理；孟晓娜，女，辽宁辽阳人，贵州师范大学历史与政治学院讲师，研究方向为政治思想史。

研究，以及对应用研究部分的具体方案的针对性、有效性的研究。

【关键词】本土艺术研究　三大类研究　文献综述

贵州大学学报（艺术版）"本土艺术研究"专栏的出现填补了贵州这样一个拥有众多民族而且民族艺术和工艺种类纷繁多样、艺术文化产业方兴未艾的地区没有专门学术刊物研究本土艺术的空白。2007~2014年，"本土艺术研究"栏目刊发本土艺术研究的论文100余篇，其中民族民间艺术研究62篇，工艺研究24篇，民间工艺、艺术文化的保护、传承和发展研究23篇。艺术研究涉及民族民间歌舞研究（29篇，其中歌舞综合研究6篇、歌谣研究12篇、舞蹈研究11篇）、音乐研究（15篇）、乐器研究（7篇）、美术研究（7篇，其中绘画研究5篇）、戏剧研究（4篇）；民族民间工艺研究涉及刺绣（7篇，其中马尾绣研究4篇）、服饰（6篇，其中苗族服饰研究4篇）、印染（4篇，其中蜡染研究3篇）、饰品（4篇，其中银饰2篇）、剪纸（1篇）、面具（1篇）、纹样（1篇）；民间工艺、艺术文化的保护、传承和发展研究，涉及本土艺术文化发展综合研究（4篇）、民间艺术或工艺传承和发展研究（10篇）、旅游产业研究（5篇）和地方艺术专题研究（4篇）。

一、艺术研究综述

在艺术研究方面，"本土艺术研究"专栏刊登的论文涉及歌舞、音乐、绘画、美术、戏剧等艺术门类的研究。就各个艺术门类来看，歌舞研究远多于其他艺术门类的研究。就门类艺术特点来看，多为某个民族或某地区的具体歌谣、舞蹈、绘画、戏剧之艺术特点的研究，而对于某门类艺术一般特征的研究，除了音乐艺术外，其他门类艺术的研究显得非常不足。

（一）歌舞研究综述

歌舞研究涉及歌舞综合研究、歌谣研究和舞蹈研究三类；涉及苗族、侗族、布依族、土家族等民族，涉及贵州本省黔东南、武陵、镇宁等地区，以及省外的安徽、湖北、广东等地区。

在歌舞综合研究中，涉及夜郎乐舞、独山花灯、土家歌舞、拜童歌舞、苗族乐舞、布依地戏等研究对象，涉及乐舞特征、歌舞的文化内涵、乐舞与民俗的关系、乐舞研究综述等主题。

贵州民族歌舞源远流长。邓光华的《夜郎乐舞的界定、论证与价值定位》就是一篇从历史、艺术和文化发展方面对贵州本土歌舞进行历时性考察的力作。邓氏以夜郎文化为切入点，对夜郎乐舞的历史背景、基本特点、文化内涵、艺术类型和文化价值进行了全面剖析。因夜郎故地占贵州本土的四分之三，所以本文其实是对贵州本土歌舞的一种总体考察。论文认为，夜郎乐舞发源于先秦时期夜郎故地，是以铜鼓和芦笙的参与为显著特点的集歌、乐、舞于一体的古代综合艺术。论文基于出土文物和本土传统乐舞的相互印证，指出夜郎乐舞确实存在，而且时至今日夜郎乐舞的嬗变形态仍然兴盛于贵州本土。❶

歌舞综合研究中的多数论文则是研究某民族或某地区某种歌舞形式的。《独山花灯语言特色及与本土民俗的关系探析》认为方言凸显了花灯的艺术风格，并探讨了花灯与民俗的关系。❷《亦神亦俗：镇宁长脚寨跳地戏之文化实践与社会生活》探讨了布依族跳地戏的话语表述方式和文化内涵。❸《对武陵地区土家族民间歌舞中巫祀内涵与价值的探究》揭示了土家族歌舞的巫文化内涵，并对歌舞的艺术特征进行了细致阐述。❹《"拜童"的歌舞——番瑶儿童音乐研究》主要分析了瑶族拜童歌舞的音乐特征，并指出其音乐、舞蹈仪式中圆的审美特征。❺

另外，本部分有一篇综述类论文《贵州苗族舞蹈音乐研究述评》，认为对贵州本土苗族的音乐、舞蹈已从音乐学、舞蹈学、综合学科视角进行了研究，并获得了不少研究成果，但应该注意乐器、传承及其与民俗的关系

❶ 邓光华. 夜郎乐舞的界定、论证与价值定位 [J]. 贵州大学学报：艺术版, 2007 (1)：4~5.

❷ 朱玲波. 独山花灯语言特色及与本土民俗的关系探析 [J]. 贵州大学学报：艺术版, 2010 (4)：95~99.

❸ 雷勇. 亦神亦俗：镇宁长脚寨跳地戏之文化实践与社会生活 [J]. 贵州大学学报：艺术版, 2013 (3)：108~113.

❹ 李俊文. 对武陵地区土家族民间歌舞中巫祀内涵与价值的探究 [J]. 贵州大学学报：艺术版, 2011 (2)：101~107.

❺ 刘雯. "拜童"的歌舞——番瑶儿童音乐研究 [J]. 贵州大学学报：艺术版, 2011 (4)：97~102.

等方面的规定性研究。❶

可见，对民族民间歌舞的综合研究主要仍集中在某民族、某地区的某种乐舞的研究，而研究的普遍性不足。比如，对某民族的乐舞的基本特征或一般特征的研究就比较缺乏。

在民族歌谣研究中，涉及贵州苗族、侗族、布依族等民族，以及省外壮族、客家的民歌；主题方面涉及艺术特征、文化内涵、民族民歌比较研究等。

苗族民歌研究有两篇论文。《贵州"苗族飞歌"的民族个性与艺术品格》以苗族飞歌为研究对象，揭示了飞歌在内容、旋律、歌唱形式和方法等方面的特点。❷《台江苗族多声部情歌的文化生境与独特魅力》以台江苗族情歌为研究对象，揭示了其多声部情歌具有的曲调古朴、含蓄、颤音和真假声混用的特点。❸

侗族民歌研究也有两篇论文。《江上侗歌研究——贵州从江巨洞江上侗歌考察》一文考察了江上侗歌的文化土壤，揭示了江上侗歌的音乐学特征。❹《侗族"嘎老"演唱的对歌群体与侗人社会》一文考察了不同形式的"嘎老"与侗族文化的关系，指出"嘎老"演变为侗族大歌是现代社会合谋的复杂结果。❺

另有一篇对比研究苗族和侗族民歌的论文《苗族与侗族民歌的文化生态与演唱特点研究》。该论文认为苗族民歌与侗族民歌相比，在演唱方面分别存在真假声结合运用和鼻腔共鸣的特点。❻

布依族民歌研究有三篇论文。《布依族歌调"三滴水"》阐述了"三滴

❶ 曾雪飞. 贵州苗族舞蹈音乐研究述评 [J]. 贵州大学学报：艺术版, 2013 (2)：103~120.
❷ 王砚玺. 贵州"苗族飞歌"的民族个性与艺术品格 [J]. 贵州大学学报：艺术版, 2009 (4)：10~13.
❸ 王丹. 台江苗族多声部情歌的文化生境与独特魅力 [J]. 贵州大学学报：艺术版, 2010 (4)：105~108.
❹ 万永仙. 江上侗歌研究——贵州从江巨洞江上侗歌考察 [J]. 贵州大学学报：艺术版, 2010 (2)：92~96.
❺ 曹端波. 侗族"嘎老"演唱的对歌群体与侗人社会 [J]. 贵州大学学报：艺术版, 2013 (4)：104~112.
❻ 张贵华. 苗族与侗族民歌的文化生态与演唱特点研究 [J]. 贵州大学学报：艺术版, 2008 (2)：17~18.

水"的歌调特征，并从音乐学角度分析了其特征。❶《布依族音乐文化中多声审美意识的历史存留——布依族"大歌"、"小歌"研究》指出词体特征、曲式结构特征、不同调式的协调是多声思维的核心。❷《布依族民间乐种——笔管与笔管歌》介绍了笔管的形制特点和笔管歌的演奏形式，并号召对其保护传承，且提出了相应对策。❸

其他四篇涉及其他地方民歌的研究。《石阡民间薅草锣鼓的艺术特点新探》指出薅草锣鼓具有歌词朴实、情感真挚、借景传情的特点，并揭示了各主要曲牌在音乐形式和情感表达方面的特征。❹《刘三姐歌谣的审美文化内涵》就广西壮族主要地区流传的刘三姐歌谣从意味和形式两方面进行了探究，指出分别具有情思交流、显现民族性格和刘三姐形象符号化的审美意蕴。❺《"慢赶牛"民歌的音乐形态分析》指出了大别山地区"慢赶牛"民歌在演唱、唱词、音乐三方面的特征。❻《闽西客家山歌手郑淑英及其演唱的〈情歌〉》分析了客家情感歌词和音乐的特点。❼

从所占有的文献来看，本栏目中的民歌研究主要针对贵州本土主要少数民族的民歌展开研究，主要涉及苗族、侗族、布依族。但是，应该注意贵州本土少数民族众多，民族民歌更是举不胜举，且有大量民歌未得到重视。所以，在关注主要少数民族同时，也不能忽视其他少数民族的民歌。

另外，从主题来看，基本都涉及民族民歌的（艺术）特点，但对各民族民歌之艺术特征的研究多止于现象描述，缺乏理论支持和理论自觉。其实，艺术学、美学的一般理论都可用于具体歌谣的研究。以后的研究可以更加注重基本理论的应用，以提高其理论性。

---

❶ 唐世清. 布依歌调"三滴水"[J]. 贵州大学学报：艺术版，2010（2）：88~90.

❷ 李继昌. 布依族音乐文化中多声审美意识的历史存留——布依族"大歌"、"小歌"研究[J]. 贵州大学学报：艺术版，2010（2）：78~87.

❸ 陈赟. 布依族民间乐种——笔管与笔管歌[J]. 贵州大学学报：艺术版，2009（2）：16~19.

❹ 杨胜兴，万永仙. 石阡民间薅草锣鼓的艺术特点新探[J]. 贵州大学学报：艺术版，2010（1）：104~108.

❺ 罗相巧. 刘三姐歌谣的审美文化内涵[J]. 贵州大学学报：艺术版，2008（2）：104~108.

❻ 陆伟. "慢赶牛"民歌的音乐形态分析[J]. 贵州大学学报：艺术版，2008（2）：117~122.

❼ 王聪生. 闽西客家山歌手郑淑英及其演唱的《情歌》[J]. 贵州大学学报：艺术版，2008（2）：117~122.

在民族舞蹈研究中，涉及贵州本土民族舞蹈研究，省外湖南、云南以及闽南、鄂西等地区的民歌；涉及艺术特征、文化内涵、民族性格、艺术价值和发展之道等主题。

贵州本土的民族舞蹈研究无一不是针对苗族舞蹈展开的。《黔东南反排木鼓舞的文化传承与发展路向》介绍了该木鼓舞的起源特点，分析了其文化内涵，并简单指出了其发展途径。❶《巴斛舞蹈解读》认为其舞蹈是该苗族支系的主要文化载体，并对其每一类舞蹈进行了细致描述。❷《苗族民间舞"长衫龙"初探》对花苗芦笙舞的起源、形式特征、历史和审美特征等方面进行了研究。❸《贵州苗族舞蹈"长衫龙"的行动意象分析》揭示了该舞蹈的行动规律，认为其舞蹈过程是太极意象和龙形象的显现。❹《贵州苗族"鼓舞"的认知及文化分析》认为苗族鼓舞作为以身体为符号编码而成的文化记忆，在旅游开发的冲击下，传统鼓舞的神秘性、神圣性消失，这意味着苗族根性文化消失，而变成满足外部娱乐的工具性存在；论文尝试探寻一种文化保护与经济发展间的平衡机制，表达了对传统文化强烈的忧患意识，和挽救其的紧迫感，且提出"返魅"的平衡发展机制，但并未有具体方案提出。❺《论苗族舞蹈〈水姑娘〉中审美意识的嬗变》对该舞蹈进行了细致的审美经验的描述，并认为民族性、原生态加上新的元素才是民族艺术的发展之道。❻

对省外的研究也多为南方舞蹈研究。《论土家族舞蹈艺术的民族品性》考察了土家族舞蹈的基本行为来源、地位、价值。❼《男人的绝唱：鄂西土

---

❶ 苏晓红．黔东南反排木鼓舞的文化传承与发展路向 ［J］．贵州大学学报：艺术版，2009（1）：11~13.

❷ 彭学艳，向士敏，等．巴斛舞蹈解读 ［J］．贵州大学学报：艺术版，2010（4）：100~104.

❸ 蒙曦，王唯惟，彭荫荪．苗族民间舞"长衫龙"初探 ［J］．贵州大学学报：艺术版，2011（4）：103~106.

❹ 王声珅．贵州苗族舞蹈"长衫龙"的行动意象分析 ［J］．贵州大学学报：艺术版，2013（2）：109~113.

❺ 刘远林，王唯惟．贵州苗族"鼓舞"的认知及文化分析 ［J］．贵州大学学报：艺术版，2012（1）：90~93.

❻ 袁源．论苗族舞蹈《水姑娘》中审美意识的嬗变 ［J］．贵州大学学报：艺术版，2012（4）：103~106.

❼ 彭曲．论土家族舞蹈艺术的民族品性 ［J］．贵州大学学报：艺术版，2014（3）：107~112.

家族"肉连响"寻踪》考察了土家族民间舞蹈"肉连响"的源流。❶《纳西族东巴仪式舞蹈中鼓语的象征性叙事》认为鼓语作为沟通人神的符号，也实现了文化身份的认同。❷《闽南拍胸舞中"打七响"动作的民俗文化表现特征》揭示了拍胸舞所具有的文化特征和反映的民族性格。❸《探寻"五禽戏"与舞蹈之联系》探寻了五禽戏与传统舞蹈的相似之处。❹

贵州舞蹈研究多为对苗族的某种舞蹈进行细致描述和分析，从其细致可见所下功夫之多。但是，贵州拥有全国少数民族族别的绝大多数，民族舞蹈多姿多彩，因而仅对苗族舞蹈展开研究，显然是远远不足的。

对省外的研究除了某民族的某种舞蹈的研究外，也有以某民族舞蹈的整体风貌为研究对象的，但未对其舞蹈特征做出界定。从占有的文献来看，多为对某民族某种舞蹈的细致描述和分析，对某民族舞蹈的一般特征的研究非常少见。

（二）音乐研究综述

音乐研究表现出跟其他门类艺术研究的迥异差别：对民族民间音乐的研究不仅不乏对某民族音乐之一般特征的研究，而且不乏对贵州民族民间音乐的综述类研究。这是其他门类艺术研究所没有的特点。而且在音乐研究文献中，出现了一类独特的研究，即乐器研究，约占音乐研究文献的三分之一，足以引起关注。

综述类文献占有的材料非常充分，内容丰实，梳理了本土民族音乐的民俗基础、音乐类别、文化内涵、功能、音乐的传承、发展等问题。《贵州少数民族宗教音乐研究综述》对贵州主要少数民族宗教信仰进行了研究，并基于此，研究了宗教音乐文化：对宗教音乐进行了分类分析，认为古歌是民族传统文化之根基；仪式乐舞是民间歌舞的母本，具有巫文化内涵和

---

❶ 彭曲. 男人的绝唱：鄂西土家族"肉连响"寻踪 [J]. 贵州大学学报：艺术版，2013 (3)：102~107.

❷ 申波. 纳西族东巴仪式舞蹈中鼓语的象征性叙事 [J]. 贵州大学学报：艺术版，2012 (3)：103~108.

❸ 黄明珠. 闽南拍胸舞中"打七响"动作的民俗文化表现特征 [J]. 贵州大学学报：艺术版，2012 (1)：94~98.

❹ 孟凡翠. 探寻"五禽戏"与舞蹈之联系 [J]. 贵州大学学报：艺术版，2011 (4)：107~110.

社交娱乐功能。❶《回顾、反思、展望——记"贵州民族音乐研究会 20 周年庆学术研讨会"》回顾了"四大集成"等民族音乐研究的代表成果，其囊括多民族、多类别音乐；反思了民族音乐教育，倡导传承民族音乐文化；展望如何继承音乐遗产，如何发展民族民间音乐，如何在立足地方的同时走向全国乃至世界。❷

此外，对贵州本土主要少数民族音乐按族别分类进行了梳理、分析的文献，也是音乐研究部分的亮点。《贵州少数民族宗教音乐研究——苗族篇》介绍了苗族生活的自然环境、历史、宗教信仰概况（祖先崇拜、灵魂崇拜和图腾崇拜的宗教观念），介绍了两个大型宗教活动，对其中的宗教音乐进行了介绍。❸ 论文内容丰实，但叙述太多，缺乏分析。《贵州少数民族宗教音乐研究——布依族篇》介绍了布依族相关节日，宗教崇拜、自然崇拜、图腾崇拜以及摩教的宗教观念，并对摩教仪式中的音乐进行了描述和分析。❹ 但描述远多于分析。《贵州少数民族宗教音乐研究——侗族篇》对侗族的宗教信仰进行了介绍，并对其中的音乐进行了阐释，❺ 但未揭示其音乐的基本特征。这类文献，因为对某民族某种音乐进行了整体研究而具有特色，但这种研究大多处于描述阶段，还未体现出足够的理论性，因而未能揭示某民族音乐的一般特征。

但音乐研究部分更多的还是对某民族某地区的音乐进行分析的文献。《论贵州民族民间音乐技术性要素与新音乐创作的融合》对贵州民族民间音乐的特质进行了概述，并提出贵州民族民间音乐文化与新音乐创作相融合的技术措施。❻《贵州苗族民间音乐的文化解读》指出苗族民歌以歌传文的

---

❶ 杨方刚. 贵州少数民族宗教音乐研究综述 [J]. 贵州大学学报：艺术版，2007（4）：1~5.

❷ 回顾、反思、展望——记"贵州民族音乐研究会 20 周年庆学术研讨会" [J]. 贵州大学学报：艺术版，2008（1）：26~28.

❸ 王承祖，胡家勋，杨方刚. 贵州少数民族宗教音乐研究——苗族篇 [J]. 贵州大学学报：艺术版，2008（3）：1~7.

❹ 杨方刚，曾雪飞，杜方芳. 贵州少数民族宗教音乐研究——布依族篇 [J]. 贵州大学学报：艺术版，2008（4）：83~88.

❺ 张中笑. 贵州少数民族宗教音乐研究——侗族篇 [J]. 贵州大学学报：艺术版，2009（2）：1~5.

❻ 陈馨婷. 论贵州民族民间音乐技术性要素与新音乐创作的融合 [J]. 贵州大学学报：艺术版，2013（3）：114~118.

表达方式、诞生的自然环境土壤，及其蕴含的旺盛生命意识这一文化内涵。❶《苗族"解簸箕"仪式木鼓乐的音乐学考察》讲述了木鼓敲击乐的传说，分析了其鼓点节奏，揭示了其音乐学内涵及意义。❷《祭祀音乐中的权力文化与社会秩序——以麻山苗族地区丧葬仪式中〈亚鲁王〉演唱为例》透过祭祀音乐考察了苗族文化中社会秩序与社会权力及二者的统一状态。❸《悲与喜的交响——黔西北普宜镇彝族民间音乐文化采风述略》考察了当地彝族民间音乐现状，指出其民族民间音乐仍有存留，但受到城市化生活方式的重大冲击。❹《黔西北彝族民间音乐文化的保护与开发研究》介绍了黔西北民间音乐的种类，外来文化、政治对其的影响，并针对其濒临消失，提出建立相应的文化保护机制的建议。❺《贵州三都水族端节铜鼓音乐文化考察与分析》涉及铜鼓的来源，铜鼓音乐的音乐学特点，并论及铜鼓音乐之文化内涵。❻《贵州少数民族音乐文化现象管窥——以从江芦笙笛和布依族民间"歌王"为例》认为看似简单的侗族芦笙乐必须从民族音乐学的视角去理解才能把握其特征，而歌王大赛重视的则是内容和真情实感。❼《民间音乐消长：乡民生命意识的艺术——黔中腹地营盘社区音乐的民族志叙事》对民歌、地戏、仪式音乐进行了人类学考察，认为民间音乐出于生存目的，与乡民的生活、生命密切相关，却在大众传媒的冲击下岌岌可危。❽《论佛山高明"花鼓调"的曲牌结构及艺术特色》分析了各个曲牌的音乐学

❶ 袁源．贵州苗族民间音乐的文化解读［J］．贵州大学学报：艺术版，2009（4）：7~9.

❷ 曾雪飞．苗族"解簸箕"仪式木鼓乐的音乐学考察［J］．贵州大学学报：艺术版，2009（4）：94~98.

❸ 曾雪飞，马静，王君．祭祀音乐中的权力文化与社会秩序——以麻山苗族地区丧葬仪式中《亚鲁王》演唱为例［J］．贵州大学学报：艺术版，2009（4）：98~102.

❹ 高树林．悲与喜的交响——黔西北普宜镇彝族民间音乐文化采风述略［J］．贵州大学学报：艺术版，2007（3）：18~21.

❺ 高树林．黔西北彝族民间音乐文化的保护与开发研究［J］．贵州大学学报：艺术版，2009（1）：6~10.

❻ 赵凌．贵州三都水族端节铜鼓音乐文化考察与分析［J］．贵州大学学报：艺术版，2013（2）：114~120.

❼ 徐小明．贵州少数民族音乐文化现象管窥——以从江芦笙笛和布依族民间"歌王"为例［J］．贵州大学学报：艺术版，2011（1）：99~101.

❽ 杨殿斛．民间音乐消长：乡民生命意识的艺术——黔中腹地营盘社区音乐的民族志叙事［J］．贵州大学学报：艺术版，2008（2）：6~16.

特征，并指出曲式结构和曲调的艺术特征。❶ 这类文献大多论述的是某地区某民族的音乐文化，但已经能够运用音乐学理论进行自觉分析，或对研究对象做出较有理论深度的分析。可见，当研究对象比较具体、范围较小时，研究可以比较深入；但是，当研究对象较为宽泛或范围较广，研究便流于现象描述，缺乏理论深度。这表明本土音乐之一般特征的研究与具体某地区或某民族的音乐研究相比，难度更大，需要更多的调研和更深厚的理论功底。这也是本土音乐研究有待加强之处。

在本土音乐研究中，还有一类乐器研究值得关注。《从王连兴的直箫看国乐的社会功能》认为国乐应该包括少数民族音乐，并就直箫在苗族生活中的意义、功能进行了阐述。❷《惠水与黄平苗族芦笙之比较研究》从地理环境、乐器质地、音乐形态、社会功能四个方面对两地的芦笙乐进行了比较研究，但描述居多。❸《莫轰≠唢呐》认为莫轰伴随彝族丧葬仪式而产生，其产生年代（夏商之交）比唢呐传入早 2000 年，且二者形制也有显著区别，故莫轰是彝族先民创造的吹奏乐器，唢呐不是。❹《贵州薅草锣鼓的地域性与跨地域性特征》对仡佬族和侗族的薅草锣鼓进行了细致对比，并总结了其具有的荆楚文化和巴蜀文化特征。❺《"贵州少数民族乐器图鉴"研究及其例说》对贵州少数民族乐器进行了多体系的分类研究，研究颇为细致，❻ 但多为现象描述。《海南岛黎族地区竹乐器研究》细致描述了几种海南黎族乐器和涉及的相关民俗。❼《四川民间传统吹打乐的衍变及特征考察》指出四川唢呐具有循环换气和双唢呐摸索演奏的吹奏特征。❽ 乐器研究部

---

❶ 刘长林，刘丹. 论佛山高明 "花鼓调" 的曲牌结构及艺术特色［J］. 贵州大学学报：艺术版，2014（3）：117~124.

❷ 张中笑. 从王连兴的直箫看国乐的社会功能［J］. 贵州大学学报：艺术版，2007（2）：11~16.

❸ 宋婷竹. 惠水与黄平苗族芦笙之比较研究［J］. 贵州大学学报：艺术版，2007（2）：22~27.

❹ 周正军，胡家勋. 莫轰≠唢呐［J］. 贵州大学学报：艺术版，2009（2）：13~23.

❺ 杨胜兴. 贵州薅草锣鼓的地域性与跨地域性特征［J］. 贵州大学学报：艺术版，2012（3）：97~108.

❻ 周惠萍，张应华，吴培安. "贵州少数民族乐器图鉴" 研究及其例说［J］. 贵州大学学报：艺术版，2010（2）：97~101.

❼ 曹量. 海南岛黎族地区竹乐器研究［J］. 贵州大学学报：艺术版，2013（3）：119~124.

❽ 徐玥. 四川民间传统吹打乐的衍变及特征考察［J］. 贵州大学学报：艺术版，2013（4）：113~116.

分，有的文献提出了乐器及其相关的特点，但有的文献则多在现象描述，未能上升到理论层面。

　　总体上，音乐研究部分表现出明显的多样性：有综述类文献，有对某民族音乐一般特征的研究文献，也有对某地区某民族音乐的研究和乐器研究。但各类文献理论深度参差各异。一般来说，具体地区的具体民族的某种音乐的研究，因调研范围较小、研究对象具体，所以出现了一部分能够体现音乐学理论分析的研究文献。但对于研究对象较抽象、研究范围较广的研究，多数文献流于现象描述。可见，在巩固较小范围和具体对象的研究的基础上，应该强化较大范围和抽象对象的研究，以实现对贵州各个民族民间音乐之基本特征的研究。

（三）美术研究综述

　　美术研究部分多为绘画及具体图画文本的研究，仅有一篇对贵州民间美术的一般特征进行概括的论文。

　　对贵州民间美术一般特征的研究是通过对多种贵州民间工艺的具体特征的研究而得出的。作者分别对贵州民族民间的各种配饰、蜡染、刺绣和剪纸等民间工艺进行细致分析，进而通过概括得出贵州民间美术具有质朴、充满想象和夸张的审美特征。❶但是，虽然题为"审美特征"，可论文并未使用美学理论去揭示贵州民族民间美术的基本特征，而是从现象描述过渡到经验概括，得出其审美特征。

　　关于具体绘画或图画的研究涉及水墨画、神像画、岩画以及图像文本等方面的研究。《地域文化视野下的贵州水墨画现象之一》介绍了明清600年来的主要本土和外来水墨画家及其风格特征。❷《论瑶族神像画研究的文化意义与现代价值》在阐释瑶族神像画的文化意义与现代价值的基础上，呼吁传承与保护。❸《桂馥的〈黔南苗蛮图说〉和作者的民族地区治理情结》通过桂图与《耕织图》的比较，指出桂图的安居、富足是作者的理想，

　　❶　杨晓辉．贵州民间美术的审美特征 [J]．贵州大学学报：艺术版，2007（3）：10~12.
　　❷　骆丽君，邓所恽．地域文化视野下的贵州水墨画现象之一 [J]．贵州大学学报：艺术版，2012（3）：92~96.
　　❸　黄建福．论瑶族神像画研究的文化意义与现代价值 [J]．贵州大学学报：艺术版，2013（1）：120~124.

是其治理愿望的形象表达。❶《川南僰人岩画中的舞蹈图像判定》依据传统舞蹈理论（朱载堉的理论）研究僰人岩画中的舞蹈图像，判定舞蹈图像数量为63幅。❷《音乐图像研究的实践意识培养——以僰人岩画中的音乐图像研究为个案》从实践目的、实践对象、实践方案、实践方法和手段几方面来培养音乐图像学研究的实践意识。❸《赤水水王塘宋墓石刻艺术》对几幅石刻图进行了描述。❹

美术部分的研究涉及绘画、石刻、岩画以及民间美术的一般研究。一般研究虽然范围较广，但限于经验描述；具体研究中，有的揭示其艺术内涵、文化意义，但也有停留在现象描述和介绍的。这表明贵州民族民间美术的一部分研究仍处于现象描述和经验概括阶段，仍需强化其美学和艺术学的理论内涵。

（四）戏剧研究综述

戏剧研究方面，主要涉及贵州的黔剧、傩戏、地戏以及江西的青阳腔。《谈贵州地方戏曲——黔剧》从语言、音乐等方面陈述了黔剧的艺术特点，论及其起源、形成、传承和保护。❺《回顾与思考——贵州傩文化研究25年》作为综述性文献，并没有将视野局限于傩戏，而是将傩视为文化；在此视野中，对傩文化研究文献进行梳理、归纳，提出了傩文化发展建议。❻但是，本综述多在列举研究成果，未对研究内容和存在的问题进行梳理、阐述。《反思安顺地戏研究：范式、问题与探索》也是综述性文献，对安顺地戏的研究现状、存在的问题和研究趋势进行了梳理分析。❼《湖口青阳腔

---

❶ 占跃海. 桂馥的《黔南苗蛮图说》和作者的民族地区治理情结 [J]. 贵州大学学报：艺术版，2011（4）：90～96.

❷ 徐艳. 川南僰人岩画中的舞蹈图像判定 [J]. 贵州大学学报：艺术版，2014（1）：111～116.

❸ 刘宇统. 音乐图像研究的实践意识培养——以僰人岩画中的音乐图像研究为个案 [J]. 贵州大学学报：艺术版，2014（1）：117～124.

❹ 曾春蓉. 赤水水王塘宋墓石刻艺术 [J]. 贵州大学学报：艺术版，2014（1）：100～103.

❺ 祝晓舟. 谈贵州地方戏曲——黔剧 [J]. 贵州大学学报：艺术版，2009（3）：5～7.

❻ 邓光华. 回顾与思考——贵州傩文化研究25年 [J]. 贵州大学学报：艺术版，2010（1）：85～90.

❼ 雷勇. 反思安顺地戏研究：范式、问题与探索 [J]. 贵州大学学报：艺术版，2014（3）：103～106.

传统剧目文本论略》从剧本形态、剧目统计、主题内容（婚恋伦理、社会历史、神鬼宗教）几方面论述了江西青阳腔剧目文本。❶

　　戏剧研究涉及贵州本土的主要地方戏剧，其中更有两篇综述性文献。这些文献研究的问题是多方面的，有的有条理地从不同方面指出了研究对象的艺术学特征，或对文献进行梳理，并指出存在的问题和进一步研究的建议。但是，有的研究仍然存在陈述多于论述的问题。对戏剧特点的研究多为经验概括，缺乏理论支撑；对文献的综述也有列举过多，未梳理出研究成果并指出其不足的问题。

　　总体上来看，艺术研究部分本土各民族的门类艺术研究文献丰富多样。但各民族各地区某种艺术形式的基本艺术特点和基本审美特点的研究至多是现象的描述和经验概括；除了音乐研究，各民族门类艺术一般特征的研究也较少。音乐研究文献种类丰富，有综述类文献、某民族音乐之一般特征的研究、某地区某民族某种音乐的研究、乐器研究，等等。音乐研究文献最值得称道的是，其中并不缺乏对某民族音乐之一般特征的研究，且对某地区某民族之具体音乐的研究也不缺乏理论性，而这恰恰是其他艺术门类的研究缺乏的。究其原因，音乐研究能够凸显理论性，就在于本部分文献并不缺乏音乐学理论的运用。而要更宽泛地把握某种艺术门类，就必须使用更普泛的理论。所以，缺少艺术学、美学或其他门类艺术理论的理论化分析，是该栏目下各文献之研究虽然丰富，但缺乏理论性的原因。

二、工艺研究综述

　　贵州民族民间工艺研究涉及水族、苗族、彝族、侗族、布依族等民族的刺绣、服饰、印染、饰品、剪纸、面具等工艺。

（一）刺绣研究综述

　　刺绣研究有文献七篇，其中四篇为马尾绣研究，其他则为苗绣和其他地区的刺绣研究。

　　对马尾绣的研究均无法避开其纹样的形式特征。《贵州水族民间刺

❶　黄欢. 湖口青阳腔传统剧目文本论略［J］. 贵州大学学报：艺术版，2012（1）：99~103.

绣——马尾绣的艺术价值》介绍了水族马尾绣的制造工序、形式元素、纹样类型及由此塑造的水族的审美趣味。❶《绣在马尾丝中的艺术——贵州三都水族背扇服饰文化浅说》介绍和描述了背扇的工艺、各种纹样、视觉感受及文化内涵。❷《水族马尾绣背扇主题纹样的视觉符号探析》从所指与能指两方面对蝴蝶纹进行了符号学解释，并对其纹样内涵进行了说明。❸《马尾绣元素在本土化包装中的潜在营销价值》指出马尾绣具有色彩浓烈明快、纹样抽象饱满、浮雕感的肌理效果等艺术特色；具有美化、塑造产品形象，有效传递产品信息，增加文化内涵的作用，从而通过本土化包装使产品在竞争中脱颖而出。❹《贵州苗绣中龙图案与出土文物中龙图案之比较》对苗绣和出土文物中同种类的龙做了对比描述。❺《黔东南苗族刺绣的基本特征》指出黔东南苗绣具有技法古老、题材广泛、色彩艳丽、造型拙朴的特征。❻《云南少数民族织绣纹样之语法分析》则是对云南少数民族织绣纹样从造型法则、美学法则和构成法则三方面进行的造型规律的研究。❼

　　刺绣研究中有一半多为马尾绣研究，足见其重要性和被关注度。所有研究都没法摆脱对马尾绣纹样的研究，可见，马尾绣的形式是该类研究的核心。但是，对其纹样的研究多为其形式特征的经验概括，而非从美学、艺术学或美术学角度做出的理论分析，这是非常令人可惜的。同时，这也表明马尾绣研究仍需加强其理论性，不能限于经验总结。而对于本土苗绣的研究也存在同样的问题，即限于现象描述和经验概括。至于云南的少数民族织绣纹样的分析所揭示的造型规律，其实多数仍然是经验总结。

　　❶ 陆廷军. 贵州水族民间刺绣——马尾绣的艺术价值 ［J］. 贵州大学学报：艺术版，2008（4）：94~96.
　　❷ 张超，朱晓君. 绣在马尾丝中的艺术——贵州三都水族背扇服饰文化浅说 ［J］. 贵州大学学报：艺术版，2011（1）：78~87.
　　❸ 朱晓君，张超. 水族马尾绣背扇主题纹样的视觉符号探析 ［J］. 贵州大学学报：艺术版，2012（2）：105~108.
　　❹ 朱晓君. 马尾绣元素在本土化包装中的潜在营销价值 ［J］. 贵州大学学报：艺术版，2014（2）：101~105.
　　❺ 张建敏. 贵州苗绣中龙图案与出土文物中龙图案之比较 ［J］. 贵州大学学报：艺术版，2009（2）：9~12.
　　❻ 姚作舟，沈磊. 黔东南苗族刺绣的基本特征 ［J］. 贵州大学学报：艺术版，2009（4）：1~3.
　　❼ 张天会，苟双晓，等. 云南少数民族织绣纹样之语法分析 ［J］. 贵州大学学报：艺术版，2011（1）：82~87.

（二）服饰研究综述

贵州少数民族服饰研究共六篇文献，其中苗族服饰研究四篇，彝族和侗族服饰研究各一篇。

苗族服饰研究对苗族服饰的价值、形式元素、文化内涵、款式、工艺等进行了研究。《贵州苗族服饰文化内涵的诠释》指出，贵州苗族服饰具有历史记忆的符号化，自然的材料化、纹饰化，服饰元素的复杂化，纹饰造型的审美经验化的文化内涵。❶《安顺苗族服饰研究》介绍了苗服的历史，指出其巫文化内涵，并解释了其造型来源、款式和制造工艺。❷《苗族巴骅服饰初探》对其服饰进行了细致描述。❸《苗族女性服饰传承与变迁的心理阐释》从结构、材质、色彩、图案等方面对黄平、贞丰、镇宁三地苗族女性服饰进行了细致对比，并从女性需要、动机、群体认同、崇拜观念、审美与时尚方面解释了三地苗族服饰的变迁原因。❹《浅谈贵州赫章彝族服饰》对当地彝族服饰类型、款式、造型和符号进行了描述、梳理。❺《贵州侗族代表性服饰的文化内涵探析》对侗衣的基本构成做了细致描述。❻

服饰研究部分的文献从数量来看，苗族服饰研究的论文数量明显多于其他服饰的研究文献，但涉及的族别确实太少。这表明进一步的研究除了加深对已有研究的族别的服饰的研究外，还应拓展其他未涉及的族别的服饰的研究。从主题来看，服饰研究主要涉及服饰形式特征研究、文化内涵研究和工艺研究。虽然涉及主题为艺术研究惯常的主题，对研究对象的描述也颇为细致，但其研究仍有不少停留于现象描述层面，没有自觉运用艺术学、美学的基本理论，因而缺乏理论支撑，而流于经验。所以，在进一步的研究中，亟须从经验现象深入到理性理论层面，以至于触及研究对象的本质特征。

---

❶ 谭华. 贵州苗族服饰文化内涵的诠释 [J]. 贵州大学学报：艺术版, 2008 (3)：20~23.

❷ 李莹. 安顺苗族服饰研究 [J]. 贵州大学学报：艺术版, 2009 (2)：5~8.

❸ 余虹. 苗族巴骅服饰初探 [J]. 贵州大学学报：艺术版, 2010 (2)：102~108.

❹ 聂羽彤. 苗族女性服饰传承与变迁的心理阐释 [J]. 贵州大学学报：艺术版, 2014 (2)：88~100.

❺ 韩佳格. 浅谈贵州赫章彝族服饰 [J]. 贵州大学学报：艺术版, 2008 (1)：18~21.

❻ 项锡黔, 徐浩, 杨安迪. 贵州侗族代表性服饰的文化内涵探析 [J]. 贵州大学学报：艺术版, 2013 (1)：104~110.

（三）印染研究综述

印染研究部分涉及四篇文献，其中三篇为蜡染研究，一篇为印染研究。《布依族印染工艺探源》指出布依族现今印染工艺的方法、印染用料与古代某些印染工艺相同，表明其继承了古代三大印染工艺；探讨了其在布依族地区得以流传的心理原因和地理环境原因。❶《贵州民间蜡染概述》对几种重要民间蜡染进行了细致描述，包括形式特征、工艺、民俗内涵，❷ 但若配有插图就好了。《布依族服饰、蜡染中的鱼图腾崇拜与审美特征》指出布依族服饰和蜡染中的图案源自祖先崇拜，以抽象的鱼纹为形式。❸《文化生态学视野下的贵州传统蜡染艺术的形成与演变》指出工具和原材料的变化、艺术化、纹样趋同化以及用途变化是蜡染艺术形成和演变的影响因素。❹

印染研究表明，蜡染是贵州本土极具特色的印染工艺，受到了广泛的重视。对蜡染的研究涉及工艺、文化内涵、造型特征和演变发展，但研究中仍存在陈述较多，论述较少的问题，而且其所谓艺术特征和审美特征的阐释分析，均未运用艺术学和美学理论。因此，下一步的研究仍需基于艺术学和美学理论，才能使研究进一步深化。

（四）饰品研究综述

饰品研究部分有四篇文献，本土文献均为苗族银饰研究，外省的两篇为头饰研究。《贵州苗族饰品的"银色情结"》以身体为序对黔东南地区的银饰进行了细致描述，并揭示了苗族银饰纹样（蝴蝶、枫树、牛等）的祖先崇拜内涵。❺《黔东南苗族银饰刍议》揭示了苗族银饰在主题、造型、身份认同三方面的特征。❻《福建三大渔女之一——蟳埔女头饰文化的解读》对蟳埔女头饰做了细致描述，认为头饰源自劳动需要，其文化与海上丝绸

---

❶ 丁文涛. 布依族印染工艺探源 [J]. 贵州大学学报：艺术版，2007（2）：17～21.

❷ 杨晓辉. 贵州民间蜡染概述 [J]. 贵州大学学报：艺术版，2008（3）：5～16.

❸ 张建敏. 布依族服饰、蜡染中的鱼图腾崇拜与审美特征 [J]. 贵州大学学报：艺术版，2010（1）：96～99.

❹ 郜凯，韩会庆，郜红娟. 文化生态学视野下的贵州传统蜡染艺术的形成与演变 [J]. 贵州大学学报：艺术版，2010（1）：91～95.

❺ 林毅红. 贵州苗族饰品的"银色情结" [J]. 贵州大学学报：艺术版，2008（3）：17～23.

❻ 王清敏. 黔东南苗族银饰刍议 [J]. 贵州大学学报：艺术版，2009（4）：4～6.

之路有渊源。❶《福建莆田湄洲女发型"船帆髻"海洋文化符号解读》揭示了作为海洋符号的帆船髻的寓意、船崇拜观念及妈祖信仰。❷

苗族银饰太炫目，以至于本土饰品研究均无法躲开它。对苗族银饰的研究涉及银饰的形制、文化内涵，但终究未对为何以银塑形这一问题进行解答。这是值得进一步研究的。而福建三大渔女之二的发型头饰的研究同样描述了其头饰造型，揭示了其文化内涵。三大渔女中的最后一个也应该在其研究范围之内，相信不久，相关论文即可问世。

（五）剪纸、面具和纹样研究综述

此三方面文献各有一篇，故不再分述。《贵州剪纸的地域性特色》在与北方和江南剪纸对比的基础上，指出贵州剪纸在材料、技法、造型等方面的特征，❸ 较为全面，且视野开阔。《贵州傩戏面具的形式语言浅析》描述了面具造型，分析了其形式特征及造型规律，❹ 较为全面系统，但仍然显得经验概括多于理性沉思。《从修辞手法中的描绘、意境及其构成谈西南少数民族图案中的骨骼》用修辞中的回环、比喻、省略等修辞法来解释民族图案构图原则，❺ 有新意，但略显牵强。本文与其他文献相比最大的特点在于研究范围非常宽泛，且研究对象为抽象纹饰。尽管修辞法的运用和解释显得牵强，但是不失为一种理论尝试，体现了一定的理论性。这是大部分文献所缺乏的。

总体上来看，工艺研究部分的文献表明贵州工艺研究的重点在本土著名的工艺，如马尾绣、蜡染、银饰、苗服等。这些文献中多数能够细致描述工艺，但毕竟太经验化，缺乏理论性。作为"本土艺术研究"栏目下的论文，其实可以运用相关艺术学和美学理论来展开分析研究。而这种研究的理论化仍显得非常缺乏。

---

❶ 童友军，卢新燕. 福建三大渔女之一——蟳埔女头饰文化的解读 [J]. 贵州大学学报：艺术版，2011（2）：108~112.

❷ 黄成，卢新燕. 福建莆田湄洲女发型"船帆髻"海洋文化符号解读 [J]. 贵州大学学报：艺术版，2014（3）：113~116.

❸ 丁文涛. 贵州剪纸的地域性特色 [J]. 贵州大学学报：艺术版，2008（1）：22~25.

❹ 张超. 贵州傩戏面具的形式语言浅析 [J]. 贵州大学学报：艺术版，2014（1）：107~116.

❺ 胡瑞波，张晓松，等. 从修辞手法中的描绘、意境及其构成谈西南少数民族图案中的骨骼 [J]. 贵州大学学报：艺术版，2014（2）：116~124.

三、艺术文化的保护、传承和发展研究综述

艺术文化的保护、传承和发展研究涉及本土艺术文化发展综合研究、民间艺术或工艺传承和发展研究、旅游产业研究以及地方艺术专题研究。

（一）本土艺术文化发展的综合研究综述

本土艺术文化发展综合研究多为依托"多彩贵州"文化理念展开的，也有少数是以贵州部分地区的文化保护和发展展开的。《从"多彩贵州"看本土艺术文化的保护与传承》指出多彩贵州以本土文化为基础，却受到商业文化影响、外来文化冲击和过度开发的影响，因而针对性地提出贵本真、重保护和须投入的发展策略。❶《网络艺术文化与"多彩贵州"》认为网络艺术为多彩贵州提供了品牌拓展机遇。❷《新闻报道与"多彩贵州风"文化产业效应》突出了现代传媒对文化产业的推动，认为二者的联动才能带来巨大的效益。❸《黔西北民间艺术文化生态的保护与发展》从观念、政策、教育、与旅游业挂钩几方面谈及黔西北民间艺术文化生态的保护和发展。❹

本土艺术文化发展的综合研究已经考虑到本土文化应当保持自身的地域性、独特性，避免外来文化的同化；并且认为新兴的现代传媒对本土艺术文化的发展具有推动作用，并积极探讨二者结合的可能性；而贵州地方文化保护与发展的研究，也考虑从诸多方面来展开、推动本土文化发展。这些都是卓有成效的思考。但是观念必须落实为政策，才能切实推动本土文化的整体发展。而观念能够落实为政策必须具有合理性和可行性。因此，对于本土文化发展之可行性及其具体落实的研究，应是下一步亟须考虑的问题。

---

❶ 廖克成，张文平．从"多彩贵州"看本土艺术文化的保护与传承［J］．贵州大学学报：艺术版，2007（2）：1~5.

❷ 刘波亚．网络艺术文化与"多彩贵州"［J］．贵州大学学报：艺术版，2007（2）：6~10.

❸ 吴斌．新闻报道与"多彩贵州风"文化产业效应［J］．贵州大学学报：艺术版，2007（1）：1~3.

❹ 邓江．黔西北民间艺术文化生态的保护与发展［J］．贵州大学学报：艺术版，2009（3）：1~4.

(二) 民间艺术或工艺保护、传承和发展研究综述

民间艺术或工艺保护、传承和发展研究涉及地方艺术、地方工艺以及现代传媒参与下的传统艺术、工艺之发展范例的研究。

民间艺术的保护、传承和发展研究涉及本土的地方剧的保护、传承和发展，同时也涉及外省的民间舞蹈的保护、传承和发展研究。《安徽花鼓灯的变迁与发展研究》考察了安徽花鼓灯的当代遗存、变迁，并提供了发展策略。❶《安徽花鼓灯的田野调查与研究》涉及花鼓灯的历史、发展和传承几个问题。❷《贵州独山花灯的保护、传承与发展研究》从专业剧团、当地教育、保护资料与艺人、领导支持几方面谈及贵州独山花灯的保护、传承和发展之道。❸

民间工艺的保护、传承和发展研究涉及侗布、蜡染、马尾绣、银饰和剪纸工艺的保护、传承和发展研究。《贵州侗布制作技艺的传承与发展》对侗布技艺进行了描述，并提出了传承的意义和发展的途径。❹《美术学视野下安顺蜡染的传承与发展研究》认为传统蜡染工艺的传承和发展必须继承传统内核，同时也要吸收先进技术和理念，或与其他艺术融合。❺《贵州苗族剪纸的发展之道》认为传统文化与现代经济社会融合乃是苗族剪纸的发展之道。❻《贵州民族银饰的市场分析及定位》对银饰市场现状进行了分析，并提出其市场发展方案。❼《水族马尾绣手工艺的应用开发研究》指出保护传统、符合市场需求和大众审美是马尾绣手工艺的发展要求，并列举了几

❶ 孟凡翠. 安徽花鼓灯的变迁与发展研究 [J]. 贵州大学学报：艺术版, 2014 (2)：106~110.

❷ 周狄. 安徽花鼓灯的田野调查与研究 [J]. 贵州大学学报：艺术版, 2013 (1)：116~119.

❸ 朱玲波. 贵州独山花灯的保护、传承与发展研究 [J]. 贵州大学学报：艺术版, 2007 (4)：6~9.

❹ 桑童. 贵州侗布制作技艺的传承与发展 [J]. 贵州大学学报：艺术版, 2008 (2)：19~22.

❺ 蒋晓昀. 美术学视野下安顺蜡染的传承与发展研究 [J]. 贵州大学学报：艺术版, 2011 (1)：88~93.

❻ 谢筱鹏. 贵州苗族剪纸的发展之道 [J]. 贵州大学学报：艺术版, 2010 (3)：101~104.

❼ 邰凯, 韩会庆, 邰红娟. 贵州民族银饰的市场分析及定位 [J]. 贵州大学学报：艺术版, 2010 (3)：105~108.

种马尾绣与当下消费相结合的可能的具体产品的设计样品。❶

　　民族民间工艺的保护、传承和发展研究与艺术的研究类似，作为理论研究，必须指出恰当的理念、原则和策略；而作为应用研究，都必须给出切实可行的发展方案。而从现有文献来看，所提出的策略、措施在抽象理论层面有的不具有针对性，而在实践操作层面大部分不够具体细致，其实践操作方面还需要进一步研究。而最后一篇文献令人眼前一亮，给出了具体发展途径及可能的产品。

　　下面所涉及的民族民间艺术和工艺的保护、传承和发展研究就是对传承和发展的传统工艺的物化产品的研究。《贵州少数民族背扇艺术的价值挖掘与传播——以艺术动画短片〈背扇〉为例》以改编的民间传说故事并贯穿着民族民俗于其中的动画为范例，指出其他现代艺术和媒介对传统艺术的传播、开发是大有裨益的。❷《贵州音乐、舞蹈、戏曲类非物质文化遗产综合保护文本的制作》提出政府牵头、专家操作，制作"文""音""像"一体的文本的设想。❸

　　这两篇论文分别涉及通过动画手段来传承、发展传统工艺的动漫作品和制作"文""音""像"一体的非遗文本来保护、传承和发展传统艺术的研究。通过现代传媒来传承和发展传统工艺或艺术是现代视域下不可避免的观念或可能的发展途径，也是一条值得思考和实施的发展途径。但问题是这种传承和发展能在多大程度上保持、保留传统工艺的本土性、原生性，并在此基础上实现其保护和发展呢？这是民族民间艺术和工艺的保护、传承和发展研究中一个需要进一步考虑的问题。

（三）旅游产业研究综述

　　旅游产业研究包括从整体上进行旅游产业宏观设计的文献和将某种门类艺术与旅游产业相结合考虑其发展的文献。

---

　　❶　张超，朱晓君，果霖. 水族马尾绣手工艺的应用开发研究 [J]. 贵州大学学报：艺术版，2013（1）：111~115.
　　❷　王欣. 贵州少数民族背扇艺术的价值挖掘与传播——以艺术动画短片《背扇》为例 [J]. 贵州大学学报：艺术版，2012（2）：100~104.
　　❸　吴太祥，黄泽桂. 贵州音乐、舞蹈、戏曲类非物质文化遗产综合保护文本的制作 [J]. 贵州大学学报：艺术版，2010（2）：105~108.

从整体上进行旅游产业宏观设计的文献省内省外各占一篇。《以湖湘文化为依托发展湖南旅游纪念品产业的思考》提出了相关发展策略：弘扬本土文化、提高品牌意识、挖掘产业附加值、培养设计师。❶《贵州乡村旅游目的地的品牌形象识别与设计研究》从标志、口号、字体、色彩、吉祥物等的标识设计与导视系统、建筑、环境、网站、大型歌舞设计、纪念品设计等应用设计着手，为贵州乡村旅游目的地的品牌形象设计提供了总体方案。❷ 两篇文献中，前者比后者宏观全面，而后者比前者细致具体。

将某种门类艺术与旅游产业相结合考虑其发展的文献涉及民族歌舞和地方戏与旅游开发相结合的研究。《民族民间艺术与文化旅游开发——贵州从江县小黄村的调查与研究》通过研究小黄村之旅游开发，指出建立责、权、利统一的主体，打造历时性线性旅游，以及保护歌师是将民间艺术与文化旅游开发相结合而取得发展的可行之路。❸《民族歌舞：贵州文化旅游的生力军——对贵州民族歌舞旅游产品开发的思考》从本土资源、价值、开发对策三方面谈及民族歌舞与旅游开发之结合，从而实现文化旅游目标的想法。❹《地方戏与旅游产业的互动性生存——以贵州地方戏为例》尝试建立地方戏与旅游产业相辅相成、互相促进的发展模式，以促进地方文化和旅游产业的发展。❺

将某种门类艺术与旅游产业相结合考虑其发展的三篇文献所涉及的艺术包括民族歌舞和地方曲艺，足见本土在民族方面最有特色的就是民族歌舞曲艺。但其他门类艺术和工艺其实也不可避免地共存于贵州民族民间，所以可以在进一步研究歌舞曲艺与旅游产业结合的基础上，积极考虑其他艺术和工艺与旅游产业的结合。另外，从占有的文献来看，当前的研究仍

❶ 田燕，陈磊. 以湖湘文化为依托发展湖南旅游纪念品产业的思考 [J]. 贵州大学学报：艺术版，2011（4）：111~113.

❷ 余宏宇，余压芳. 贵州乡村旅游目的地的品牌形象识别与设计研究 [J]. 贵州大学学报：艺术版，2013（2）：121~124.

❸ 周惠萍，李虹玉，吴文前. 民族民间艺术与文化旅游开发——贵州从江县小黄村的调查与研究 [J]. 贵州大学学报：艺术版，2008（4）：89~93.

❹ 李渌. 民族歌舞：贵州文化旅游的生力军——对贵州民族歌舞旅游产品开发的思考 [J]. 贵州大学学报：艺术版，2007（3）：13~17.

❺ 秦刚，黎洪，蔡静. 地方戏与旅游产业的互动性生存——以贵州地方戏为例 [J]. 贵州大学学报：艺术版，2012（2）：13~17.

然基本处于抽象理念、原则的研究阶段，尚有待进一步具体化、细化，从而使其能够真切地落实下来。

（四）地方艺术专题研究综述

2014年本刊第四期出现了一组涉及共同研究对象（刘三姐文化）的论文，可作为一个整体来看待。这组论文解读了刘三姐艺术形象具有的真善美统一、多元丰富和多元整生的艺术文化内涵，❶ 以及其中山歌文化所蕴含的珍视生命、敬自然、爱生活、赞美生命力的观念；❷ 同时，也以刘三姐文化的当下发展成果《印象·刘三姐》为例，在分析其所具有的以色彩分割主题，原生态再现，突破传统、融合科技以及凸显人与自然的和谐等艺术特色的基础上，提出转型和重构的传统文化的当代发展原则；❸ 而另一篇论文则提出，与自然、民族文化、审美文化的耦合、整生，是刘三姐文化这类文化经典的生发路径。❹

本组论文既涉及研究对象的艺术文化内涵的研究，又涉及作为研究对象的地方传统文化如何传承和发展的问题。一组论文去讨论一个对象，这样显得丰富、全面、深入而有层次，是一种可以提倡的研究方式。

总体上来看，民族民间工艺、艺术文化的保护、传承和发展研究可以分为基础理论研究和应用研究两部分。理论研究部分已经取得了一些研究成果，但仍然需要注意对于抽象原则制定的合理性，以及这些原则的可落实性的研究；应用研究部分有的做得非常细致，但仍然需要注意方案、策略的可行性、针对性和有效性，且应该加强这方面的研究，使理论切实地变成改变现实的力量。

---

❶ 唐虹．"刘三姐"艺术形象的审美生态学解读 [J]．贵州大学学报：艺术版，2014（4）：113~118.

❷ 蓝利萍．论刘三姐山歌文化中的重生意识 [J]．贵州大学学报：艺术版，2014（4）：119~124.

❸ 欧造杰．生态视野下刘三姐文化的现代转型与重构——以山水实景演出《印象·刘三姐》为例 [J]．贵州大学学报：艺术版，2014（4）：108~118.

❹ 龚丽娟．民族经典与多维生境的耦合与整生——多民族视域中"刘三姐"的经典生发路径研究 [J]．贵州大学学报：艺术版，2014（4）：101~107.

四、结 语

三大类研究文献从总体来看，艺术研究部分涉及贵州本土的主要艺术门类，产生的研究成果数量是其他两类成果的近三倍，且文献种类多样，尤其是其中的音乐研究部分，不但对各地区各民族的某种音乐形式有具体的理论分析，而且还对某民族音乐的一般特征有较为系统的研究，同时也不缺乏综述类的研究。这应该是各领域研究的一个范例：不仅有具体的细致的研究，也有抽象的一般性的研究，而且两种研究都应具有理论的深度。

2015年本刊本栏目的艺术研究文献仍然远远多于其他研究，更有两个专题均属于艺术研究，这两个专题分别以影戏和舞蹈为研究对象。舞蹈研究为本土苗族舞蹈研究，涉及舞蹈的艺术价值、文化内涵。这表明，贵州民族民间艺术研究有取之不尽的本土资源，仍需不断挖掘，加大研究力度。但是，也应该注意，艺术研究仍旧缺乏对某民族某门类艺术的一般特征的研究。

工艺研究部分涉及多种贵州本土民族民间工艺及其产品，但主要的研究对象仍然是本土非常著名的水族马尾绣、苗族服饰和银饰、蜡染等工艺及产品。某些研究对工艺及产品的描述非常细致，有些配以插图帮助理解，在感性描述方面比较具体细致。但是，作为学术论文，在展现其调研对象的同时，也应展现其对对象的分析的理论性。可是，工艺研究部分多停留于现象描述和经验概括，而未能表现出足够的理论性。这是非常遗憾的。

2015年的工艺类研究只有两篇文献，且仅涉及马尾绣的价值转变和某类型苗族服饰特征。这表明，贵州本土的著名工艺仍然是工艺研究的主要对象。但是，研究文献数量的减少也表明，如果无法运用合理的理论体系支持对工艺本身的研究，那么工艺研究只能转变研究主题，另辟蹊径了。然而，工艺本身都未研究清楚而转变主题的研究，又能在多大程度上保证研究的正确性和准确性呢？

民间工艺与艺术文化的保护、传承和发展研究部分，既有宏观的抽象理念和一般原则的研究，也有细致的具体方案和策略的研究。这是比较全面的。当然，要进一步注意理论研究的合理性和应用研究的有效性。而同时，本部分文献中的一组论文因为拥有共同的研究对象而成为一个专题，这也是以后可以提倡的专题文献形式。

2015年的民间工艺和艺术文化的保护、传承和发展研究没有突破前期的研究范围，主要仍然是宏观理念和一般原则的研究，如提出非遗集体传承制度和文化生态保护区的构想。另外，在2015年的四期学报中，竟有两期为专题研究，分别为影戏研究专题和苗族舞蹈研究专题，这表明专题研究这样一种可行的研究趋势正蔚然成风。

苗族服饰文化的活态传承[*]

■ 龙红莲[**]

从宏观上看，文化的传承是任何一个民族持续发展的需要。从微观的角度看，适应传统文化和承袭传统文化是任何一个社会成员获得社会生存权的唯一选择。正是这种来自全民族的集体的需求和来自生活于其中的社会成员生存的毫无选择，使得贵州少数民族文化传承运行机制得以产生并能有效运行。[❶]

由于苗族服饰是图腾崇拜、历史文化记忆、社会整合、民族凝聚力、哲学思想、美学理想的载体，其中蕴含了很高的艺术性和美学理想，因此，对它的保护和传承就显得尤为重要。遗憾的是，这份珍贵的遗产却由于缺乏有效的保护传承措施而逐步式微。如何有效使用现代传媒来保护和传承苗族服饰文化已经成为一个迫在眉睫的问题。

一、苗族服饰文化传统的保护和传承方式

（一）苗族服饰文化技艺的传承方式

文化传承是一个民族得以存在和延续的根本，其传承形式包括物象的传承、习俗的传承和语言的传承，其中语言的传承又包括口头语言和文献

＊ 本文系贵州省教育厅教改项目"新媒体时代'纪录片创作'课程教学模式改革与探索"的阶段性成果（项目批准号：黔教高发［2015］337）。

＊＊ 龙红莲，女，四川泸州人，贵州师范学院文学院副教授，文学博士，主要从事传播理论、文艺美学、影视美学研究。

❶ 索晓霞. 贵州少数民族文化传承运行机制探析［J］. 贵州民族研究，2000（3）：109.

的传承。其中有些文明因素是显性的，有些是隐性的；显性的因素可以通过语言和器物来传承，通过日常生活❶中的衣、食、住、行等行为得以传承，而隐性的因素则是一个民族核心的观念、精神和信念，是一种民族的集体无意识。一般情况下，传承方式包括家庭成员的互教互学、师徒教学和学校教学。而贵州苗族人民的文化传承也包括了显性和隐性的传承，它主要是在母亲教女儿的行为中得到传承的。其中，服饰文化技艺是苗族服饰文化的灵魂和精髓。苗族服饰的工艺及其制品，作为地域民族文化的结晶，一代代人以口传心授的方式教授，使之能够表达心声、诠释价值，构成一种整体文化活的象征。它的传承主要是通过家庭成员之间的互帮互学和邻里之间的相互交流。因为无论是织布、织锦、裁剪还是图案、纹样、刺绣、蜡染、银饰，都需要手工制作。总之，苗族服饰制作是一件费时费力的活计。苗族女子从八九岁开始，耳濡目染，身体力行，到长成大姑娘、结婚生子、给女儿准备嫁衣的几十年时光里，她们一直在学习、提高和传授自己的制作工艺。而且，传统的苗族服饰都是为了满足自己的需要，不用于交易，没有商品的属性。

（二）苗族服饰文化实物的保护方式

苗族服饰实物目前的主要传承方式是民族博物馆和苗族服饰爱好者私人收藏。随着苗族人民生存方式和生活方式的转变，许多年轻人离开本民族世代居住的村寨，到城市上学、生活和工作。离开了以前的生活环境和文化生态，苗族服饰的文化认同功能、民族信仰功能、图腾崇拜功能、族群识别功能、女性文化认同功能都遭到了弱化和消解。因此，苗族服饰穿戴者的人数和范围都逐步减少。从 20 世纪 70 年代开始，有一些"外乡人"走进了苗族社区，他们为苗族服饰多样的款式、精湛的制作工艺所震惊，从最初的喜爱发展到收藏。于是，那些制作精美，数量稀少的苗族服饰精品都被民间和大城市的收藏者收买一空。

---

❶　匈牙利文化学者阿格尼斯·赫勒将日常生活定义为："那些同时使生活再生产成为可能的个体再生产要素的集合。"（阿格尼斯·赫勒. 日常生活 [M]. 衣俊卿，译. 重庆：重庆出版社，1990：3）我国学者用更通俗易懂的话来解释："一般说来，日常生活世界是一个自在的、未分化的、自然而然运行的领域。"这个领域具有"重复性思维和实践、经验主义、自然主义和自发性"（衣俊卿. 现代化与日常生活批判：人自身现代化的文化透视 [M]. 北京：人民出版社，2005：4）。

这里带来的损失除了作为物的服饰，还有信息的流失——收购的苗族服饰往往缺乏详细的记录，不知道是什么地方什么支系什么村寨的服饰，不知道制作时间、制作人，也不知道制作流程和款式、图案的文化意义。物与其生产者、文化的持有者，被人为地完全剥离。❶

目前尚流落民间的、具有较高艺术性的珍品已经是凤毛麟角。这种靠私人收藏和博物馆收藏的苗族服饰已经脱离了苗族人民的生活图景和文化生态，失去了生活的功能和活力。

二、苗族服饰文化保护与传承面临的危机

苗族服饰文化是一种以人为本的非物质文化遗产，它的生存、保护和传承必须依托于特定的自然条件、社会气候和文化生态。它的保护主要是以行为、文化记忆、技艺为核心的动态过程。所以，苗族服饰传承和保护的主体和载体是活生生的苗族服装穿着者和技艺的传承者。它栖居于苗族世代居住的生态环境，依托于广大的苗族人民。但是目前由于穿着主体的"离场"、传承人的流失、苗族服饰文化生态的剥离，导致了苗族服饰文化传承的危机。

（一）传统的社区传承模式趋向瓦解

改革开放以前，苗族人民的生活环境相对落后、闭塞，因此，其文化呈现出一种较强的保守性和稳定性，服饰文化的传承主要靠苗族妇女世代的手工传承。随着经济的发展、苗族人民观念的改变，有能力有学历的人往往选择到经济发达的城市生活和工作，导致苗族乡村服饰文化传承人的流失。目前，苗族服饰的主要制作人和苗族服饰记忆的主要传承人都是中老年妇女。受年龄、精力的限制，她们无法维持高质量、高艺术性的服装制作，更提不上艺术创新了。

（二）传承人缺失

首先，由于苗族服饰的传承方式主要是口传心授，是一种流传在手上

---

❶ 徐江红．"非遗"视野下的贵州苗族服饰手工艺传承和发展研究［D］．贵阳：贵州财经大学，2004.

的技艺，没有学校教授，所以难以有规模地培养出传承人。其次，由于苗族服饰的制作包括种麻、养蚕、织布、织锦、挑花、裁剪、刺绣、蜡染、银饰等费工费时的复杂工序，导致人们不愿意投身到传承事业当中。最后，由于科学和技术的进步，使得工业化制作苗族服饰成为现实。这种大规模机器生产的直接后果是传统艺术"光韵"（Aura，也译为"灵韵"或"韵味"）的消失，❶ 传统传承人的自信心和自豪感受到打击。而"非物质文化遗产的本质不在于'物'与'非物'，而在于文化的'传承'，其核心是传承文化的人。非物质文化遗产的存在与传承离不开传承人。也就是说，传承人消失，原形态的非物质文化遗产也就不复存在"。❷

（三）消费者的流失

一方面，随着经济的发展与社会的进步，许多苗族年轻人已经渐渐疏离本民族的价值观念和文化意义，因此，他们首先对穿着苗族服饰失去了热情，这就导致了苗族服饰文化使用者的流失。另一方面，由于年轻人生活方式的转变，传统的苗族服饰失去了自然图腾崇拜、历史文化记忆、族群识别、增强民族凝聚力等文化内涵，传统的以大、多、重为服饰之美的审美标准不再成为他们梦寐以求的审美理想，这就导致苗族传统服饰的消费者，尤其是本民族的服饰消费人群迅速减少。

三、苗族服饰文化的活态传承

从保护和传承手段来看，传统服饰文化已经脱离了民众的生活空间，失去了生活功能。如何开发苗族服饰的生活功能、实用功能和美学功能就成了苗族服饰文化活态传承的关键。

（一）满足现代人的穿着和审美习惯，对苗族服饰再设计

现代化进程和城市化进程对苗族年轻人的价值观念产生了潜移默化的影响，苗族传统的以大、多、重为美的服饰美学受到了冷落。为了拓展苗

---

❶ 瓦尔特·本雅明. 机械复制时代的艺术作品 [M]. 王才勇，译. 北京：中国城市出版社，2002：16.

❷ 祁庆富. 论非物质文化遗产保护中的传承及传承人 [J]. 西北民族研究，2006（3）：120.

族服饰的使用空间，活态地保护和传承苗族服饰文化、服饰工艺的精髓，尽可能地满足现代人的生活需求和审美理念，应当将苗族传统的文化内涵与现代人的审美理念有机地结合起来，将现代服饰流行元素与苗族的传统服饰元素相融合，开发出一些既满足现代人实用性和审美性，又蕴含着苗族传统服饰文化内涵和艺术性的服饰。比如，可以在现代款式的服装上彩印或者绣上一些苗族服饰中常用的图案和纹样，如日月、枫木、蝴蝶等以及苗族经典刺绣图案；也可以把苗族银饰制作与现代人简约的审美观念结合起来，开发一些适合现代人审美习惯的银饰。再则，可以对苗族刺绣中的彩色色度进行弱化处理，适应现代人的消费需求。通过将苗族服饰与现代审美观念在款式、图案、工艺、色彩上的融合，可以在满足消费者生活审美的需求之外，进行苗族服饰文化的活态传承。

（二）深入分析潜在消费人群，开发苗族服饰新用途

为了让苗族服饰文化从博物馆和收藏家手里走出来，从静态的展示厅里走出来，真正走入平常人的生活世界，就必须恢复其基本的实用功能，深入挖掘其潜在的消费人群。通过调查，我们发现苗族服饰目前尚有大量的潜在消费人群被忽视，一些新的用途也有待开发。

（1）节庆服饰产品的开发。苗族的年轻人尽管已经远离苗族服饰的文化生态，但在节假日他们会回到苗寨，参与苗族的民俗表演和庆祝活动，此时，每个苗家人都要身着苗族盛装。这是苗族服饰的最大市场，也是活态传承的根本。

（2）装扮型服饰产品的开发。针对来苗寨的旅游者，苗族文化景区的工作人员如果身着本民族的传统服饰，将增强旅游区作为异域文化的观感。

（3）体验型服饰产品的开发。那些到苗寨领略了苗族风情和民俗的旅游者，一般会对苗族的精美服饰产生一种亲身体验的想法，这就需要开发出一些既满足他们的穿着习惯和审美理念，又蕴含苗族服饰文化精髓的新品种。

（4）高校、科研服务型服饰产品的开发。可以针对民族大学、综合性大学艺术设计专业以及服装学院的师生，开发出对不同款式、图案、纹样、工艺具有示范性和展示性的服装，满足他们的教学和研究需要。

（5）陈列型服饰的开发。可以针对个人、机构、博物馆和陈列馆的需

要，开发出系列服饰。这类服饰应该循少而精的制作原则，体现出苗族服饰的发展历史和地域差异，以及不同族群、支系在文化内涵和美学观念上的差异。

（三）建立苗族服饰文化数字博物馆等共享平台

有关部门和苗族服饰文化的收藏者、博物馆可以把自己的收藏数字化，分享到网络平台、旅游网站，这对培养苗族服饰潜在的消费者、爱好者和传承人有深远的影响。同时，身着苗族服饰的民俗表演、节日庆典以及服饰的现场制作、穿着的程序和技巧等也可以转变成数字化产品，这对活态保护苗族服饰文化能起到极大的作用。苗族服饰的蜡染技术、图案纹样、银饰制作、刺绣工艺、织锦艺术之所以成为一种非物质文化遗产，主要就在于它的可分享性。通过网络视频，可以使不同地域、不同文化背景的人共享这种文化和艺术的瑰宝。

关于建立苗族服饰文化平台，笔者还有下列几条建议。

（1）政府与相关机构通力协作，动员收藏者与收藏物原持有族群/支系在原生苗族社区建立数字化博物馆，为苗族服饰文化提供分享、保护和传承的全球性机会。同时，对散存于国内外的私人和机构收藏者的苗族珍贵服饰进行调查、整理和归类分析，将零散的苗族服饰文化信息收集起来。对每件藏品的详细信息进行记录，如制作者、制作年代、出自苗族的哪一个支系、收藏史、现在的收藏者信息、收藏地点等。

（2）政府和相关的民间组织携手，共同制定完善的典藏原则，拟定保护行动计划，对贵州全省尚流落在民间的苗族服饰进行抢救和保护。同时，筹集项目资金，组织精通苗族服饰文化和收藏的专家，做好宣传、组织和动员工作，摸底调查、进乡入户，展开系统的走访工作，对各支系的苗族服饰进行专项调查或普查，入村登记、整理、分类、汇总，建立网络数据库。

（四）建立传承人的动态信息

美国文化学者指出，文化记忆的主要方式是"习惯记忆"，而服饰的制作工艺、挑花刺绣、蜡染织锦、银饰制作等都是一种"体化实践"；同时，"习惯是一种知识，是手和知识的记忆，在培养技艺的时候，恰恰是我们的身体在'理解'"。❶ 扬·阿斯曼在其文化记忆理论中将文化记忆分成三个类型：物象记忆、行为记忆和语言记忆。❷ 苗族服饰文化的保护主要依赖于传承人的身体记忆和行为记忆。因此，运用传统的文化保护方式，一旦传承人离世，记忆就彻底消失。但现在，可以把传承人的技艺以音频和视频的方式抢救和保存起来。

（1）从空间的方面来说，可以对服饰制作过程进行全方位的展示。传承人的音容、动作，制作的工具、布料，周围的环境等，都可以得到完整、全面的展示。

（2）从时间的方面来说，可以对服饰制作的流程进行全方位的展示。可以将种麻、养蚕、织布、织锦、挑花、裁剪、刺绣、蜡染、银饰等费工费时的复杂工序分解成不同的主题，按照时间先后、工艺流程和难易程度等拍成若干集，便于学习、体会。

（3）音频视频可以重复播放，有利于反复研究、学习。

（4）如果存有视频和音频档案，就可以让那些濒临失传的苗族服饰工艺"起死回生"。

（五）整合各种现代媒体，宣传苗族服饰文化，提高知名度

在信息和网络技术高速发展的今天，我们应该综合运用报纸杂志、电影、电视、网络等平台，广泛宣传苗族服饰文化、苗族神话传说、历史故事、民风民俗，通过电影电视、网络视频、VR 等方式立体直观、栩栩如生地将苗族服饰的精髓和民族精神、艺术特质等传递给消费者，培养苗族服饰的欣赏者、使用者和传承人。

---

❶　保罗·康纳德. 社会如何记忆［M］. 纳日碧力格，译. 上海：上海人民出版社，2000：117.

❷　扬·阿斯曼. 文化记忆［M］// 冯亚琳，阿斯特利特·埃尔. 文化记忆理论读本. 甄飞，译. 北京：北京大学出版社，2012：3~19.

遵义郑知同《楚辞考辨》的屈原评价[*]

■ 陈 欣[**]

【摘 要】郑知同《楚辞考辨》是现存唯一的一部贵州学者楚辞研究著作。郑知同在《楚辞考辨》中指出屈原是"一死全忠""一死感君",并认为"孟子所云怨慕非慕,不足以成屈子之怨",即屈原既是"怨君不明",亦是为自己鸣怨。在强烈放大屈原之忠的同时,又承认屈原之怨,显示了其客观的治学态度。在清代楚辞学者普遍以屈原比附孔孟的背景下,郑知同指出"荀子学盛于才,屈子才长于学",能够辩证地看待屈原圣贤化过程中产生的问题,这是难能可贵的。

【关键词】郑知同 楚辞考辨 楚辞观

郑知同(1831~1890),字伯更,一字伯庚,贵州遵义人,清代著名学者"西南巨儒"郑珍之子。郑知同受乃父郑珍影响巨大,拥有深厚的学术根基。时人把他们父子比作高邮的王念孙、王引之和吴县的惠士奇、惠栋。郑知同治学以许慎、郑玄为依归,造诣精湛深邃,小学成就尤高,一生著述甚多,有《说文本经答部》《六书浅说》《说文正异》(二卷)及《说文述许》《说文商议》《说文伪字》《经义慎思篇》《愈愚录》《隶释订文》《楚辞通释解诂》《转注考》《漱芳斋文稿》(一卷)和《屈庐诗稿》(四卷)等。

* 基金项目:贵州省教育厅高校人文社科规划项目(13GH021)。
** 陈欣(1983~),女,黑龙江萝北人,文学博士,贵州师范学院文学院副教授,研究方向为中国古代文学与文化。

郑知同《楚辞考辨》，又名《楚辞通释解诂》《楚辞通义》，是现存唯一的一部贵州学者楚辞研究著作。在书中，郑知同对屈原作品的真伪、《离骚》的创作时间、《九歌》的篇目、《九章》的创作时地等问题均有探讨。该书是一部熔楚辞考辨、分析、评价、鉴赏于一炉的，具有自己独到见解的楚辞研究专著。《楚辞考辨》虽然是一部未完成的手稿，但不论是结构还是义理、情感，甚至是作者乃至读者的各个层面，都一一呈现。本文主要关注的是郑知同《楚辞考辨》中显示出的特定时代背景下对屈原的评价。

一、忠怨之争背景下的“一死全忠”与“怨慕非慕”

刘勰在《文心雕龙·辨骚》中指出，屈原“衣被词人，非一代也”。可以说，后世文人对屈原和楚辞推崇备至，郑知同也不例外。郑知同的一生遭逢乱世，是清王朝走向衰落的道光、咸丰、同治、光绪四朝。郑知同曾作诗云：“豺狼纵横廿载中，黔南苍赤几沙虫”（《赠刘鹤龄总戎四首》）、“拟听三鼓昆仑破，铁锁银花且漫然”（《上元日，诸舅侍外祖过子午会饮，大人有诗纪事，命次韵作》）。由此可见，自身的困顿、不断的辗转，以及国家的衰微，在郑知同的人生中一直都是挥之不去的。郑知同研究、注解楚辞，与他所处的时代及其人生遭际有很大的关系，可以说是对屈原的精神认同的一种表现。

回顾自汉以降两千多年的楚辞学史，对于《楚辞》呈现的究竟是“忠”还是“怨”，历来是身处封建社会的楚辞学者们的敏感话题，由此涉及屈原的思想倾向及对生死的态度，他在时代变革中的政治理想，以及在理想破灭时的困惑、思考和选择。在我国古代楚辞学史中，屈原与《楚辞》一再被纳入儒家文化，屈原评价也以儒家思想为主导，这不仅仅是治骚者个人意识的体现，更是受传统文化和群体思想的制约。从汉武帝“罢黜百家，独尊儒术”政策的推出直至清代，随着封建专制统治的不断深化，屈原评价既有儒家文化惯性导致的循环往复，又随着历史的发展而不断出现新的变化。

清初统治者大力提倡性理之学，以图恢复并巩固封建主义的思想体系。作为儒家伦理道德的最高标准，忠君思想弥漫整个社会，成为一般士人政治伦理观念的核心。清代一些楚辞学者在强烈放大屈原之忠的同时，极力否认屈原之怨。他们千方百计甚至是排除万难地寻找证据，从根本上否认屈原有"怨"及抗争精神。如朱冀《离骚辩》云：

> 俗儒总不识"怨诽不乱"四字，不观朱子之释怨慕乎？全是怨己，非怨二亲，方见立言无弊。余谓注骚亦然，篇中凡涉怨诽处俱是归咎党人，并无片词指斥君父。❶

又如方人杰《庄骚读本》评《思美人》篇云：

> 《九章》此赋独写出骨鲠身分。思美人而不得，不怨也；无良媒而不通，不怨也。怨己之何以不容也，而变节之不能；怨己之何以不遇也，而有美则不愧。将满天怨气四面无著，则惟有成仁取义，或冀一悟已耳。❷

他们一再强调屈原之怨全是怨己，而不是怨君。与此同时，也有部分学者站在司马迁等"主怨说"的立场，认为屈原是怨，并肯定屈原之怨情。如赵南星、王世贞、周拱辰等，都强调并肯定屈骚怨愤之内容。至清代，治骚者们甚至展开了激烈论战，如朱冀批驳林云铭，王邦采和鲁笔又批驳朱冀，论战的焦点即在屈原"忠""怨"之争上。

与此同时，清代一些楚辞学者竭力把君臣大义读到《楚辞》中，把《楚辞》视为一部忠臣教科书。郑知同对此也提出了自己的看法，他在《九章·惜往日》篇后"通释"曰：

> 屈子以一死全忠，即以一死感君。不能格君于生前，犹冀劝君于身后。此仁之至，忠之尽也。❸

由此可见，清代楚辞学者对屈原思想倾向及其生死态度的探讨，以及《楚辞》所呈现的究竟是"忠"还是"怨"的争论，是与时代政治、思想观念密切相关的。然而，封建时代的一些儒者基于儒家文化的思想根源和政治环境等，对于屈原之"怨"不能正面肯定。

郑知同在《九章·怀沙》篇后"通释"曰：

---

❶ 朱冀. 离骚辩 [M] //杜松柏. 楚辞汇编：第九册. 台北：新文丰出版公司，1986：102~103.

❷ 方人杰. 楚辞读本 [M]. 刻本. 金山：钱树本. 1772（清乾隆三十七年）.

❸ 郑知同. 郑知同楚辞考辨手稿校注 [M]. 贵阳：贵州人民出版社，2004：178.

　　此章乃专责小人愚暗之词。前两章皆缔思君国，此篇自不能不次及群小，此一定之理势也。然通读屈子所以措词于君，与施之臣僚者绝异。凡说到君一边，未尝不怨君不明，而无时不望君感悟。虽九年不复，明知媒绝路阻，犹欲沥情上达。明知道远日忘，犹思觉悟赐环。此见屈子爱君终始无已之心，不仅立言之体当然。孟子所云怨慕非慕，不足以成屈子之怨也。❶

　　随着清政权统治地位的巩固和对三纲五常的倡导，在理学醇儒标举"温柔敦厚"诗教的背景之下，"怨"虽然被允许，但很多学者强调"怨"的前提只能是为邦国而怨，而不是怨君，更不是为自己鸣怨。郑知同在这里明确指出"孟子所云怨慕非慕，不足以成屈子之怨"，即屈子既是"怨君不明"，亦是为自己鸣怨。

　　又，郑知同在《九章·悲回风》篇后"通释"曰：

　　通读《九章》于生前死后，言尽无余。盖孔子断三百篇之"可以怨"者，至屈子变骚，已畅发其蕴。而骚词以纤徐为妍，原始要终，犹存酝藉，益以《九章》，遂无不罄之意，无不竭之词，所以异于风雅者在是。❷

　　正如明代的焦竑在为张京元《删注楚辞》所作的序中云："谓原出于忠君爱国之诚心，而又讥其驰骋变风变雅之末流，为醇儒庄士所羞称，则又自相矛盾矣。"他指出朱熹以"醇儒庄士"自居而赞赏屈原"忠君爱国之诚心"，然又把"变风变雅"与"忠君爱国之诚心"对立起来。因此，焦氏反问道："岂变风变雅非孔子所删定，而醇儒庄士能舍忠君爱国以为道也耶？"即是说变风变雅亦是孔子所删定，当与风雅同样具有忠君爱国的思想价值。

　　郑知同在《九章·悲回风》篇后"通释"曰：

　　后人因其勋犹未就，无所考迹，而志在必死，类乎峻洁太过，又以文胜，遂目为狷介不阿，蓄道德能文章之士，而不窥其有转移一世之权。

　　郑知同又进一步以杜甫和屈原作比较，他说：

　　独杜子美许为英雄，才具有只眼。盖老杜一生心系乎君国，不亚

❶❷　郑知同. 郑知同楚辞考辨手稿校注［M］. 贵阳：贵州人民出版社，2004：168～169，192.

屈子。其自比稷契，以天下为己任，亦不异屈子。而流离困苦之际，不忘蒿目时艰，托之慷慨悲歌，以文章自圣，又宛然一屈子。惟其旷世同符，故能相喻而深契也。❶

郑知同所说的"旷世同符"，可以具体理解为从屈原到杜甫、再到自己，乃至历代楚辞研究者，形成了一条精神的链条：遥契屈子，引为同调；旷世同情，心灵感会。清代的楚辞学者（包括由明入清的学者）在楚辞研究中更强调心灵的沟通和感悟。毛庆先生指出，在明清之际，屈学研究出现了一种新方法——感悟法。在清代楚辞学者中，至少有十人以上在其楚辞著作中明确主张和具体实践了这一方法。如贺贻孙、张诗、夏大霖、胡濬源、王邦采、钱澄之、方苞、吴世尚等，均是将其对于家国的政治寄托和个人的身世之感，融汇于楚辞研究之中，通过自身特有的经历，去体悟和感知屈子之心理。

二、比附孔孟背景下的"荀子学盛于才，屈子才长于学"

历代楚辞研究者为抬高屈原及《楚辞》的地位、辩驳朱熹"不知学于北方"等论说，往往用屈原比附孔子、孟子和荀子。对此，最早应追溯到东汉王逸辩驳班固等对屈原的批评。王逸《楚辞章句叙》开篇即云：

> 昔者孔子睿圣明哲，天生不群，定经术，删诗书，正礼乐，制作春秋，以为后王法。门人三千，罔不昭达。临终之日，则大义乖而微言绝。其后周室衰微，战国并争，道德陵迟，谲诈萌生。于是杨、墨、邹、孟、孙、韩之徒，各以所知著造传记，或以述古，或以明世。而屈原履忠被谗，忧悲愁思，独依诗人之义而作《离骚》，上以讽谏，下以自慰。❷

王逸从学术发展的角度切入，认为孔子死后，随着周王朝的衰微，道统几乎无以为继，包括孟子、荀子等儒者在内的诸子著述皆非孔子真传，唯有屈原"独依诗人之意而作《离骚》"，使孔子宣扬的诗教传统得以传承下来。如此，便将《楚辞》与儒家的撰述传统接上了轨。

---

❶ 郑知同. 郑知同楚辞考辨手稿校注 [M]. 贵阳：贵州人民出版社，2004：190.
❷ 洪兴祖. 楚辞补注 [M]. 北京：中华书局，1983：47~48.

宋代晁补之《变离骚序》云：

> 《诗》亡，《春秋》又微，而百家蜂起。七国时，扬、墨、申、韩、淳于髡、驺衍、驺奭之徒，各以其说乱天下。于时大儒孟、荀实羽翼六经于其将残。而二儒相去百有余年，中间独屈原履正著书，不流邪说。盖尝谓原有力于《诗》亡《春秋》之微，故因集《续楚辞》《变离骚》，而独推原与孟子先后，以贵重原于礼义欲绝之时。❶

并由此反问道："原之敬王，何异孟子？"（《续楚辞序》）在晁补之看来，孔孟之后，荀卿之前，儒家的伦理道义衰废"欲绝"，《诗》的美刺之旨、《春秋》的微言大义一度湮没无闻；此间唯有屈原一人大倡君臣伦理大旨，而成为此衰落时期的中流砥柱。洪兴祖进一步将屈原的思想人格圣贤化，并批评扬雄、班固和颜之推云：

> 屈子之事，盖圣贤之变者。使遇孔子，当与三仁同称，雄未足以与此。班孟坚、颜之推所云，无异妾妇儿童之见。❷

明人汪瑗亦云：

> 屈子所学之正，所守之坚，不轻于去国之心，不终于牵俗之志，可以豁然于胸中而无疑矣。呜呼！若屈子者，其圣人之徒与？岂特为楚国之贤而已哉？岂特为战国之贤而已哉？

并以孟子比屈原：

> 由此观之，则战国之时而倦倦乎仁义之谈性理之说者，不独孟子也，屈子之所学所养可知矣。其书真可继三百篇而无愧色，与七篇并传而不多让也。孰谓自从删后更无诗，而续仲尼之统者轲氏可独专其美哉？❸

清人蒋骥在《山带阁注楚辞序》中云：

> 虽孔子、孟子所以告君者，当不是过。使原得志于楚，唐虞三代之治岂难致哉！❹

戴震注《离骚》"不量凿而正枘兮，固前修以菹醢"云："此伯夷、孔

---

❶ 晁补之. 鸡肋集 [M] //济北晁先生鸡肋集：卷第三十六.《四部丛刊》影明本.

❷ 洪兴祖. 楚辞补注 [M]. 北京：中华书局，1983：51.

❸ 汪瑗. 楚辞集解 [M]. 北京：北京古籍出版社，1994：107.

❹ 蒋骥. 山带阁注楚辞 [M]. 上海：上海古籍出版社，1984：3.

子、孟轲之道矣。"❶ 显然有比屈原为孔孟之意。

朱熹对屈子的批评，实际上在屈原的圣贤化历程中发挥了一种反作用。有些楚辞学者正是因朱熹的"（屈原）不知学于北方以求周公仲尼之道"之语，而竭力比附屈原为圣贤，作为对朱熹的反驳。如清人梅冲《离骚经解》云：

> 屈子之志，比干夷齐之志也。其修己事君，正己正人，天下无道，以身殉道，则孟子之学也。一篇之中，反复参究，除舍身杀身而外，无可自安焉。盖义精仁熟矣，而曰未学于北方也哉？呜呼，千古之沉冤，未有如屈子者也！

又，李光地《离骚经注》云：

> 愚观屈子，盖蛮荆之一人；北方学者，未能或之先也。《离骚》之篇陈古义，剀治道；三代名臣，何以加兹？❷

由此还可以看出，清代楚辞研究者在屈原圣贤化的过程中用力最大，而屈原的圣贤化过程与屈骚作品的经典诠释过程是相辅、并行的。

对此，郑知同也提出了自己的观点。他在《九章·悲回风》篇后"通释"曰：

> 凡屈子言必称尧舜、汤武，行必则伊周、彭咸。为圣贤之学，抱公辅之器，较以战国诸子，孰有立言之正如此者乎？孟子而外，盖所罕见。若荀卿者，可与方驾齐驱。然荀子学盛于才，屈子才长于学。于两家文之拘放，足以见之。❸

郑知同从才学和文风方面入手，把屈原和孟子、荀子相提并论，把楚辞纳入既定的儒家文化秩序中考察，这显示了儒家思想作为封建社会政体意识形态中心的话语力量。众所周知，《楚辞》并不是儒家著作，甚至还有浓郁的南方文化的特征。但是，在相当长的时期内体现出以儒家思想为主导的文化阐释，《楚辞》一再被纳入儒家文化的价值模式。这种选择和处理，并不仅仅是楚辞学者个人意识的表现，更多的是时代、思想以及士人

---

❶ 戴震. 屈原赋注［M］. 北京：中华书局，1999：14.

❷ 李光地. 离骚经注［M］//四库全书存目丛书·集部：第二册. 济南：齐鲁书社，1997：259.

❸ 郑知同. 郑知同楚辞考辨手稿校注［M］. 贵阳：贵州人民出版社，2004：190.

阶层的文化因素的制约。

综上所述，从汉武帝"罢黜百家，独尊儒术"政策的推出直至清代，随着封建专制统治的不断深化，屈原评价既有儒家文化惯性导致的循环往复，又随着历史的发展而不断出现新的变化。郑知同提出屈原是"一死全忠""一死感君"，并指出"孟子所云怨慕非慕，不足以成屈子之怨"，即屈子既是"怨君不明"，亦是为自己鸣怨。在放大屈原之忠的同时，又承认屈原之怨，显示了其客观的治学态度。在清代楚辞学者普遍以屈原比附孔孟的背景下，郑知同指出"荀子学盛于才，屈子才长于学"，能够辩证地看待屈原圣贤化过程中产生的问题，这是难能可贵的。正如潘啸龙先生所说，当屈原的忠贞精神和抗争精神投影于历史时，并不是交融在一起发生影响的。它直接受到各个时代统治利益或思想主潮的制约，而出现选择取向上的某种侧重或偏移。就这样，投影于历史的屈原形象和屈原精神，为适应统治阶级的政治需要而几经改造，他那怨君、忿怼的一面随其忠臣、圣贤典型的确立而逐渐消解了。❶

---

❶ 潘啸龙. 屈原与楚辞研究［M］. 合肥：安徽大学出版社，1999：225.

近代词人莫庭芝的词创作[*]

■ 兰石洪　卢林琳^{**}

【摘　要】莫庭芝是近代贵州莫氏家族的重要词人，其词在晚清贵州词坛上独树一帜。莫庭芝论文强调法度规则，崇尚豪宕风格。莫庭芝词具有较为丰富深刻的思想意蕴，表现了他执教他乡的客愁、壮志难酬的悲慨、思亲怀友的真情等。莫庭芝词艺术上亦独具风貌，语言朴素、文雅、警拔，词风沉郁、豪放，善于借景抒情等。

【关键词】莫庭芝　青田山庐词　思想意蕴　艺术特色

莫庭芝（1817~1889）是近代莫氏文学世家的代表作家，兼擅诗词。莫氏好友胡长新评其诗云："性情真挚，气象温纯，而学力则甚深深，读其诗如见其人。"❶ 莫庭芝也是近代贵州莫氏家族的重要词人，其《青田山庐词》（又称《青天山庐词》）在晚清贵州词坛上独树一帜，其词"婉而多风，浩浩落落，抑塞善感，与其诗相若，境实为之，无粉饰，亦非造作云"。❷ 目前学界多将莫氏诗词合论，对其《青田山庐词》的论述较为简略，难以窥见莫氏词全貌。莫庭芝娴于音律、长于倚声，他的 52 首词（其

---

　* 本文系贵州师范学院大学生科研项目"莫庭芝《青天山庐词》整理与研究"（项目号：2016DXS003）结题成果。

　** 兰石洪（1973~），男，湖南岳阳人，文学博士，贵州师范学院文学院副教授，研究方向为中国古代文学；卢林琳（1995~），女，贵州纳雍人，贵州师范学院 2013 级汉语言文学专业学生。

❶ 莫庭芝. 青田山庐诗钞［M］//清代诗文集汇编：第 668 册. 影光绪乙丑黎氏日本使署刻本. 上海：上海古籍出版社，2010：29.

❷ 中国科学院图书馆. 续修四库全书总目提要稿本：第 35 册［M］. 济南：齐鲁书社，1996：812.

中黔南丛书本收词51首，另可据《清人词话》补辑1首）共使用了42种词牌。其传世词已经裁汰，留下之词多为精品。❶ 莫氏词的思想意蕴较为深刻，艺术表现上匠心独具。他的词对于我们认识贵州道咸时期的士人思想历程及词学创作风貌具有重要意义。故拟专文以深入探讨莫庭芝《青天山庐词》，以期深化近代贵州词学研究。

一、莫庭芝生平、词集及文学思想

（一）莫庭芝生平概说

莫庭芝，字芷升，号青田山人，贵州独山（今贵州省独山县）人。莫庭芝自幼遂受到良好的文化熏陶，其父莫与俦、其兄莫友芝均以学术、文学著称。莫庭芝6岁时即跟从父兄到遵义，承教于父兄，后又师从贵州名儒郑珍，年少时已具有较好的文学素养和学术积淀。成年后，不仅兼通经史典籍、音韵训诂之学，还擅长书法、诗词。莫庭芝平生治学处世以儒家省身寡过为宗旨，为人诚实谦和、襟怀坦荡。莫庭芝"承父兄朴学，早岁精研洨长（按：指许慎）之学，督学使者诧为仅见，取入州学"。❷ 清道光二十九年（1849），参加院试，拔贡，得到当时贵州学政丁虚园、翁同书的称赞。翁称其卷"左光沉黝，洒然异之"，认为其学业系"耳濡目染使然"。❸ 次年，庭芝上京参加礼部试，不第，从此不再应试，潜心执教、治学。

莫庭芝执教多年，对贵州地方教育事业做出了重要贡献。同治十年（1871），选授思南府学教授，历任安顺府学教授。晚年寓居贵阳，被聘为学古书院山长。莫氏学识渊博，教学有方，弟子经其点拨，获益良多。其弟子杨树评价云：

---

❶ 胡长新《青田山庐诗钞·跋》云："又私觉有爱不能舍者，商之酉阳乙垣曾君炜，拟为补录，乙垣并欲排纂其词稿。而芷升屡纟，谓多不如少。余诚虑不晓事滋咎，而剞劂，亦遂迟迟。甲戌冬于役贵阳，适黎介亭先生自滇归，爰举芷升诗，请其选订，合前后诸本共入选二百余篇，约汰去十之七八，然后芷升诗弃肤存液，犁然有当于心。"（《清代诗文集汇编》第668册，第29~30页）可知莫庭芝态度严肃，所刻印诗词经过自己和友人的反复筛选、修改，故传世者多为精品。

❷ 莫庭芝.青田山庐词［M］//西南稀见丛书文献：第12卷.兰州：兰州大学出版社，2003：93.

❸ 转引自：李远.彪炳史册的黔南人［M］.贵阳：贵州人民出版社，1992：160.

及谈论经史，议论证据，清辩滔滔，譬若江海下注万里，大川小巷，脉络分明，委析赴会，眜出畅然。后生小子虽盲钝，无不开启。❶

莫庭芝在整理贵州文献方面也是功绩卓著。其兄莫友芝辑有《黔诗纪略》三十三卷。庭芝紧随其兄，邀黎汝谦共搜清代黔籍诗人文献，编成《黔诗纪略后编》三十三卷，共收清代 472 位黔籍诗人的 2 212 首诗，是研究清代黔诗的必备文献。莫友芝搜辑文献已经非常丰富，莫庭芝与黎汝谦再搜辑那些零圭断璧、残编蠹简，所下功夫、所费时间远过其兄。正是莫、黎二人孜孜矻矻的艰苦努力，很多即将散佚的贵州地方文献才得以保留，洵为功臣！

（二）莫庭芝词集版本

莫庭芝传世诗词并不多，现存《青田山庐诗钞》二卷、《青田山庐词钞》一卷。莫氏诗词三卷首刊于光绪元年（1875），是为初刊本。后由黎庶昌收入《黎氏家集》，是为光绪十五年（1889）日本使署刻本，《清代诗文集汇编》第 668 册即据此影印（本文所引莫氏诗词悉出此书，恕不一一注明）。其诗词后又入编《黔南丛书》，系民国时任可澄据黎氏家集本铅字排印，是为民国铅印本。道光三年（1823）至道光二十一年（1841）间，莫与俦去世；其生前一直担任遵义府学教授，死后葬于遵义城东八十里之青田山。莫庭芝 6 岁即随父赴任，在遵义度过了少年、青年时期，遵义对他来说具有非同寻常的意义，毕竟 6 岁之前的记忆几近于空白。为纪念自己青壮年的生活和成长之地，为纪念父母庐墓之地，莫氏以遵义"青田山"命名了自己的诗词集。

（三）莫庭芝的文学思想

莫庭芝的文学思想主要表现在三方面。其一，他主张填词要有寄托。其兄莫友芝受张惠言影响，推尊词体："词自皋闻选论，出其品第，乃跻诗而上，迨然国风、乐府之遗，海内学人始不以歌筵小技相疵瑕。"❷ 莫氏填词也主张向上一路，要有深沉寄托。其《祝英台近·粘词壁上题其后》之下阕道出了自己填词的个中缘由："试听取。漫道绿板红腔，婉愞个中儿

---

❶ 转引自：李远．彪炳史册的黔南人［M］．贵阳：贵州人民出版社，1992：160~161.

❷ 莫友芝．莫友芝诗文集［M］．北京：人民文学出版社，2009：585.

女。兴趣遥深，寄托借毫素。几多言外衷肠，个中滋味，都把赠、有心人去。"❶ 可见其主张填词要有"兴趣遥深"的寄托。他本人填词也是煞费苦心，深得词中三昧的。其二，莫庭芝强调诗文的规则法度。他在《寄邹叔绩》一诗中流露出对西南大儒也是他的朋友郑珍的敬仰之情："裁成后进功岂小，如矩在方规在圆。古心古貌世不识，眼中年少空娟娟。"意谓郑珍提携后进功劳甚大，教导后学时也是循着规矩、按部就班地指导的。这虽是表达对郑氏的景慕，但也可以看出莫庭芝对规则法度的看重，要求诗歌符合法度法则，而不能随心所欲，没有束缚。其三，莫庭芝崇尚豪宕的风格。其《百字令·孙竹雅清彦太守见和赠茗香原韵，辄仍前韵奉答》以苏、辛的豪宕词风赞美友人词云："太守文章，先生格调，并继苏辛迹。风流豪宕，焉能默默而息。"可见他对苏辛豪宕词风的推崇。他的很多词也表现出这个特点（详见下文）。在他的诗中，也常可以看到"河气腾空落日昏，平沙莽莽月无痕"（《宿草屯坡》）、"不狼山下流离子，放鹤亭边落拓人"（《寄春台侄》）等豪放廓落的诗句，足可以证明他崇尚豪宕的文学风格。

二、《青田山庐词》的思想意蕴

词作为"要眇宜修"的文体，盛于唐宋，衰于元明，复兴于清代、民国时期。据《全清词》统计，清顺康雍乾时期的词作已逾 10 万首，词人3 600 余位，"从来被人们视为'小道末技'的词正好在清廷统治集团尚未关注之际应运而起，雕红琢翠、软柔温馨的习传观念恰恰成为一种掩体，词在清初被广泛地充分地作为吟写心声的抒情诗之一体而日趋繁荣了"。❷可见在清代，词已经发展成与"诗"并行的抒情文体，作品繁多，内容丰富。莫庭芝的《青天山庐词》正是在清词异常繁盛的文化背景中产生的。莫氏词分为友情词、亲情词、唱酬词、写景词、题画词、咏怀词等，这些题材类型跟他的经历以及交游紧密相关。莫庭芝常年在外任教，故唱酬词、题画词、思亲怀友词也写得较多。莫氏词以抒情为尚，重在表现词人遭逢

---

❶ 孙克强，杨传庆，裴喆．清人词话［M］．天津：南开大学出版社，2012：1546.

❷ 严迪昌．清词史［M］．北京：人民文学出版社，2011：9.

不偶、羁旅飘萍的复杂情怀，正如他自己所说："移宫商，调徵羽，密意共谁诉。短令长歌，总是断肠语。何人顾曲怜予。多情似我，聊写向、壁间留与。"❶ 可见其词都是他多情的断肠语，"几乎全是抒发个人感情之作，或伤春悲秋，或磋贫叹老，或吟风弄月，或哀亲友"，❷ 具有较为丰富、深刻的思想意蕴。

（一）执教他乡的客愁

莫庭芝词流露最多就是他执教他乡或寄幕他乡的客愁。莫氏一生坎坷，或以执教为业，或寄幕他乡，为衣食之累而行役各地。常年的背井离乡，使得他的词中流露出浓重的乡愁。而这种乡愁又指向他幼年至壮年时生活和学习之地遵义，而非其出生地独山。具体地点，一是遵义府学附近，一是青田山庐。其兄莫友芝在父亲去世后，为跟挚友郑珍切磋问学，将父亲墓地选在郑珍居所附近乐安江畔的青田山。他在《巢经巢诗钞序》中说："自廿年前，友芝侍先君遵义郡学，子尹（按：即郑珍）居东八十里乐安溪上……至辛丑，先君见背，即卜兆乐安溪上青田山，复结庐其间，以近吾子尹也。"❸ 青田山风光秀美，山间青松翠柏、修篁环绕，莫庭芝兄弟经常来这里读书，这也是日后莫氏魂梦萦绕的"故乡"。《湘春夜月·忆湘川旧游》词主要抒发词人对遵义山水的深情依恋和作客他乡的疲乏孤独，也含蓄地抒发了词人对不能回乡省庐（坟）的遗憾。词云：

> 思绵绵，播州湘水湘山。别去荏苒于今，还得似当年。追念学堂初启，正一群娇小，髫角翩翩。傍宫墙俎豆，庭闱膳寝，快活如仙。
>
> 年来岁去，径花黄绽，阶药红翻。少壮优游，好是秋吟湘月，春浴湘川。蹉跎久旅，但梦魂、遥逐双鹤青田。待异日，赋归来恐怕、人民改旧，城郭非前。

播州（今遵义）有佛教名刹湘山寺，俯邻湘水，为遵义名胜之地。本词上片追念词人幼时在播州湘水湘山的点滴生活。当年两髻翩翩的他与一群稚气天真的学童侍奉庭闱，入奉甘旨，承教受学，烂漫读书，快活如仙。下片抒发词人久滞他乡时对播州魂牵梦绕的彻骨思念。岁月蹉跎，羁滞他

---

❶ 孙克强，杨传庆，裴喆. 清人词话 ［M］. 天津：南开大学出版社，2012：1546.
❷ 顾朴光. 莫庭芝诗词艺术初探 ［J］. 贵州文史丛刊，1987（1）.
❸ 莫友芝. 莫友芝诗文集 ［M］. 北京：人民文学出版社，2009：578.

乡，只能在梦中追逐着双鹤回到双亲的庐墓。词末尾三句化用文天祥《金陵驿二首》"山河风景元无异，城郭人民半已非"之句，含蓄地写出了词人对将来旧地重游时可能面对的物是人非的隐忧。实际上，遵义城在 1859～1862 年先后几次被号军攻破。词人的担忧也从侧面反映了时代的动荡。其《雨中花慢》词，上片先叙写词人十余年来薄宦羁游、饥寒未免的漂泊生活，下片直抒对青田山庐的思念之情："园林好在，竹树亲栽，而今可似当初。无奈是、烟尘阻绝，一任荒芜。旅梦频栖店舍，归心遥落山庐。甚时却与，理料松菊，整顿琴书。""山庐"即"青田山庐"。咸同以来，贵州战乱不断（"烟尘阻隔"即指此），词人想回青田山庐扫墓、整理故居，可是战乱阻断了一切。客中饥驱奔走、旅食他乡的惨痛现实跟当年莫氏兄弟在青田山栽竹莳树、培松护菊、弹琴读书的惬意生活形成了鲜明的对比，更显出词人流落他乡的悲哀之深。词人迫切地希望再回到遵义，缓解思乡念亲之痛，但他无力也无法回去，只能在异乡的凄灯孤枕边咀嚼着思乡的痛苦。其《江城子》词云：

　　梦中亲近觉来疏。悄相扶。一言无。去也匆匆，心事只萦纡。闭眼重寻浑不著，灯烬冷，枕函孤。　算重别后几居诸。草痕枯。又平无。天气非秋，那得雁传书。细雨清寒春暗度，呼燕子，问何如。

鸿雁意象在中国古代诗文中有寄托乡思的文化含义。春寒料峭，大雁尚未北飞，天空难觅它的踪影，故词人只得说"那得雁传书"。词人只得悄然呼唤檐边的燕子，希望能从它身上获得些许安慰，可见其无法排遣的乡愁之深。这种乡愁又跟怀内之情结合在一起，写得深沉含蓄，毫无纤艳淫靡的色彩。一个人的生活总是脱离不了他的时代的。在那个乱世，拔贡出身的莫氏的生活总比普通百姓好多了，而莫氏尚且如此，更不说那些普通民众了。这也是莫氏思乡词从一个侧面透露出来的深层意蕴。可能因为幽约深隐，所以有论者指责莫氏词对道咸以来的重要历史事件缺少反映，❶ 其实是忽视了莫氏词背后的深层意蕴。

---

　　❶ 如顾朴光在《莫庭芝诗词艺术初探》中认为莫氏诗反映的社会内容不够深广，其词的内容更加贫乏；何积全的《布依族文学史》（贵州民族出版社 1992 年版，第 397 页）亦认为莫氏词的内容较为单薄。

（二）壮志难酬的悲慨

莫庭芝在道光二十九年（1849）拔贡后，廷试屡次不第，从此绝意科考。莫氏词中亦多抒科场失意、壮志难酬之悲慨。其《采桑子·郊游书即目》组词集中抒写怀才不遇的遭遇，痛快淋漓，又富于哲理意蕴。兹录前三首：

> 高城迤逦行游处，一晌凝眸。莫久勾留。一点烟云一点愁。　十年几许沧桑感，人似蜉蝣。暮在朝休。眼下成空不转头。（其一）

> 坏梁细认题名字，墨影疏疏。疑有疑无。料得当年是特殊。　世间公道惟风雨，不拣贤愚。一例模糊。万岁千秋莫问渠。（其二）

> 万人冢畔斜阳冷，转壑填沟。何县何州。旷野茫茫共一抔。　道旁空髑能言否，多事庄周。为尔前筹。不盖棺时也自休。（其三）

也许由于积久的悲凉、应试的辛酸，词人在朝来暮去的时间流逝中，不觉悲从中来。郊游中的高城、坏梁、坟冢等景物触动了词人的坎壈情怀，压抑、悲凉的心境喷涌出激越奔放的感情激流。第一首，高城的**丝丝烟云**在词人眼中、心里竟点点滴滴凝冻成、集聚起无边的愁恨，多年的激愤、心头的热血在暮在朝的沧桑变幻中都不可阻挡地化作了空无。第二首，侧用苏轼《和子由渑池怀旧》"坏壁无由见旧题"语典。词人希望从若隐若现的坏壁墨迹中寻绎出蛛丝马迹、辨识出贤愚之别，但都是徒然，风侵雨蚀，哪还有什么贤者留下的独特痕迹。"世间公道惟风雨，不拣贤愚"二句极具反讽意味，写出了古今中外概莫能外的、英才被埋没的悲哀——社会不公、贤愚不分，只有自然界的风雨最公道；实则讥讽当权者昏庸无能，贤愚不分。第三首更富于哲理意味，借几种形象表达了死亡和壮志的关系。"万人冢畔""转壑填沟"❶都表明当时社会动乱不已。莫友芝曾对其子莫绳孙讲："吾黔自军兴，十余年来，苗、回诸夷，土匪邪教，相继倡乱，蹂躏全省十二府、一直隶州……自余府、厅、州、县数十，残破千里，人民能孑身脱难者，百不一二。"❷ 政府只得将那些战乱中死亡的人填埋在"万人

---

❶ 《墨子·兼爱下》："然即敢问：今岁有疠疫，万民多有勤苦冻馁，转死沟壑中者，既已众矣。"转死沟壑意谓弃尸于山沟水渠。

❷ 唐树义，莫友芝，等. 黔诗纪略：卷首题记 [M]. 关贤柱，点校. 贵阳：贵州人民出版社，1987：1.

冢"里。那些难民转徙流离，死后也无法知道他们是何州何县之人。词人思前想后，想到那些冢中之人出身、地位等各自不同，最后同埋在一抔黄土下。庄周与髑髅的对话实有深意，既然人死后都是殊途同归，那么词人还是趁早醒悟，不要再为虚名而挣扎了，等到盖棺再来定论，肯定为时已晚。所以在第四首中，莫氏安慰自己忘却烦恼，姑且领略春天的美景吧。这四首词或慨叹壮志成空，或质疑世道不公，或指斥贤愚不分，或深思死亡问题，集中表现了"古之伤心人别有怀抱"（胡长新《青田山庐词钞·跋》）的悲伤。

莫氏其他词如《齐天乐》抒写词人当年的豪情壮志消磨在"东骋西驰，南征北走，孤负良时多少"的应试岁月中的悲哀，《百字令·赠吕茗香（廷辉）》则抒写词人寄幕他乡、潦倒天涯的磊落、抑塞。后者云：

> 杜陵老矣，问胡为久作，诸侯宾客。罢酒酣歌徒自好，潦倒天涯谁惜。白水青山，斜阳芳草，浪寄闲踪迹。不如归去，故国应有消息。
> 又是律换星移，风光荏苒，春气通边邑。华发相鲜惊节序，耿耿我心君识。说有谈空，论今述古，慷慨追畴昔。相逢疑梦，不知今日何日。

上片极写词人久幕异乡、仰食诸侯、浪寄闲踪的悲哀，下片极写词人与友人惺惺相惜、慷慨悲歌的牢落以及壮志落空的感慨。悲歌慷慨，气势流走，有苏辛豪放词之神韵。这些抑塞、磊落的胸怀抒写哀而激越，婉而多讽，有助于我们认识近代士人的心灵悸动。

（三）思亲怀友的深情

莫庭芝无论是对亲人还是朋友，都情真意挚。其忆旧词"以真情为缠绵悱恻之致"（张体刚《青田山庐词钞·序》），其友情词"情谊真挚，风致忧伤怨悱"。❶ 这些真情发越的词情感深挚，有着极强的艺术感染力。如《迎春乐·五十二字，依美成》一词表现的是他对亲人的至深思念：

> 一年一处过除夕。问风土、我能说。忆团圞、坐守欢无极。霜满鬓、成畴昔。兄弟天涯何处客。更无那、妻孥乖隔。勿复进屠苏，腊味好、怎消得。　　三冬过了都无雪。昨宵雨、转凄咽。算今朝、五处伤离别。谁酪酊、酬佳节。老去心情无可悦。只添了、星星华发。又

---

❶ 黄万机. 贵州汉文学发展史 [M]. 贵阳：贵州人民出版社，1999：456.

是一年春，更几见、春花发。

此词是作者在一年一度的除夕佳节所作，以表达对兄弟、妻儿的思念。回忆起从前相聚的时刻，心中的忧愁逐渐蔓延开来。如果说此词的情感流露是比较表面的，《满江红·竹雅忆亡弟清元，因以见赠，余亦触怀而念亡弟芝，次韵奉答》一词的情感祖露则更加真切感人：

春草迷离，又还被、东风吹绿。问人世、韶华一往，如何难续。原上鸧飞怀急难，沙边雁落愁孤独。杜少陵，忆第费诗篇，哀同触。

收残稿，何堪读。亲纂订，聊为述。祇斯文犹是，剜心头肉。白日看云情已知，寒宵听雨魂长逐。想当初，总角爱聪明，嗟无福。

此词为悼念逝去亡弟而作，思致委婉，情调凄凉，其中的伤痛不言而喻，思念之情真实可感。"收残稿，何堪读。亲纂订，聊为述。祇斯文犹是，剜心头肉"，仅20字，便将作者心中的不舍、思念、悲伤独到地表现在眼前。也正是这真情，让他与亲人、朋友间的情感更为牢固。其友情词如《瑞龙吟·追悼亡友郑子尹》，将叙事、描写、抒情、议论多种手段交融在一起，充分发挥长调词时空场面多变的优长：叙写郑、莫两家情谊，朴实感人；追述郑珍对莫氏"夙昔谊兼师友"的提携教诲，催人奋进；描述一代学者"空山老死"的惨境，令人酸鼻；赞扬郑氏"黔南屈指"的学术文学成就，令人景仰；叙述战乱阻隔、欲归不得的苦楚，令人感慨。一首词包含了如此丰富、复杂的情感内涵，可见其艺术功力之深厚。

此外，莫氏还在词中慨叹光阴流逝的无奈："素光照席，揩眼能见几回圆"（《水调歌头·登楼望月，次东坡韵》）；或表现时不我待、借酒浇愁的痛苦："是醒是梦。莫把韶华空断送。有酒盈舟。万事堪休合便休"（《减字木兰花·次茗香韵》）；或反映蒿目时艰、忧心国运的悲悯："十余年、四郊多垒，容他羊犬来去。老从壁上观征战，斑益鬓毛如絮。谁策取。但月黑愁吟，雪满弓刀句。杞忧自苦。叹蒿目难芟，蓬心莫剪，忐忑竟何据。"（《摸鱼儿·竹雅次韵和茗香见赠之作，复次韵奉答》）他描绘山光水色，既有"草衬丹楹，藤穿碧瓦，野马粉粉飞度"（《探春·雨后郊游，小憩荒祠下》）的多种色调和动态美感，又有"雨丝微扬，萦花惹草，无声有影。似近疑遥，欲前还却，做情生性"（《水龙吟·春阴》）中对春雨如丝、微扬作态的精细刻画。总之，莫氏词内涵丰富、深刻，是道咸以来士人文化生态和心路历程的典型体现，具有多方面的认识意义和词史意义。

三、《青天山庐词》的艺术特色

莫庭芝作词深受其兄莫友芝影响。莫友芝论词切中词坛弊病："窃论近日海内言词，率有三病：质犷于藏园，气实于谷人，骨屑于频伽。其偶然不囿于习气而溯流正宗者，又有三病：专淮海而廓，师清真而靡，服梅溪而佻。"❶ 莫庭芝词不仅在题材内容上以述怀为主，没有纤艳之什，而且在艺术上"沉思独往，一字一句俱经锤炼而成"，❷ 力避其兄所说的六种弊病，亦无浙派末流淫词、鄙词、游词三弊。正如其友张体刚《青田山庐词钞·序》评其词"并晓风残月、铁板铜琶兼擅其美也，是可夺周柳之席，而登苏辛之堂也"，虽过溢美，但也道出了莫庭芝词情致缠绵（似柳，前文已述）、以思力作词（似周）❸ 以及词风豪宕（似苏辛）的特点。莫庭芝词的艺术特色主要体现在以下三个方面。

（一）语言朴素、典雅、警拔

莫庭芝词的语言特点，可以概括为朴素、典雅、警拔。首先，他喜以口语入词，不假雕饰，正如其友曾炜《青田山庐词钞·跋》所评："取阅其词，浩浩落落，自抒胸臆，无粉饰，无造作，读之使人感慨流连，而不自已。"❹其语言之不假藻饰，真切朴素，如"七人八谷都过了。十一日、春才到。鸟儿知暖争先报"（《迎春乐·五十一字依少游》）、"风雨无情不惜花。一宵摧折付泥沙。那得落红重上树。孤负"（《定风波》）、"正当烦恼，有个人来到。细雨幽窗寒悄悄，语罢炉烟于余袅"（《清平乐》）。这些词句采用朴素自然的口语直接陈说，脱落华词丽语，语言自然平易，情意真切感人，但在自然中又蕴含深意，显示出词人提炼口语入词的深厚功底。

其次，莫庭芝词善于化用前人诗词，使得其语言文雅典丽。莫氏学识渊博，使事用典左抽右旋，运用自然，表现了学人词的朴茂渊深之气。例

❶ 莫友芝. 莫友芝诗文集 [M]. 北京：人民文学出版社，2009：582.
❷❹ 莫庭芝. 青田山庐词钞 [M] //清代诗文集汇编：第668册. 影光绪乙丑黎氏日本使署刻本. 上海：上海古籍出版社，2010：29，39.
❸ 叶嘉莹. 唐宋词十七讲 [M]. 北京：北京大学出版社，2007：301.

如，《喜迁莺·过朱性善山居》之"因树编篱，开轩面圃，位置迥然超俗"句，化用唐孟浩然《过故人庄》之"开轩面场圃，把酒话桑麻"，表现了友人山居篱笆环绕、窗对场圃的脱俗环境；《水龙吟·春阴》之"怜他物色，分明窥见，绿肥红损"句，本于李清照《如梦令》之"绿肥红瘦"，刻画了红花凋落、绿叶反茂的暮春景色，表现了词人对春天行将逝去的惋惜之情。这样的例子还有很多，不再赘述。

最后，莫氏苦心孤诣地锤炼词句，使得其语言精练、警拔。如《探春·雨后郊游，小憩荒祠下》之上片："宿雨侵晨，湿开云晓，嫩霞渲染帘户。喜挹晴岚，兴牵游屐，试起绕城徐步。布谷一声声，渐抽水、绿针无数。东君特洗铅华，芳意何嫌淡素。""嫩"字兼有感觉相通的特点，极状雨后清晨朝霞透过絮絮薄云的光芒之柔和可爱；动词"挹"化无情为有思，仿佛嫩霞有意描绘晴岚的景色；"绿针无数"之喻，贴切、形象地写出了秧苗经过雨水滋润后的喜人长势。

（二）词风豪放、沉郁

莫氏词以豪宕的风格为主。张体刚《青田山庐词钞·序》评莫庭芝词"真可夺周柳之席，而登苏辛之堂也"，❶ 谓其兼有婉约与豪放的特点。婉约指其词抒情凄婉含蓄，豪放则是指其词的主导词风。一方面，他喜欢用《百字令》《水调歌头》《贺新郎》《卜算子》等接近诗体、易于表达豪放情感的词调，如《水调歌头》的调子是轻快流利的，❷ 易于写得豪宕、流利。其《水调歌头·登楼望月，次东坡韵》深得坡公中秋词豪放、清旷的妙处，词云：

> 飞阁跨山郡，四面揽遥天。问君谁创谁续，经历许多年。此夕凌虚凭望，算有稀星明月，当日共清寒。世事一今古，都在转头间。
> 笑何妨，同醉倒，倚楼眠。素光照席，揩眼能见几回圆。休道升沈明晦，祇这东西南北，所得有偏全，汗漫思游衍，空影趁便娟。

词中之景象如月光下广袤的清寒世界，明丽、雄阔。将此背景与词人超越一己之喜乐哀愁的豪迈怀抱、达观情调相结合，显得豪放不羁，颇得

---

❶ 莫庭芝. 青田山庐词钞 [M]//清代诗文集汇编：第 668 册. 影光绪乙丑黎氏日本使署刻本. 上海：上海古籍出版社，2010：31.

❷ 叶嘉莹. 清代名家词选讲 [M]. 北京：北京大学出版社，2007：116.

东坡词清旷潇洒之遗意。另一方面，莫氏有时运用流水对或"句读虽断，语气不断的句法"，❶ 增强词的气势。如《卜算子》："齿落舌犹存，发白心还素。晓起冲寒不自禁，怯怯怜衰暮。　虚牝掷黄金，陆续成新故。五十年过指顾间，应悔从前误。"上下片首韵二句均为气势游走的流水对，读来一气呵成。有时，他将一句话断开说，文气、语气连贯而下，他内心的沉郁、盘旋、郁结都借着这种断续的语气和连贯的气势表现出来。如《水龙吟·春阴》中似断还续的句子（画线句）便如此，词云：

> 轻阴几日收晴，春分过了寒犹剩。雨丝微扬，萦花惹草，无声有影。似近疑遥，欲前还却，做情生性。弄黄蜂粉蝶，如痴如醉，蓦来去、飞无定。　只恐春归容易，倦寻芳、阑干愁凭。怜他物色，分明窥见，绿肥红损。漠漠天低，沈沈烟重，野昏山暝。漫回身却把，珠帘放下，不禁风冷。

另外，莫氏词还带有沉郁、盘旋的特点。莫氏去世后，友人胡长新为他整理遗著，编刻词集，可谓相知甚深。胡氏跋《青田山庐词》云："芷升天性朴茂，早岁刻苦勤学，中年遭时多故。其抑塞磊落之气一寄于诗，而词亦伊郁善感。"❷ 胡氏指出莫庭芝词多抒内心郁结之忧愤，具有词风沉郁的特点。前文论莫氏词的思想意蕴时已举过不少例子，再看一首《高阳台·春夜听雨不寐》：

> 薄晚雷收，深更雨续，绵绵泻入苍苔。润逼帘旌，沈烟暗冷香煤。倚衾待觅联床梦，奈梦魂、滴碎空阶。思悠哉，一缕轻寒，透过窗来。
> 春宵不比秋宵苦，堪凄迷偏倦，却似秋怀。为有离愁，秋心早漫春台。梧桐未老芭蕉嫩，不飕飕、也费安排。小楼开，听卖花声，唱过前街。

此词写春夜听雨时产生的悲愁，乡愁、思亲、失意等多种感情交织在一起，既沉郁又哀婉。词中的景物，掀起词人心灵深处的感情微澜，丝丝萦绕，层层回旋，蕴蓄着坎壈失志、寂寞孤独，同时又不无向往与追求。

（三）擅长借景抒情

王夫之在《姜斋诗话》中说："情景名为二，而实不可离。神于诗者，

❶　叶嘉莹. 唐宋词十七讲 [M]. 北京：北京大学出版社，2007：301.
❷　莫庭芝. 青田山庐词 [M] //西南稀见丛书文献：第 12 卷. 兰州：兰州大学出版社，2003：48.

妙合无垠。"❶ 王国维说："一切景语皆情语也。"❷ 莫庭芝词抒情性强烈，善于借助景物来抒发情感，这使得其笔下的景物笼罩着一层抑郁悲凉的感情色彩，使得其词情景浑融。莫氏喜欢用悲凉的冷色调刻画景物，以衬托他失志不遇和羁滞他乡的哀愁。如《八声甘州·夜雨》：

> 悄灯前细雨落檐花，滴阶慢声声。正倚愁无寐，风凄疏木，云暗高城。旅雁求曹未息，翅湿苦哀鸣。回首联床夜，萧瑟堪惊。 迢递昔年旧梦，想池塘春草，酥润还生。算雨濡霜瘁，几度变枯荣。客窗岑寂芳菲意，逐散彩丝，空自入帘青。寒宵永、绵绵听绝，诗句难成。

词中"凄""疏""哀""萧瑟""枯荣""岑寂"等词勾勒出一幅凄清之景，而作者"愁无寐"的情思如盐着水般地融化于这冷清凄凉的景色描写中。又如前文提到的《探春·雨后郊游，小憩荒祠下》中，清晨清亮的朝霞，秀丽的山岚，嫩绿的秧苗，悦耳的布谷鸟声，消释了词人久郁的心情；词人欢欣携杖，绕城徐步，消受美景；已而夕阳在山，词人又莫名地沉浸于悲怨之中："即景易生愁，不若早些回去。倩谁送我，归来夕阳春树。"即使面对如此的景色，作者也容易生出愁绪。全词的景物描写与词人的感情水乳交融——时间在推移，词人渐渐由喜而悲。这种感情的微妙变化"既随物而宛转"，而景物的变化"亦与心而徘徊"（刘勰《文心雕龙·物色》）；感情与景物妙合无垠，思致深远。

莫庭芝之友曾炜在《青田山庐词钞·跋》中认为，莫氏词跟黎兆勋《葑烟亭词》一样，均无莫友芝所说的前后三病："伯庸（按：指黎兆勋）前后三病无从阑入，余于芷升先生亦云。"刘扬忠先生认为，莫友芝词"重在表现作者主观心灵意绪""量虽少而质甚精""堪称当行本色"。❸ 其实，莫庭芝词也近于其兄，这些评语亦适用于对莫庭芝的评价。可以说，莫庭芝是贵州近代一位不可多得的性情词人，以其少而精、深而挚在近代贵州词坛独树一帜。

---

❶ 王夫之，等. 清诗话 [M]. 上海：上海古籍出版社，1978：11.

❷ 唐圭璋. 词话丛编 [M]. 北京：中华书局，1986：4257.

❸ 刘扬忠. 莫友芝《影山词》简论 [J]. 华南师范大学学报：社会科学版，2011（5）.

近代词人邓潜的词创作 *

■ 兰石洪　李秋香**

【摘　要】邓潜是清末民初贵州词坛的重要词人。他生活在清末民初社会大动荡大变革的时期，其词反映了清末民初士人的心路历程，表现了他生逢乱世的感伤哀悼、对新物的浓厚兴趣、思亲怀友的深情厚谊及客居异乡的浓郁乡思等。其词也取得了较高艺术成就，风格淳雅秾丽，体制以长调为主，音律优美，色调丰富。

【关键词】邓潜　牟珠词　思想意蕴　艺术特色

邓潜（1856~1928），原名邓维祺，字花溪，贵州贵阳人，清亡后更名为潜，隐寓忠诚前朝及乱世潜隐之意。光绪十二年（1886）进士，选庶吉士，散馆后出任四川富顺知县，迁邛州知州，过班道远。清亡后流寓成都，跟蜀中名流赵熙（字尧生）、宋育仁（字芸之，有《问琴阁词》）及流寓词人胡薇元（玉津）、邓鸿荃（牧庵）等人唱和交游。赵、宋二人甄录其词，编词集《牟珠词》，由邓潜之子邓庆桢刊刻。《牟珠词》一卷，存词165阕，民国时入编《黔南丛书》第四集（贵阳文通书局1941年铅印本。本文所引邓氏词悉出此书，恕不一一注明）。

---

* 本文系贵州师范学院大学生科研项目"邓维祺《牟珠词》整理与研究"结题成果（项目号：2016DXS011）。

** 兰石洪（1973~），男，湖南岳阳人，文学博士，贵州师范学院文学院副教授，研究方向为中国古代文学；李秋香（1995~），女，贵州贵阳人，贵州师范学院2013级汉语言文学专业学生。

一、《牟珠词》的思想意蕴

在《牟珠词》自序中，邓潜谈到他作词自晚年始，并"以幽心为主"，即以表现自己内心真实情感为创作宗旨。其词主要作于清亡后。陵谷变迁的经历，使得这位看重出处的传统士大夫跟其他清遗民一样，抱着隐然跟民国政府为敌的态度。其词以咏物绘景、唱酬为主，多抒发沧桑巨变后对前朝的缅怀、人生的困顿及乱世感慨等。《牟珠词》的思想意蕴主要表现在以下四个方面。

（一）生逢乱世的感伤、哀悼

邓潜经历了清亡民兴的陵谷变迁，生活的年代又是中国历史上最混乱黑暗的时期之一，他经常在词中流露出生逢乱世的感伤、哀悼。其述怀词多为对流光易逝的感慨和对人生境遇的失望，如《满江红·六十初度，自题小影》便集中地体现了如此情怀："甲子平头，记人指、黄骢年少。怕虎愤、貌似总非真，中郎老。"这种流光逼除的衰年情味，并非是无病呻吟，与其经历的社会大变革，以及这种巨变对他的生活和心灵带来的震动无不关联。其词中反映战乱频仍、残破衰败的社会现实的例子还有不少，如：

> 一样干戈满地，惊乌鹊，词谱虞山。山河影，棋枰战苦，愁照血痕干。（《满庭芳·八月十七月夜》）
>
> 锦江便聚，料吟魂都化战云飞。（《木兰花慢·悼刘沛生孝廉》）
>
> 还惊战骨，筑城愁里同住。（《月下笛》）
>
> 年年。归梦断，萱堂耄矣，况阻烽烟。　（《满庭芳·九日公宴唐宅》）

干戈满地，时局变换，血肉横飞，魂飞魄散，亲人阻隔，有家难回，写尽了乱世的惨恶和词人的深悲巨痛。词人及当时的百姓深受战争之苦，饱尝离别和饥寒之痛。其《台城路·城久闭，买米不得，昨日旰未食，感赋》词更是将这种民不聊生的惨状表现得淋漓尽致。

邓氏对时事深感痛心，《卖陂塘·感事》在其词中应算是最为深沉、最富有现实意义的篇什。此词下阕云：

> 庚申事，六十年前相仿。债台今更催上。破蕉层剥秋心瘦，还警

打窗声响。谁共谅。怕著手调羹，依旧葫芦样。太平梦想。正别赋无家，署弦凄咽，滇海又听唱。

庚申年即咸丰十年（1860），八国联军侵入北京，清政府被迫签订了丧权辱国的《北京条约》；在60年后也就是1920年，段祺瑞政府秘密和日本签订卖国条约，为日本侵略东北三省提供了极大便利。中国半殖民地半封建的国情以及屈辱的历史并没有随着清王朝的灭亡而改变，在军阀割据、列强侵略下，山河依旧残破，天下太平也不过是缥缈虚无的奢望。词人对这样的社会现实既深感怆痛，又无可奈何。

在中国新旧交替的历史潮流中，邓潜的思想是保守的。他眷顾旧朝，以遗老自居，避地成都。他痛恨战争，希望太平，但无法认清民族和国家危机的根源，更找不到解决的办法。他对维新变革和社会革命都充满仇恨之情，如在词中愤慨地指斥康、梁："感山河、大好棋枰，任康猺搅乱"（《绮罗香》"借酒浇愁"），把社会动乱的根源归罪到维新派身上。邓潜词中的世事沧桑之感更多地和他个人生活的艰辛、年华老去的心境融合在一起，孤独、无助、凄凉融汇成一种五味杂陈的心绪。如《烛影摇红·壬子九月辟地至渝》词，他因自己避乱蜀地的遭际而引杜甫为同调，词中透露出的是失落无奈的颓唐心境和寻求逃避的感伤情怀，这与杜甫以天下为己任、心系百姓的博大情怀还是有差别的。

（二）对新物的浓厚兴趣

邓潜善于观察生活，对动植物及生活中的其他事物都有新颖的体悟，写出了若干阕咏物词。在《牟珠词》中，可谓无物不入其词，所咏者有留声机、鸡枞菌、烛、纸、窗、汤婆子、竹簟、蝉、萤、蚊、柳、枇杷、樱桃、水烟、鼻烟、茅台酒，竹夫人等。在这类咏物词中，有些题材来自于生活中的日常之物，富有生活的气息。如《满江红·傀儡戏》：

鲍老郎当，又幻出犁轩新戏。被暗里红丝一缕，尽情牵系。取影须防灯柱暗，传声翻借廉衣蔽。待看他、小步蹴金莲，虚无地。桃梗客，生同寄。桔秆叟，闲多事。算登场搬演，半生随意。

词的上片极写傀儡戏的表演特点，下片借"桃梗客""桔秆叟"的"登场搬演"生涯比拟人世大舞台，颇有深意。这正是"词不傅无意之色，以幽心为主"的体现。更为可贵的是，邓潜把一些新鲜事物纳入词中，颇有点黄遵宪以旧体式写新时代的特点。这类咏物词在其词作中数量不多，但却是"镕铸新理想以入旧风格"❶的佳作，对于拓展词的题材、意境具有重要意义，可谓"词界革命"的可贵尝试。邓氏《聒龙谣·西洋留声机器》《月华清·眼镜》《木兰花慢·纸烟》均是这类咏物词的代表作品。如《聒龙谣·西洋留声机器》通过对留声机形体、声音的精到描摹，透露出词人接受这一外来之物时的新奇之感。该词以留声机的音乐发端，写其音乐声情宛转，若有歌者在其中。对于刚接触留声机的词人来说，"无人而能歌"正是最突出、最新奇的地方。紧接着，词人用"开银钥融蜡盘圆，接玉管旋螺针小"这一对句，极其精妙地刻画出留声机的形状特征，略去其他，遗貌取神，仅抓住唱片和唱针这两个最具特点的物件。下阕写留声机对人们娱乐生活产生的影响："闲庭里，广场边，并丝与竹肉，分明兼到"，有了留声机，人们随时随地都可以欣赏以前需备齐乐器、歌者才能欣赏的音乐；"莫再忆，京华风调"，隐约表现出词人对新旧时代更替的感慨和对故国的缅怀。跟邓潜唱和的邓鸿荃、赵熙等人的词集中亦多咏物之作。王仲镛先生认为："香宋词（按：指赵熙《香宋词》）中多咏物之作，于时战乱相寻，恐触时忌，故以托物寄兴。"❷可知邓潜在咏物时，并非单纯为咏物，可能寓有一些难言之深意。

（三）思亲怀友的真情袒露

邓潜自光绪十五年后就离开故乡和亲人，流寓成都。年华逝去、身世漂泊和人生失意更使他觉得亲情、友情的珍贵，其思亲怀友词写得真情发越，深挚感人。如《三姝媚·枇杷》云："果熟分甘，记摘向堂阴，笑呼儿女。"词人自注："家慈嗜枇杷露，皆内人手制。"可知词人借回忆妻子为母亲手制枇杷露之事寄托对母亲的哀思和对妻子的怀念。其《石州慢·亡姬生日》为悼念其妻而作，写得哀感顽艳，悲恻感人。词云：

　　身世哀蝉，歌罢一声，珠泪双落。瘗琴愁草，新铭遗挂，尚留香阁。生前此日，料应特换明妆，堂前下拜金萱乐。梦里不归来，怪将他抛却。　　飘泊。人天一例，算有阿侯，命非全薄。锦里移家后酒，

❶　陈引驰. 梁启超学术论著集·文学卷 [M]. 上海：华东师范大学出版社，1998：332.
❷　王仲镛. 赵熙集 [M]. 杭州：浙江古籍出版社，2014：866.

泉台亲酌。卿须记取，便教接木移花，霜星忍负金钗盒。风卷纸钱飞，认芳魂依约。

词中将自身的身世飘零之感和对亡姬的追怀、哀悼交融在一起，睹物思人，情何以堪！"生前此日"三句，可见姬人贤惠明淑；"梦里不归来"二句，是说意欲梦中相见但梦也无，表明对姬人的深挚思念；"霜星忍负金钗盒"，表明词人心迹，意谓自己即使两鬓苍苍，也不会忘记昔日盟誓。一位白发老人对亡姬如此情深义重，可见词人感情的赤诚和坚韧！

邓氏友情词也写得情真意切。如《台城路·送杨次典太史旋播》："计程梦已随君远，千山万山黔路……唤鹤声声，望乡心挂夕阳树……感我无家，锦官愁杜宇。"此词将送别友人之离情与思乡的情感融合在一起。因为所送之人杨次典即杨兆麟，也是贵州人，词人是以流寓在外的羁旅者的身份送友人回故乡，所以其感受颇为独特。离愁别绪、思乡情切、漂泊无依之感都化为末句那深沉的感叹："感我无家，锦官愁杜宇。"再如《木兰花慢·饯别韩楚生大令归金陵》，词的上阕描摹了词人对友人不舍的送别情景，他在离别之际真切地嘱咐友人；下阕转为词人哀叹自己居无定所和年华消逝，这一别不知何时才能见面的沧桑场景淋漓尽致地表现出来。词人在末句感慨身世的坎坷，此时的他是有家也不能回，真真是辜负了这明亮的月光。除此之外，邓潜更是将自己的凄切之情和哀婉之调一一道尽，表现出一种既悲凉又无奈的乡思之情。

（四）客居异乡的浓郁乡思

邓潜自光绪十五年进士及第，其仕宦生涯及晚年都在成都度过。长期流寓异乡，战乱频仍，有家难回，其思乡之情常常流露在词作中。他在《牟珠词·序》中也提及词集命名缘由："吾黔贵定山中有牟珠洞，奇诡独绝。余老矣，淡泊无寄，时时有乡关之思，侍御曰，是宜名词。"故"牟珠"一名便是乡关之思的寄托。其咏物词，也常常由物感发，乡思之情不经意流露其中。如《水龙吟·水车》，上阕摹水车之状，下阕忆家乡水车，流露出浓重的乡愁。该词先由"老去家乡梦阻"一句把思绪带向对家乡的记忆，他回忆起家乡也有水车"连番轱辘"，浇灌了一方田土。词人又由水车周而复始地旋转不停想到了自己的奔波不定，不禁发出了"似此奔波，轮回不定，替人辛苦"的慨叹，希望有一天能够结束奔波，"荷锄归去"，过上安定闲适的生活。再如《齐天乐·腊鼓》（"咚咚打得年光去，春从细腰挝到……乡心动力"），为借物抒发思乡之情。在击鼓迎春的习俗中，咚咚的腊鼓声代表着旧的一年将要结束、新春即将到来。这是民间辞旧迎新的一种习俗，是向社神祈祷明年蚕桑的丰收，弥漫着节日的喜庆气氛。但对于流寓在异乡的词人来说，节序的转变，正表现出岁月的流逝；又一年过去了，腊鼓之声激起起了词人对家乡的深深思念。此外，如《扫地花·鸡㙡菌》《齐天乐·蝉》《壶中天·茅台酒》《疏影·帆》《百字令·红蓼》等，都是通过日常生活中的事物寄托词人对家乡的深深思念之情。

二、《牟珠词》的艺术特色

邓潜《牟珠词·自序》云："后乃交赵香宋侍御，侍御言词不傅无意之色，以幽心为主，期于宋人深求之，过以陈西麓、周草窗相诱进，余固笑不自信也。"陈允平、周密均历宋末元初之国变。邓氏经历与他们相似，为词也以二人词自期，词风亦近于宋代格律词派姜夔、陈允平、周密等人的淳雅风格。《牟珠词》的艺术特色主要表现以下三个方面。

（一）淳雅、沉郁的词体风格

邓潜词兼有陈允平、周密等人淳雅秾丽的特点。姜夔词清空骚雅，陈允平词"风神绰约，丽而有则"，周密词"刻冰镂楮，精妙绝伦"。❶ 邓氏词带有格律词派淳雅的特点，又多表现遗民哀伤，而带有沉郁的特点。

一方面，其词多写文人士大夫的高雅生活情趣，其亲情词、咏物词、题画词等都写得情真意挚，淳雅温厚。如在《瑞鹤仙·孙白谷遗砚，为赵剑川观察题》一词中，砚台承载着丰富的文化内涵。此词之咏砚正是文人高雅志趣的体现，词人的用意并不在描摹砚形而是在其背后的历史意蕴。词中所写砚台是明末著名将领孙传庭遗物，词人睹物思人，把人们带入那"催军传箭"的军旅生活。"吐星虹夜檄笑飞"，砚台作为主人之密友，军令、檄文皆自其出，对主人的运筹帷幄做出了巨大的贡献。下阕写砚台在孙传庭去世后的辗转流离，虽然石砚已不复当年的辉煌，但那段厚重的历

---

❶ 孙克强. 唐宋人词话 [M]. 增订本. 天津：南开大学出版社，2012：1082，1126.

史是难以磨灭的。这首词借咏砚缅怀历史人物孙传庭，表达词人对明清易代的深沉感悟，委婉传达词人的感伤情怀。邓潜也善于从普通之物中提炼高雅的情趣和品位，化俗为雅。其《水龙吟·渔蓑》词借用"元真子"（张志和）和"严濑羊裘"（严子陵拒绝高官厚禄，披羊裘垂钓于富春江）及《楚辞·渔父》《庄子》等语典事典，赋予渔家普通之物渔蓑以高雅的文化内涵，借以表达自己不受功名利禄的羁绊而去寻求心灵本真的情怀。他写艳情时也尽量避免过分暴露和猥亵。如其四首闺情词《凤凰台上忆吹箫·憨》《前调·懒》《前调·昵》《凤凰台上忆吹箫·怨》，将女子的憨、懒、昵、怨四种情调敷衍刻画，惟妙惟肖，无半点猥琐言语，尽展文人气质。

另一方面，邓潜词多写得哀婉伤感，乐景也渗透着哀愁的氛围，具有沉郁的特点。如其《台城路·花市甚盛，迄未出游》一词，上阕描写花市热闹欢腾的场景，下阕回顾平生，黯然神伤，含蓄地表达了遗民杜鹃啼血似的哀伤。其《念奴娇·樱桃》一词，上阕以果实缤纷的初夏景色衬托共享美味的欢乐场景，下阕（"休谱乐府新词……裹将罗帕，有人红泪痕满"）转喜为愁，感伤之情冲淡了眼前的欢快。这都是"以乐景写哀情，倍增其哀"❶的典型例子。邓潜词有时又寓庄于谐，诙谐的背后渗透着词人无处排解的愁苦。这与他身处乱世有关——乱世悲愤无处诉说，只得用嬉笑怒骂的方式表达。其《疏影·白发》一词似庄实谐，全是聊侃白发的自嘲口吻，表明年老是不可抗拒的必然。既然已经"短不胜簪，瘦不禁梳"，又何必要折腾呢？不如剃光像个山僧一样洒脱自由。

（二）长调为主的体制选择

在《牟珠词》的165首词中，长调达156首，其余9首为中调。清人沈祥龙在《论词随笔》中说："词之体格如诗。小令，诗之五言也；长调，诗之七言也。小令贵工整，贵超脱；长调贵动宕，贵沉郁。然亦贵相同相济。"❷邓潜生逢乱世，非长调则不能尽抒其胸中沉郁，非长调则不能穷尽物相、寄寓深意。其词多带有淳雅秾丽之特点，不能不说跟这种体制选择有关。在其以咏物为主要题材的词中，通过长调可以较为具体地刻画物的

---

❶ 王夫之，等. 清诗话［M］. 上海：上海古籍出版社：1978：4.

❷ 唐圭璋. 词话丛编［M］. 北京：中华书局，1986：4048.

外形、质地、特征等，同时，其所主要采用的赋的手法，往往有随物赋形、穷形尽相的妙处。如《台城路》咏行迹、《洞歌仙》咏绿毛龟、《丑奴儿慢》咏扫晴娘、《夜合花》咏竹夫人，都是以物观物，用长调刻画物态形貌。同时，他又能巧妙地将情感附于所咏之物上，如《玉漏迟·黄叶》词，上阕描摹了一幅深秋的景色，疏林高树只剩下满地金黄的落叶，在阳光的普照下，无数的昏鸦从天而过。全幅画以金黄色为主色调，营造出深秋特有的清凉而又有一丝哀愁。下阕紧接着把词人内心孤独、苦闷和思乡的真切情感展现无遗，进而感叹时光流逝、词人渐渐老去的残酷现实。又如《前调·残月》，也是在描摹事物的同时掺杂着词人的情感。词的上阕描摹了夜空中弥漫的星辰，明月似玉钩悬挂在天空，夜晚时分的微风清凉。下阕由月的阴晴圆缺，引出自己常年漂泊在外的羁旅惆怅，真切地表达了词人触景生情的深深哀叹。

另外，晚清时的内忧外患对词人内心的激荡，民国时旧式文人对新文化的无所适从等种种复杂感受，也需要用长调慢词来铺叙渲染，如果换用小令或中调就难以写出。如《金缕曲·倚楼看晚霞》这首长调，上阕生动地再现了变幻多姿的景色，写景如画。开篇以"老景如斯也"起笔，描绘天空泛白、红霞万丈、朝阳透射的壮丽景色，接着描写池水烁金、台榭映彩的园林，色彩丰富，恰似一幅金碧辉煌的小李将军青绿山水画。然后写阵雨飘风，吹散绮霞，迅即雨过天晴，彩虹映空。词的下阕先回忆当年往事及与友人酣畅淋漓的欢聚，对友人的思念之情最后融入江上烟波、黄昏夕阳的悲凉景物之中。这首词融入了多种情感，不仅抒发了词人身处异乡的孤独之情和年华易逝的惆怅之怀，也抒发了对友人的忆念。

（三）音律优美，色调丰富

古人为词多重音律，邓氏亦不例外。黄万机在《贵州汉文学发展史》中就曾说："邓氏为词，颇重音律，读起来和谐悦耳，富于音乐美。用词注重色调，字面十分美丽，给人以醇雅秾丽的美感。"❶ 如《鹧鸪天》（"不信流光逼岁除"）用韵密，选用平声第四部"虞"韵，缓慢低沉，跟词中所表现的"衰年情味蓼兼荼"的凄苦情调相协调。而《石州慢·亡姬生日》

---

❶ 黄万机. 贵州汉文学发展史 [M]. 贵阳：贵州人民出版社，1999：469.

则押入声第十六部"药"韵,更能表现词人凄怆欲绝的哀伤。这些都表明,邓氏选韵注意声情和感情相协调,具有词的特殊音律美。

同时,邓氏亦注重用丰富的色调来描景状物,色彩绚烂。如《高阳台·残荷》之"破伞支风,团蕉扑水,青黄叶叶离披"句,生动地刻画出残荷青黄间杂的残败凋零;"一劫枯香,无情吹老红衣"句,则写出残荷不胜萧瑟秋风,花瓣片片落入水中的情景。又如《满庭芳·叶烟》之"浅黄深绿"句,刻画烟叶深绿中透出浅黄的色彩特点,清晰鲜明。再如《声声慢·红叶》词上阕,描摹的是一幅色彩斑斓的晚秋图:

雁边霜醉,鹜外霞烘,亭皋晚变荒寒。大海珊瑚,枝柯一幅晴澜。胭脂是谁多买,付西风、吹上林端。绚秋色,比花开二月,加倍鲜妍。

云霞如粉,天蓝若海;树色青苍,红叶似醉;秋光绚烂,色彩缤纷。这样的例子可以在其词中找出很多,无须赘述。

总之,邓潜是近代贵州词坛一位艺术个性较为鲜明的词人,以其丰富的思想意蕴拓展了民初词的题材内容,以其淳雅的艺术意境提升了民初词的艺术境界。

【参考文献】

[1]邓潜.牟珠词[M]//西南稀见丛书文献:第13卷.兰州:兰州大学出版社,2003.

[2]唐洁.清代贵阳词坛研究[D].贵阳:贵州大学,2015.

贵州苗族学生汉语普通话单双字调习得实验分析*

■ 聂有才**

【摘　要】本文主要分析贵州苗族学生汉语普通话单字和双字的声调习得情况，重点探讨双字调调值和声调时长的变化。声调时长方面包括所有字组的前字与后字的比较以及四个调类分别作前字和后字的时长对比。

【关键词】苗族学生　单字调　双字调

贵州的苗族人口较多，占全国苗族总人口的一半以上。"贵州苗族主要分布在黔东南、黔南、黔西北和黔东北。"❶ 大多数苗族人日常生活中都使用自己的母语——苗语交流。据我们了解，大部分苗族学生除了会说贵州各地汉语方言外，都会讲苗语，而且很多学生都有自己的苗语名字。在我们的教学当中，发现苗族学生说汉语普通话在节奏和韵律上感觉很特别。为了更清楚地了解这种差异，本文选取三个苗族学生 A、B、C 作为研究对象（因条件限制，选取的对象都是女生，母语都是苗语，分别来自黔西南州安龙、毕节威宁、凯里雷山），用实验语音学的方法研究她们汉语普通话单字调和两字组连读变调（双字调）的语音特征。

---

　* 基金项目：2014 年贵州省教育厅高校人文社会科学研究项目（14ZC071）。

　** 聂有才（1986~），男，江西高安人，文学硕士，贵州师范学院文学院讲师，研究方向为实验语音学、现代汉语。

　❶ 贵州省地方志编纂委员会 . 贵州省志：民族志·上［M］. 贵阳：贵州民族出版社，2002；1.

一、贵州苗族学生普通话单字调习得分析

（一）实验说明

本实验过程是：（1）挑选发音人；（2）制定实验字表，实验字首选不送气清塞音声母［p］［t］［k］和零声母字；（3）录音；（4）提取声调基频数据；（5）基频归一处理，将基频值转换为五度值（本文采用的仍然是 T 值法）；（6）制作 Excel 图表，即 T 值曲线图。如图 1~图 4 所示，横坐标表示每个汉字声调的十个点，纵坐标表示声调的 T 值。限于篇幅，这里只提供声调的 T 值曲线图。

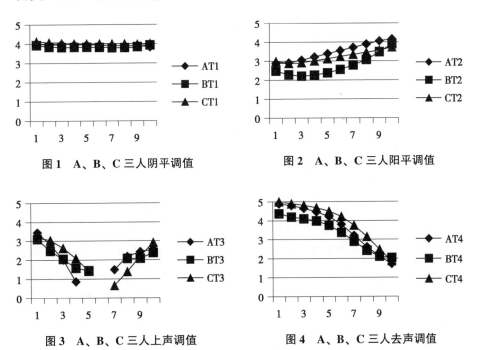

图 1　A、B、C 三人阴平调值　　　　图 2　A、B、C 三人阳平调值

图 3　A、B、C 三人上声调值　　　　图 4　A、B、C 三人去声调值

（二）实验结果分析

图 1~图 4 分别是发音人 A、B、C 三人汉语普通话阴平、阳平、上声和去声的调值图。从中可以看出三人各个声调的具体调值，即传统的五度值。观察图 1，可以看出三人的阴平调值趋向一致，调值曲线平直，趋于重合；

调值与一般说的55调值略有差别，在4度与5度之间。但这并不说明，三人的阴平调低，而恰恰是比较合理的，因为实际上去声调值，起步都要高，如图4。从图2看出三人的阳平调值曲线大体走向一致，弯曲度略有不同，调在34~35；与标准的35调值相比，末端略低一点，说明上升得不够，但调型仍是中升调。从图3可以看出，三人的上声调都是降升调，而且发音人的意识特别强，在极力发好这个声调。但三人的起点都比较高，在3~4度区间内；末端实际上很难达到4度，三人都在3度内。其实末端一般人可能在2度，也就是上声单字发212就算比较标准。仔细观察，发现三人的上声调中间都是断开的，说明这段区间调值极低，语音图上没有显示出来；三人发的都是嘎裂调，这是正常的。图4的去声曲线走向也比较一致，调型是高降调。从5度降到2度，比1度略高，说明末端降得不够低，这可能与三人发去声的调长有关系，去声发得特别短。总体上看，三人的普通话声调发得都还不错。实际上，她们都学过现代汉语、普通话等相应课程，掌握了较好的发音方法，平时的训练也比较多。

二、贵州苗族学生普通话双字调习得分析

（一）实验说明

双字调的基频测量方法与单字调相同，但为了真实反映前后字之间的差异如时长，我们测量了前后字的时长，并且用横坐标表示时长，纵坐标表示T值，用Excel将时长与调值结合作图，尤其是给双字调或两字组连读变调作图。在已有的研究中，这种做法较少。图5~图20不仅是前后字的不同调值图，而且可以说是调长对比图。从图中可以直观地看出前后字时长的明显不同。

（二）双字调调值分析

1. 前字为阴平的两字组调值分析

图5~图8是前字为阴平的两字组调值曲线图。从图5可以看出，"阴平+阴平"两字组，三人的调型虽略有弯曲，但基本是平调；不同的是调值相差较大，3度到5度之间都有。A的调值最低，是33+33；B的调值最高，

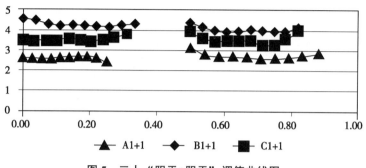

图5 三人"阴平+阴平"调值曲线图

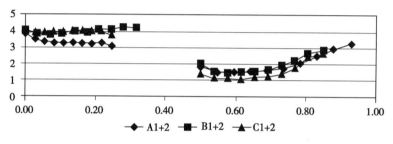

图6 三人"阴平+阳平"调值曲线图

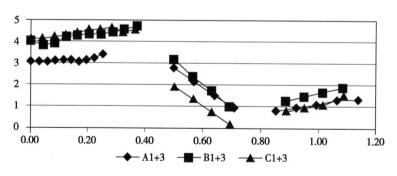

图7 三人"阴平+上声"调值曲线图

是55+55；C是44+44。这一点与阴平的单字调值甚至调型都有差异。

"阴平+阳平"两字组，前字B和C基本上仍在4~5度，或者说刚好达到5度，而A明显低1度；图7和图8，即阴平与上声和去声结合时亦是如此。后字阳平三人调型基本重合，起点都在2度内，终点在3~4度，没有

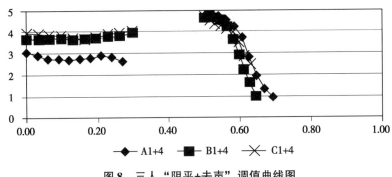

图 8 三人"阴平+去声"调值曲线图

上升到 5 度。奇怪的是，A 的曲线终点反而最高。A 的调值是 44+24，B 和 C 的调值都是 55+23。

"阴平+阳平"两字组的调值情况有些特别。B 和 C 的前字调值都在 4~5 度，但调型像升调，调值为 45；而 A 在 3~4 度，相比 B、C 要低 1 度，曲线除终点外，基本平直。后字因为是上声调，是个嘎裂声调，三人的调型基本一致，C 的前半段比 A 和 B 都要低 1 度。

"阴平+去声"字组中，前字 A 仍要低 1 度，调型有些弯曲，但都在 3 度内。后字三人曲线基本一致，也比较标准，都是 51。

2. 前字为阳平的两字组调值分析

图 9~图 12 是前字为阳平的两字组调值曲线图。图 9 中，前字三人起点都有个弯头，这是正常起步的发音。B 的起点是 3 度，而 A 和 C 都要低 1 度，终点都在 4 度内，未达到 5 度。后字受前字末端的影响，起点都有调值较高的弯头；后字曲线虽不那么平直，但都主要在 4 度内。

前后字都为阳平的两字组，三人的调值、调型都相差不大，大略可看成 24+24。C 的前字末端似乎达到 5 度，但能看出线条有些弯曲，很不自然。前字 B 与 A、C 曲线似乎不重合，那是时长不同造成的结果。

图 11 中，三人的调型基本一致，前字调值为 35 或 24，后字是上声字。中间因调值过低，未显示；中间断裂，如果进行拟合，调值可以看成 312 或 313。

"阳平+去声"两字组，三人前后字的调型也基本一致。前字起点过低，末端顶点不够高，调值都是 23；后字都是全降调，调值略有差别，为 51

或 42。

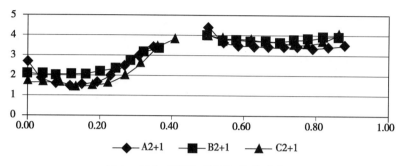

图 9　三人"阳平+阴平"调值曲线图

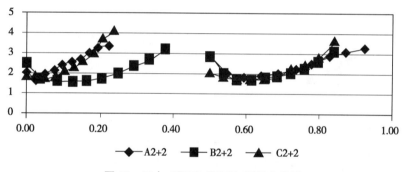

图 10　三人"阳平+阳平"调值曲线图

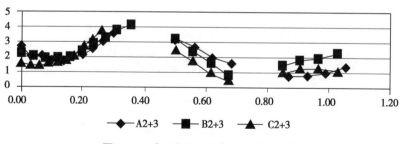

图 11　三人"阳平+上声"调值曲线图

3. 前字为上声的两字组调值分析

图 13~图 16 是前字为上声的两字组调值曲线图。"上声+阴平"字组，前字的调型极为相似，只是 A 的调值略高 1 度。后字 B 的调值在 3 度，而

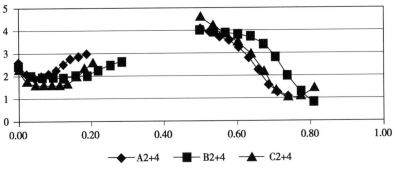

图 12 三人"阳平+去声"调值曲线图

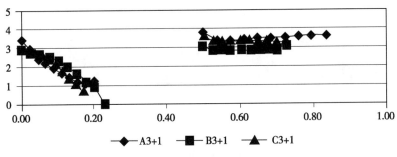

图 13 三人"上声+阴平"调值曲线图

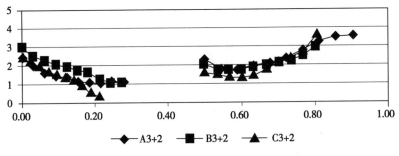

图 14 三人"上声+阳平"调值曲线图

其余两人都是 4 度。该字组调值 A、B、C 三人分别是 42+44、31+33、31+
44。三人"上声+阳平"调值、调型都比较一致，调值都是 31+24。"上声+
去声"字组，前字调值大致都是 32；后字 B 的调域跨度大，是全降调，A

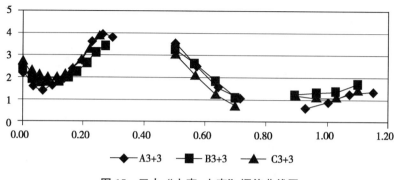

图 15　三人"上声+上声"调值曲线图

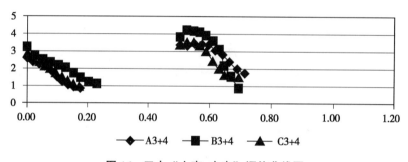

图 16　三人"上声+去声"调值曲线图

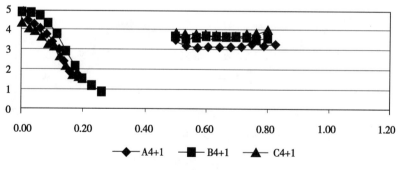

图 17　三人"去声+阴平"调值曲线图

和 C 调值都是 42。

上声相连的字组，前后字调值三人大致相同。前字大致是 24，后字虽然中间断裂，但听感上还是曲折调，调值是 412 或 312。

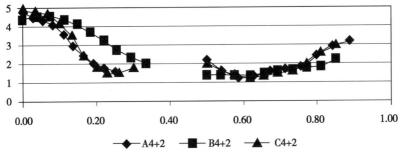

图18　三人"去声+阳平"调值曲线图

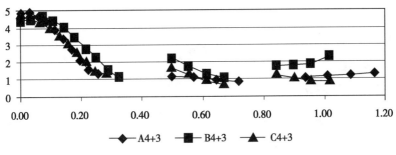

图19　三人"去声+上声"调值曲线图

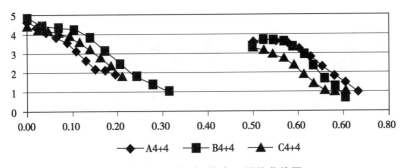

图20　三人"去声+去声"调值曲线图

4. 前字为去声的两字组调值分析

图17~图20中，"去声+阴平"的字组，三人比较一致，前字调值为51或52，后字阴平调都是44。"去声+阳平"字组，前字三人发音的调值都是52；后字B是23，A、C都是24。后字为上声的字组，前字调值都是52，

其区别主要在后字：A、C 近于 212，B 终点较高，调值近乎 313。"去声+去声" 字组调型很相似，A、C 调值大致是 52+42，B 是 51+41。

（三）双字调时长分析

从以上分析可以看出，三人的普通话声调，包括单字调和双字调，发音情况较好，调型上基本都准确，只是调值上三人之间有时有 1 度之差，主要问题是升调没有完全上升到最高度，降调没有降到最低的一度。这在听感上与标准的普通话声调描述的差别不会很大。

事实上，从图5~图20能清晰地看到，三人的前后字时长有明显差别。下面就来具体分析前字与后字、不同调类在不同位置的时长变化。为了排除不同词语或音节的时长影响，我们选用三人读同一组合的相同词语进行时长比较。

1. 前字与后字时长比较

总体上看，绝大多数字组都是前字时长明显小于后字时长，这一点也可以从上面的图中看出。在我们的分析中，所有前字时长均值是 0.271s，所有后字时长均值是 0.348，二者相差较大。所有前字中阴平、阳平时长值最大，比较接近，约为 0.30s；上声最小，只有 0.230s。前字时长的排序是阴平、阳平 > 去声 > 上声。所有后字中却是上声最长，去声最短，所以在 T 值曲线图中看起来最陡。后字时长的排序是上声 > 阳平 > 阴平 > 去声。

2. 各调类分别为前字与后字时长比较

阴平为前字时长均值为 0.297s，作后字时均值超过 0.31s，比前字稍长，但二者相差不大。阳平为后字也是比前字略长，差值与阴平相似。上声字分别为前字和后字时长差异很大，前字时长只有 0.230s，后字平均时长为 0.527s。与前三者不同的是，去声为前字比作为后字时长值要大，作前字时长为 0.260s，后字为 0.206s。这可能是带给我们不同听感的重要方面之一。

三、结　语

本文主要从单字和两字组声调的调值和时长两方面考察了苗族学生的汉语普通话声调情况。A、B、C 三人的调型整体上把握较好，三人调值之间有时有1度之差，这种差别主要体现在字组连读中。与一般的标准调值会有1度或2度之差。主要问题是中升调的终点达不到和全降调的末端不够低。为进一步了解她们的声调声学特征，本文还分析了三人两字组连读变调的时长情况。时长总体上后字比前字长。前字阴平、阳平最长，上声最短；作后字时，上声却最长，去声最短。需要说明的是，为了寻找类型上的共性，分析调长时，没有逐一分析三人各个字组的调长情况。不过，本文的研究如调值和时长的分析如果有相关实验研究（如声调感知）进一步论证则更好，限于篇幅，此处不赘述。

【参考文献】

[1] 朱晓农．语音学［M］．北京：商务印书馆，2010.

[2] 石锋．天津方言双字组声调分析［J］．语言研究，1986（1）.

[3] 贵州省地方志编纂委员会．贵州省志：民族志·上［M］．贵阳：贵州民族出版社，2002.

民族文献与文化

《蒙古秘史》及其创作

■ 张荣刚[*]

【摘　要】《蒙古秘史》是一部记述蒙古民族形成、发展、壮大之历程的典籍。书中既有蒙古高原父系氏族制时代的狩猎生活，以及与它有关的图腾崇拜现象的记载，也有从原始社会末期到帝制社会的发展过程；既有林中狩猎文化的记载，也有草原游牧文化的记载。它的创作，既是对本民族口传历史传统的继承，又是蒙古族与其他民族文化交流的产物。

【关键词】蒙古秘史　口传　文化交流

《蒙古秘史》，又称《元朝秘史》（《元史》称其为《脱卜赤颜》，以下简称《秘史》），是蒙古族第一部书面的古代文献，用文学性的语言记载了斡歌歹（窝阔台）以前的蒙古民族的历史。因此，它既是一部历史文献典籍，又是一部文学作品。

据《秘史》卷末记载，其成书于鼠儿年七月，作者不详，成书地点在客鲁涟河阔迭额阿刺勒的行宫，即今蒙古国克鲁伦河流域。学者们一般认为鼠儿年即庚子年（1240），但也有认为是1228年、1252年的。而白·特木尔巴根先生认为，《秘史》并非完成于一人一时，甚至在整个元朝都可能有断断续续的编纂工作。现存的《蒙古秘史》为汉语音译本，而最初的原本一说是用畏兀儿蒙古文写成，一说是用八思巴文写成。流传于世的有十二卷本和十五卷本。全书共282节，这是西方学者为研究方便所分，也称为"学术分节"。如今，国内外越来越多的学者投入到《秘史》的研究中，国

＊　张荣刚（1978~），男，河南南阳人，贵州师范学院文学院副教授，博士研究生，研究领域为科举与文学、中国古代散文流派。

际上遂产生了一门新的学问——秘史学。

一、《蒙古秘史》概述

　　有元一代的文学成就，在我国文学史上与其他时期相比，似乎不那么耀眼夺目；元代近百年的政治，也似乎不那么成功。然而，成吉思汗及其后裔在亚洲和欧洲所取得的武功上的成绩，在世界历史发展的过程中，却是浓墨重彩的一笔。但是，有关蒙古民族那个波澜壮阔时期的历史资料甚少。《秘史》则详细地记载了 13 世纪中叶以前蒙古草原上社会的状况。它不仅是蒙古民族的重要历史，也是蒙古族文学史上第一部书面文学作品。

　　20 世纪 80 年代末，联合国教科文组织在巴黎召开的执委会第 131 次会议上，号召会员国广泛举办《秘史》成书 750 周年的纪念活动。联合国教科文组织认为，《秘史》在人类文化发展中留下了印迹，并且在世界文化中享有崇高的地位；它的"独特的艺术、美学和文学传统及天才的语言，使它不仅成为蒙古文学中独一无二的著作，而且也使它理所当然地进入了世界经典文学的宝库"。❶《蒙古秘史》蒙古文名为《忙豁仑·纽察·脱卜察安》，原版为畏兀儿蒙古文，现已遗失；流传于世的为汉语音译本，一为十二卷本，出于元人椠本，一为十五卷本，抄自于《永乐大典》。《秘史》记述的是 13 世纪中叶以前蒙古黄金家族谱系、史事的"实录"。大多数研究者认为，它大约成书于 1240 年。《秘史》成书以后，元世贵族认为"法不得传于外，则事迹亦不当示人"，❷ 遂置于宫中秘不示外。元朝末年，明军攻入大都，元惠帝仓皇出逃，《秘史》留于宫中，遂使外人得见。清朝开四库书馆，因《秘史》"词语俚鄙、未经修饰"，但"足补正史之纰漏"，❸ 而将其归入杂史类。从明到清，我国虽有不少的学者关注《秘史》，但因认为其"词语俚鄙"而一直没有发现它的文学价值。

　　《秘史》保存了大量从远古时代流传和演化而来的蒙古族及中亚诸多民族的神话、传说、故事、诗歌、格言、谚语等，是极具审美特征的一部罕

---

❶ 联合国教科文组织高度评价《蒙古秘史》[N]. 光明日报，2000-11-30.
❷ 宋濂，等. 元史 [M]. 北京：中华书局，1976：729.
❸ 元朝秘史 [M]. 李文田，注. 北京：商务印书馆，1936：1.

见之作。《秘史》不只是一部珍贵的史书，更是一部优秀的文学作品。它的文学性在于生动的叙事、形象的语言、雄浑的笔调，"不虚美、不隐恶"、绘声绘色地描绘了以成吉思汗为首的众多人物及与战争相关的一系列活动。书中人物之喜怒哀乐、七情六欲，活灵活现地跃然于纸上，使人如见其人、如闻其声。《秘史》是中国传统史传文学史上的又一光辉著作。然而，它又具有不同于传统史传文学的特点。它以散文为主，以富于民族特色的韵文为辅，描述了蒙古草原上波澜壮阔的历史。郑振铎先生称《秘史》为"最可注意的伟大的白话作品"，是蒙古民族在精力最旺盛、元气最充沛的时代，把内蕴的精力和元气转化为文字的伟大产物，是这个民族创世纪式的回忆、想象和记录。"元秘史的白话文章，尤为富有文学趣味……这样的天真的自然的叙述，不知要高出恹恹无生气的古文多少倍。"❶

　　作为伟大的历史、文学作品，《秘史》给我们描绘了蒙古民族甚至是人类社会发展过程中游牧阶段的社会生活、精神文化生活的画卷。这部气势磅礴的史诗性作品，揭示了草原蒙古社会历史的进程和文化的发展，同时也是马克思所揭示的人类社会发展规律的生动的明证。《秘史》既是蒙古民族自己的文学著作，又是中原文化和草原文化及周边其他民族文化交流、融合的结晶；它既是蒙古民族的，又是中华民族的。

二、《蒙古秘史》是对本民族口传历史传统的继承

　　据《旧唐书·室韦传》，居住于今额尔古纳河南岸的蒙兀室韦人，是史书中最早记载的蒙古人。在我国北方的蒙古草原上，相继称雄的有匈奴、鲜卑、突厥、契丹、女真等民族。然而，随着历史的发展，他们或南迁，或西走，或被同化于后来渐次进入蒙古草原的那些游牧民族当中。9世纪前后，是我国历史上北方各民族间交流、融合的又一高峰期。从某种程度上说，交流融合的过程，也就是汉化的过程，主要通过吸收中原的汉文化来实现。与此同时，居住于突厥东北的蒙古人也开始逐渐进入蒙古高原，如《秘史》卷一所载阿阑豁阿父母的迁移，按时间推算正是在此时期。蒙古族

---

❶　郑振铎．插图本中国文学史［M］．北京：北京工业大学出版社，2009：624~626.

进入蒙古高原后，开始同仍留在蒙古高原上的突厥、契丹等北方民族融合。通过融合，他们继承和吸收了匈奴、鲜卑、柔然等民族的古老游牧文化传统。12~13世纪蒙古族崛起时，这一继承与融合基本完成，蒙古文化也成了北方游牧民族文化之集大成者和新的历史时期的代表。所以，在我们探讨蒙古民族传统文化时，需要明白的是：

> 蒙古人种学不是在空白的地方开始自己的历史，它是前辈文化历史成果的继承和继续，它本身的历史只是操着各种语言的蒙古游牧畜牧业居民从社会生活的阶级以前的形态，发展到封建社会的形态……引起蒙古部落和氏族汇合成为统一的民族的过程，引起部落和氏族的领土也汇合成为同一民族领土的过程，成吉思汗建立的国家使这一过程达到了充分的完成。❶

从广义上说，所谓的蒙古族文化传统，就是北方游牧文化的传统。受游牧生活所限，不管是强大的匈奴、突厥，还是稍强的柔然，他们的文化都无法和汉文化相抗衡，有些民族甚至仅有语言而无文字。即便是汉文化程度较高的鲜卑拓跋部，留在北方的六镇之民与南迁洛阳之人相比，在文化程度上亦是天壤之别。正如策·达木丁苏隆所言："由于我们游牧的蒙古人没有收藏东西的房子和器具，又经过多次战争，所以书籍容易散失。"❷游牧民族的生活特点，不仅使他们没有收藏东西的房子和器具，而且使他们缺乏文字、书籍等的创造和发明的动力。没有文字，口传变成他们日常生活交流的主要方式，他们的历史也是以这种口传的方式一代一代传授下去的。在成吉思汗时代的早期，口头、口传交流仍然是主要的。《秘史》卷七第177~184节载，成吉思汗与王罕之间的通信和交流便依赖于使者的口头传递；如果传递的内容比较多的话，会同时派两个或两个以上的使者。第177节说："成吉思汗差阿儿孩合撒儿、雪格该者温，二人往王罕处去说。"第181节也说："成吉思将这话吩咐了阿儿孩合撒儿、雪格该者温，他两个对桑昆说了。"第184节又说："合里兀答儿、察忽儿罕到王罕处，将说去的言说了。"

所以，《秘史》的第一卷帖木真先世的谱系，便是口传的历史；时间上

---

❶ 符拉基米佐夫. 蒙古社会制度史 [M]. 刘荣焌，译. 北京：中国社会科学出版社，1980：16.
❷ 策·达木丁苏隆. 蒙古秘史 [M]. 谢再善，译. 北京：中华书局，1956：15.

愈近，记载的事情愈详。《秘史》在口传历史的书面化时，虽然也加工或改造过，但仍然带有明显的口传特点。因此，第一卷的谱系叙述，仅仅是某生某、某生某一连串的名字，稍微多一点的则是民间传说的故事。《秘史》最后两卷记载了斡歌歹在位的事迹。那时，蒙古人已经创制了文字，因此这一段的记述以斡歌歹自述的语言讲述了他在成吉思汗死后做对的四件事和做错的四件事。这显然是所谓记言的"实录"了，也完全失去了民间文学的精神。

第二至十三卷，主要记载成吉思汗的事迹，散韵结合，格言、谚语、民间故事等穿插于其间，显示了《秘史》继承民间口传历史的特征。

三、《蒙古秘史》是蒙古族与其他民族文化交流的产物

世界上没有哪一个民族的文化是在封闭的情况下独立发展的，即使是业已消失的玛雅文化也不例外。民族间的交流、相互影响是民族文化走向更高程度、更先进的途径之一。蒙古族的文化由低级到高级的发展，同样是在相互交流的情况下实现的；在保持本民族固有传统文化的基础上，吸收了蒙古草原上匈奴、鲜卑、突厥、契丹等民族的草原游牧文化。

成吉思汗统一蒙古各部并向外扩张的过程，不仅是一个掠夺财富、占领城池、征服国家的过程，更是一个文化交流、吸收其他民族文化的过程，只是这个过程让其他民族付出了更大的代价。不管我们怎样评价蒙古人向外扩张的行为，但必须承认的是，《蒙古秘史》主要记载的正是这一过程，同时，它也是这一过程的产物。

蒙古人建立国家之初，并没有文字，人与人、群体与群体之间的沟通交流是传统的口传形式，即使是成吉思汗发布命令、派出使者都是口传的形式。1204年，成吉思汗出征乃蛮部，俘获了畏兀儿人塔塔通阿，塔塔通阿在畏兀儿文字的基础上创制了畏兀儿蒙古文字。至此，蒙古人才有了自己的文字。据《元史》记载，蒙古国之初，凡文书皆用汉楷和畏兀儿蒙古字；到世祖忽必烈时，令帝师八思巴创制新的蒙古文字。其诏曰：

朕惟字以书言，言以纪事，此古今之通制。我国家肇基朔方，俗尚简古，未遑制作，凡施用文字，因用汉楷及畏吾字，以达本朝之言。

考诸辽、金，以及退方诸国，例各有字。今文治浸兴，而字书有阙，于一代制度，实为未备。故特命国师八思巴创为蒙古新字，译写一切文字，期于顺言达事而已。自今以往，凡有玺书颁降者，并用蒙古新字，仍各以其国字副之。……其字仅千余，其母凡四十有一。其相关纽而成字者，则有韵关之法；其以二合三合四合而成字者，则有语韵之法；而大要则以谐声为宗也。至元六年，诏颁行于天下。❶

蒙古人对先进文化的渴望不仅仅表现在文字的创建上，还表现在对各种文化背景人才的征用上。凡蒙古人所到之地，有医、工、天文、优伶等技能之士，儒、释、道治世之才者，不管是汉人、契丹人，还是西域诸色人种，都委以官职，任以顾问。耶律楚材，契丹人，通儒、释；成吉思汗攻克中都（燕京）后，征而处之左右，以备顾问。丘处机，号长春道人；成吉思汗万里迢迢求之，三论卫生之道，民人至今称其"一言止杀"之功德。耶律阿海，契丹人，通诸种语言；丘处机讲道于成吉思汗时，他为翻译，被任为国师。及太宗斡歌歹之世，蒙古人加快了对其他民族文化吸收的过程，尤其是对中原汉文化的吸收。《元史·选举制》载："元初，太宗始得中原，辄用耶律楚材言，以科举选士。""太宗始取中原，中书令耶律楚材请用儒术选士，从之。"❷《太宗本纪》载：

五年，诏以孔子五十一世孙元措袭封衍圣公，敕修孔子庙……八年，三月，复修孔子庙及司天台。耶律楚材请立编修所于燕京、经籍所于平阳，编集经史，召儒士梁陟充长官，以王万庆、赵著副之。❸

《元史·耶律楚材传》载：

楚材又请遣人入城（汴梁），求孔子后，得五十一代孙元措，奏袭封衍圣公，付以林庙地。命收太常礼乐生，及召名儒梁陟、王万庆、赵著等，使直释九经，进讲东宫。又率大臣子孙，执经解义，俾知圣人之道。置编修所于燕京、经籍所于平阳，由是文治兴焉。❹

随着蒙古人在军事上的成功，与其他民族文化交流并吸收其他先进文化，既是政治上的需要，也是其自身内在的需要；因为伴随着物质财富的增加和满足，精神层面的追求便是必然的。有了文字，接受并吸收先进的

---

❶❷❸❹　宋濂，等 . 元史［M］. 北京：中华书局，1976：60 ~ 61，2064 ~ 2068，35 ~ 36，3455.

文化，使蒙古人摆脱了以往一代一代口传历史、诗歌、格言、谚语、故事等的传统。最早掌握先进的记事工具、吸收先进文化的，便是蒙古人中的那些贵族，他们首先要做的便是记载他们引以为骄傲和自豪的历史和事迹。于是，蒙古族的第一部书面历史文学著作《蒙古秘史》便诞生了。正如谢再善所说："及到有了文字，这文字首先是被蒙古皇族所掌握，就首先用之于记述皇族事迹，这并不异。"❶

四、结　语

《蒙古秘史》是一部记述蒙古民族形成、发展、壮大之历程的典籍，内涵丰富厚重，充满草原强者气息。《秘史》从成吉思汗二十二世先祖孛儿帖赤那（即苍色狼）、豁埃马阑勒（即惨白色鹿）起，至斡歌歹十二年（1240）止，记载了蒙古民族五六百年的盛衰成败的历史。书中既有蒙古高原父系氏族制时代的狩猎生活，以及与它有关的图腾崇拜现象的记载；也有从原始社会末期到帝制社会的发展过程；既有林中狩猎文化的记载，也有草原游牧文化的记载。更重要的是，它以成吉思汗的艰难崛起及蒙古国建立——以秋风扫落叶之势统一蒙古高原的、惊心动魄的历史悲壮剧为主干，以富有文学情调的笔触描绘了成吉思汗及其部将铜头铁臂、叱咤风云的草原野性和坚强意志。他们彻底扑灭对手的战略战术，使《秘史》在世界军事史上亦占有一席之地。这是该书之所以成为解读蒙古民族全貌的"百科全书"式巨著的原因。

《秘史》反映了远古到古代蒙古的政治经济、风俗习惯和文化生活。它展现了蒙古族从原始社会到帝制时代国家政权建立的全过程，是蒙古人由野蛮时代进入文明时代的唯一的文字著作遗产。

---

❶　策·达木丁苏隆. 蒙古秘史 [M]. 谢再善，译. 北京：中华书局，1956：8.

《诗经》情诗与布依族恋歌中的审美文化观照

■ 韦 丹*

【摘 要】《诗经》风诗中的情诗与布依族恋歌同为民歌，这种共通性使得它们从审美角度观照都具有质朴之美、含蓄之美、自然之美。形成这些相似美感与它们赖以产生的农耕文化以及以山水为背景的地理环境有关。

【关键词】诗经 情诗 布依族恋歌 审美

情诗是《诗经》中最富于文学色彩的部分，主要存在于十五国风。关于《国风》诗篇的性质，古人并未界定；直至宋代，朱熹在《诗集传》中指出："凡诗所谓风者，多出于里巷歌谣之作，所谓男女相与咏歌，各言其情者也。"此说道出了风诗的来处，并言明情诗在风诗中的主要地位。这一观点虽然后世仍有争议，但影响颇大。时至今日，学人多认同风是地方乐调，风诗为民间歌谣。布依族是具有悠久历史的中华民族大家庭中的古老民族之一。据古文献记载，布依族属于夏禹系族即古"骆越""百越"系族的后裔。❶ 布依族喜欢歌唱，其"三月三""六月六""七月半"等节日都有对歌的习俗，古时就有《越人歌》流传于世。虽然发展到今天，布依族民歌与古代的诗歌有很大差别，但将《诗经》国风中的情诗与布依族的恋歌相比较，仍可以发现作为民歌的许多共通性，尤其从审美的角度观照，二者更有相似特征。

---

 * 韦丹（1973~），女，贵州镇宁人，文学硕士，贵州师范学院文学院副教授，研究方向为古代文学。

 ❶ 周春元，王燕玉，等.贵州古代史 [M].贵阳：贵州人民出版社，1982：6.

一、质朴之美

《诗经》是我国古代现实主义诗歌的里程碑。其现实性强,不尚雕饰,呈现出清新、质朴的审美特征,这一特点在情诗中较为突出。一方面,这些情诗关注男女情爱的各个环节,有相会相识、倾慕追求,也有相思苦闷、盟誓坚贞。布依族的恋歌也按内容分为"试探""回应""初会""赞美""表白""迷恋""把凭""盟誓"等环节。❶ 比如,相互要求对歌,《郑风·蹇兮》:"蹇兮蹇兮,风吹其女。叔兮伯兮,倡予和汝。"布依族情歌:"堂屋点灯亮四方,四面八方到妹乡。山歌还是哥的好,妹唱这首哥接唱。"如追求爱情,《周南·汉广》:"南有乔木,不可休思。汉有游女,不可求思。"布依族情歌:"好朵鲜花长得圆,可惜生在河中间。当中隔着大河水,会妹尤如会神仙。"又如写相思,《王风·采葛》:"彼采葛兮,一日不见,如三月兮。"布依族情歌:"十八情妹哥想连,时时想妹在心间。一天三刻不见妹,好比家中断油盐。"把情感作为描写的对象,对婚恋中各种表现和心理进行刻画,均十分真挚动人,显示了古今人民同样单纯的性格和质朴的心灵。

另一方面,在抒发情感上,古今民歌都是那样的淳朴热烈、细腻纯真。如《邶风·静女》:"静女其姝,俟我于城隅。爱而不见,搔首踟蹰。"简单的"搔首踟蹰"细节就展现了一个憨厚朴实、热恋中的青年男子形象。布依族情歌也有"看见情妹站成排,如花似玉好人才。千里得知妹有名,不唱山歌妄自来"这样直抒胸臆的大胆男儿倾吐着他炽热的爱意。表达真爱的决心如《周南·樛木》:"南有樛木,葛藟累之。乐只君之,福履绥之。"布依族情歌如:"哥是天上月上月,妹是后园冷水叶。生不同路死同路,死去同坟也值得。"

二、含蓄之美

唐皎然《诗式》首创"含蓄"之诗学用语,并提出"力劲而不露,露

❶ 罗筑娟. 文化传播学视野下的布依族汉语民歌研究——以黔中地区为例 [J]. 贵州民族大学学报:哲学社会科学版, 2013 (6).

则伤于斤斧"等"四不"原则，主张作诗"但见性情，不睹文字"才是
"道之极也"的艺术至境。❶ 宋姜夔《白石道人诗说》也提出"语贵含蓄。
东坡云：'言有尽而意无穷者，天下之至言也'"，认为"句中有余味，篇
中有余意，善之善者也"。❷ 风诗的含蓄美主要是使用比兴手法来营造，如
《邶风·绿衣》用衣裳比女方、《匏有苦叶》用雌雄喻男女、《卫风·氓》
用桑树的盛衰比喻爱情的变化、《木瓜》用信物喻爱情、《王风·有狐》用
狐独行无伴喻求偶。布依族情歌中，则有用针和线比喻男女之配、用疙瘩
比喻爱情、用蜜蜂采花比喻对爱情的追求。比的手法的使用除了使情感描
述形象生动外，更增添了委婉曲折的风致和神秘独特的雅趣。

兴的使用，即"先言他物以引起所咏之辞"（朱熹语），在《诗经》情
诗和布依族恋歌中比比皆是，体现出民歌共有的特点。《诗经》情诗典型的
有《周南·关雎》"关关雎鸠，在河之洲。窈窕淑女，君子好逑"，以水中
关关鸣叫的雎鸠鸟起兴，雎鸠的忠贞不贰与君子淑女高贵的爱情相匹配，
奠定了整首诗的基调，让情感的表达通过隐语般的兴句来实现，言有尽而
意无穷。《召南·摽有梅》中"摽有梅，其实七兮。求我庶士，迨其吉兮"，
以梅子成熟、掉落的数量来比喻待嫁女子的年龄逐年递增，同时兴起对婚
姻的急切憧憬；既写出了闺中大龄女子迫切恨嫁的心情，也使这羞于言说
的心理活动在起兴中含蓄地表达出来，可谓一举两得。布依族情歌中，有
"大河涨水小河翻，小河涨水把路淹。只要讲得心和意，双手搭桥和妹玩"，
表达了主人公无论什么阻碍也隔不断的情意；兴中有比，把情感的坚定写
得形象而委婉。类似的还有"寒冬腊月下大雪，狂风刮破杉树叶。今天姊
妹分别去，何时春来得团圆""天上飞来白天鹅，飞到山上看山脚。晓得情
妹有心意，早来连妹早来说"。兴句营造了情感生成的氛围，与歌中的情爱
很好地融合；触物起情，托物寄情，产生了美好的意蕴。

三、自然之美

《诗经》风诗中的民歌，形式是自然天成的，这是以后的时代不可能有

---

❶ 何文焕. 历代诗话：上 [M]. 北京：中华书局，1981：27, 31.
❷ 何文焕. 历代诗话：下 [M]. 北京：中华书局，1981：681.

的。《诗经》产生于一个特殊的时代——度过了群婚制的蒙昧、混沌的荒古时期，进入了文明期，但还未到礼教和家族制压抑人性十分严酷的封建社会的成熟期。因此，《诗经》中的爱情诗人仍然能够在一片清新而浑朴的自然天地里自由地呼吸，一任天性地挥洒。这种人类童年期特有的自然和古朴的风貌，使后世读者感到是一种不可再得的至美的境界。如《秦风·蒹葭》："蒹葭苍苍，白露为霜。所谓伊人，在水一方。"这是一幅优美的图画。诗中河水清清，芦苇起伏，彼岸的佳人，隔水相望，似乎在白露中展开了笑靥，令人遐思无限，企慕不尽。在情景交融中，体现的了一种朦胧之美，有一种自然而工的意味。《卫风·竹竿》是一位失恋男子之作，诗曰："淇水悠悠，桧楫松舟。驾言出游，以写我忧。"这首诗大概是男子重游淇水时所作。他当初和一位女子在淇水边相亲相爱，言笑晏晏。不久，这位女子出嫁了。这次他又来到淇水，只觉物是人非，不禁愁肠百转。诗的意境极其优美。《陈风·东门之地》描写一个男子爱上了在河边劳动的姑娘，从对歌开始，发展为倾诉衷肠；充满了浓郁的生活气息，具有一种朴素的自然美。

　　布依族多生活在青山绿水的优美之处，依山靠水，对歌恋爱也常在山水之间。这样的环境使得布依族情歌不自觉地沾染上了山水气息，也呈现出一种自然之美。比如"一棵藤子绕半山，上绕石岩下绕滩。天不绕来地不绕，偏偏绕你情妹玩"，又如"高坡上面栽杨梅，大风吹来细风吹。妹的仁义实在好，心想连妹不想回"，用自然景物的美来象征、比喻人类社会生活中的美。还有些诗句是用布依族生活地区常见的花草树木来比喻美丽善良、勤劳聪明的姑娘；用黄桷树、攀枝花树、黄果树、松柏、芭蕉树、金竹等来形容高大勇敢、勤劳英俊的小伙子。如《要像牛郎和织女》里唱的："阿妹啊，你像那瓦窑里的火一样炽热，你像那桃花一样美丽……你像园边的刺梨花，你像门前的杨柳条。"《阳雀飞过也传名》形容的："你的皮肤比笋壳白，你的脸色比粉团花艳丽。"《相爱歌》里唱的："对门对户对条河，花树对着漆树脚。妹是花树有人爱，哥是漆树无人割。"布依族的情歌里还有用动物做比喻的。许多动物如彩蝶、画眉、阳雀、燕子、斑鸠、金鸡、金鲤鱼等，在对唱时被用来比喻倾心相爱的青年男女。如《牡丹歌》里所唱："哥家住在大坡脚，房子修起龙凤阁。郎是金鸡楼上叫，妹变彩蝶瓦上落。""一对斑鸠站半岩，站得脚麻眼泪来。情妹倒有真情意，只怕狂风刮散开。"

布依族在历史上是较早进入农耕时代的民族。人类进入农耕时代以后，对动物、植物产生了审美兴趣，把整个自然界都看作审美对象。布依族的恋歌也是植根于农耕文化基础上的，所以常用一些具有强壮、高大、优美特征的动物、植物形象来比喻人类社会生活中的美。

四、结 语

《诗经》情诗与布依族恋歌在审美中具有这样的异曲同工之妙，除了同为来自民间的歌谣外，还与它们产生的文化背景相似有关。一方面，两者都产生于以农耕为基础的文化。从事农耕的民族，一般均能歌善唱，青年男女往往由歌入恋，为恋而歌。用歌来认识对方、了解对方、追求对方，以歌传情，无歌难言。从事农耕的民族活动范围极其有限，狭窄的知识视野和直线型的思维方式使他们习惯于就事论事，而不能或很少把婚恋生活中的种种思想和情感与社会生活的其他内容联系起来，这就造就了诗歌内容的质朴之美。另一方面，农耕民族大多居住在青山绿水之处，对歌恋爱也常在山水之间。《诗经》恋歌多处显示，当时对歌已有固定场所，且多与山水有关。如《周南》中的"汉水""汝水"，《郑风》中的"溱水""洧水"，《卫风》中的"淇水"，《魏风》中的"汾水"，《陈风》中的"宛丘""东门"，《鄘风》中的"沫乡"等即是。具有古老稻耕文化的布依族，青年男女对歌恋爱在河边、山坡上，并且时间已固定下来。例如，贵阳市花溪，镇宁县小桥河、扁担山，紫云板当河，独山县麻坡、者安坡，惠水县糯米坡、老鹰坡，长顺县秋坡，安龙县毛杉树，兴义市查白场等，都是青年男女对歌恋爱之所在地。这些青山绿水环绕之地，大都气候宜人，有着丰富的动植物资源。在这样的环境中，物资充足，人们不用花费太多精力便能解决好生活问题。地理环境、气候风物对文明的形成、发展有着重要的影响，也对文学风格的形成间接地产生作用。丹纳曾说过：

　　气候与自然形势仿佛在各种树木中做着"选择"，只允许某一种树

木生存繁殖，而多多少少排斥其余的。自然界的气候起着清算与取消的作用，就是所谓"自然淘汰"。❶

这种规律也适用于精神与物质，适用于文艺作品的产生。刘勰《文心雕龙·物色》云：

> 是以献岁发春，悦豫之情畅；滔滔孟夏，郁陶之心凝；天高气清，阴沉之志远；霰雪无垠，矜肃之虑深。岁有其物，物有其容；情以物迁，辞以情发。

可见自然风物对于文学作品的产生有着重要的影响。恶劣的生存环境下，人们的情感可能会更激烈，情绪的表达不可能中规中矩；适宜的气候和富足的生活，则往往使得生活在其中的人们温柔敦厚、乐善好德。而这种风气体现在诗篇中，自然而然地表现为一种节制、中和的审美思维，从而在情爱歌咏中以礼节情、以诗化情，不会以太过张扬的情感表达，因而呈现出一种含蓄之美。而且作为情诗恋歌，反映的是青年男女普遍的情爱心理，恋爱中的害羞、矜持也会使情感的表达委婉而含蓄。至于二者所表现出的自然之美，更是与其产生的自然环境密切相关。当人们从审美的角度去观察、欣赏时，就不只看到这些自然景物客观上的美的自然属性，必然要带上主观的感情色彩，带上一定的理性思维，即发现这些自然景物与人类社会生活中的美有某些类似的特征，从而将二者联系在一起，用自然景物的美来象征、比喻人类社会生活中的美。因此，在《诗经》的情诗、布依族恋歌中以自然山水或动物植物为意象、为比兴的主体，为诗歌增添自然美，就是必然的。

【参考文献】

[1] 程俊英. 诗经译注 [M]. 上海：上海古籍出版社，1985.

[2] 马启忠，王德龙. 布依族文化研究 [M]. 贵阳：贵州民族出版社，1998.

[3] 韦启光，石朝江，等. 布依族文化研究 [M]. 贵阳：贵州人民出版社，1999.

[4] 王运熙，周锋. 文心雕龙译注 [M]. 上海：上海古籍出版社，1998.

---

❶ 丹纳. 艺术哲学 [M]. 傅雷，译. 北京：人民文学出版社，1996：243.

文学与文化

人类为什么要创造文学艺术

■ 银兴贵*

【摘　要】文学艺术是人类追求的永恒目标和长久思考的主题，而人类所追寻的文学艺术之路，是一条把生命血脉和价值意义都融进宇宙人生和社会生活的路。人类在生命的突围中建构起的自由精神时空中的家园，是人类生命的一种必然形态和崇高理想境界，同时也是对自由关切的一种价值形态。人类通过文学艺术在有限的现实时空与无限的精神时空中诠释着生命的美，使得人类的生命愿望享有无比广阔的天地。

【关键词】文学艺术　人类生命　精神时空　生命愿望

一直以来，文学艺术都是人类追求的永恒目标和长久思考的主题，它是人类通过自身力量对外在世界进行支配，并实现自我而达到的一种存在状态。人类要抒写自己和谐的精神生活，就必须深入研究和考察人类生活，从其本来意义上讲，是人们在认识和实践过程中的价值追求和精神依归。的确，不同历史阶段和不同时代的人们，在对生活问题的理解和主张中，或多或少地包含着对生命"场域"的理解。人类的存在过程，就是其活动过程，是人类的需要自我满足的过程，是人自我产生、自我完成、自我满足、自我实现的过程，也是人类的生命本质对象化过程、实现的过程、自由实现的过程。众所周知，人类发展至今，其生命表达表征着一种文学艺术的倾向，生命的价值和意义历来为人们广泛关注。

在世界性文化潮流形成的今天，我们更不应该忘记，人类所追寻的文

* 银兴贵（1980~），男，贵州纳雍人，贵州师范学院教师，主要从事民族生态与审美研究。

学艺术之路，是一条把生命血脉和价值意义都融进宇宙人生和社会生活的路。正如封孝伦先生所言："生命作为人类的物质活动和精神活动的总根源，它派生出人类活动的种种分支与部类，派生出劳动、战争、情欲、交往、游戏，以及丰富多彩的精神生活。"❶ 实质上，文学艺术所传达的"精神生活"是人类的一种表征和显现，是对人之为人的不懈追问，是使人最终臻达真善美自在自为的精神昭示。在文学艺术的世界中，人们在自我展现的过程中与他人相遇，这便构成自我和他者之间的交流沟通。这种交流和沟通，即是自我和他者之间的生命的交流和对话，生命与生命的相沟连、相依偎。文学艺术的生命精神正在于此。人类的生命力在这种共通的场域中被进一步的激活，从而得以延续、增盛。

文学艺术在人类古远的精神时空中谱写着人类的生活。第一，生命追寻着人类的原初家园，在人类的原始栖息地上，存在许多未知的成分；因此，在时间意义上，文学艺术既是原初的，又是未来的。第二，在空间上，文学艺术是人类"用心灵的俯仰的眼睛来看空间万象"。❷ 在这之中，人类把各种因素反复交汇，它们占领着人类想象空间，占领着人类意识的空间，从而传达出人类内蕴的情感。第三，在"自在自由"意义上，生命是人类存在意义的张力，因而，人类生活在迷离拘执的状态里就需要去寻找通向自在自由场域的文学艺术。文学艺术，原本就是人类写在大地上的乐章，是人类生存和探索宇宙奥秘的具体亲证。黑格尔说得好："艺术作品的源泉是想象的自由活动，而想象就连在随意创造形象时也比自然较自由。"❸ 他的精辟论述，从一个侧面道出，在精神时空中，人类是通过对必然性的认识与把握而获得自由的。因此，必然性是"自为自由"的内在根据和重要性质。如果没有必然性的存在，也就没有"自为自由"可言。可见，人类要把自身从最极端的生存可能性中解放出来，就必须从精神时空的进路中不断地把生命愿望呈递出来。

❶ 封孝伦. 人类生命系统中的美学 [M]. 合肥：安徽教育出版社，2004：85.
❷ 宗白华. 美学散步 [M]. 上海：上海人民出版社，2003：98.
❸ 黑格尔. 美学：第 1 卷 [M]. 朱光潜，译. 北京：商务印书馆，1997：8.

一、人类生命的特殊性

千百年来，人类对自己从哪里来的问题有过太多的争论。这一问题一直困扰着人们，于是提出了很多假说，之后又倾注全力加以证明。毫无疑问，人类生命的出现是一段古而又远的历程：从无机物到有机物，到有机化合物，再到有机生命体的演化；同时，还有许多的偶然性因素和太多的细枝末节。"人类的产生实际上是生命进化旅程中很晚近的事。刘易斯·托马斯做过一个生动的比喻：'如果埃菲尔铁塔代表整个地球的年龄，人类所占的部分只有塔尖上涂的那层漆的厚度。'"❶ 所以，我们更应该在这个蓝色的星球上，在这生命的唯一乐园中，尽情地讴歌、倾注热情。

（一）人类生命诞生的奇迹

在两千五百年前的春秋时代，老子在《道德经》里就写到，道生一，一生二，二生三，三生万物。用今天的话说，就是地球上的生命是由少到多、慢慢演化而来的。在西方，随着达尔文《物种起源》一书在1859年问世，生物科学发生了前所未有的大变革，同时，也为人类揭示生命起源这一千古之谜带来了一丝曙光。人类生命的诞生的确就是一个奇迹：

"若以概率来计算，地球上出现生命的可能性，科学家们得到的几率基本是0。……45亿年前，地球上出现生命的概率是10的负30次方。这么微小的数字衬托出，人的存在简直是奇迹。"然而，我们无论如何也无法否定一个基本的事实，就是人毕竟已经出现了。这个"奇迹"的发生恰恰告诉我们：非决定性是生命之源，正是因为有了它，生命本身才丰富多彩、充满生机。由此可见，没有什么结果是事先就被注定的。我们对任何事物，都无法准确说明它的未来，而只能估计它的未来的概率。❷

可以看出，不管以何种方式去揣度、诠释人类的生命，它本身都是苦难而恒久的。经过漫长的演变之后，不管以何种方式，人类的生命还是

❶　封孝伦．人类生命系统中的美学［M］．合肥：安徽教育出版社，2004：94．
❷　潘知常．生命美学论稿［M］．郑州：郑州大学出版社，2002：307~308．

"奇迹"般地在这多姿的大地上驻足了。

（二）人类生命的第二存在时空

人有三重生命。"三重生命是人的生命存在历史中的三个不同的环节，是一个否定之否定的历史过程。"它们"相互协调，互相补充，共同肩负着向永恒一次又一次冲刺的生命使命"。❶

首先，从表面看，人的生物生命似乎与动物的生命活动相似，但实则不同。正如高尔太先生所言：

> 生命是物质运动的形态，人类的生命是一切生命现象中最复杂、最高级的。生命发展到这一阶段，就不再满足于物质的满足，不愿自己继续仅仅是一种食宿起居中的、生物学上的现象了。于是随着自然进化的进入历史进化，人类首先是自发地、无意识地，然后是自觉地和有意识地通过改造世界的实践，形成一个抽象的精神世界，即一个与外在的现实相对应的内在的文化心理结构。❷

这就是说，处于这一层次的人，既在世界之中，又在世界之外。他们生活在这审美的理想世界里，呈现出生命不凡的意义。

其次，从中层的角度而言，"我们不能说人的精神生命需要的满足比生物需要的满足更'高级'""精神生命不过是人类的生物生命的变式和补充"。❸进而言之，人的现实生命显示什么特色，其精神生命便在审美场中呈递什么意义。人的精神生命只有通过审美活动才能得到显现、敞开与确证，审美活动也只有作为生命活动的对应才更具意义。

最后，从深层的角度说，人类还有社会生命，即"实际上是人的能够流传的符号生命"。❹这意味着，审美是对生命的一种超越。我们知道，社会生命生生不息，而个体生命稍纵即逝。因此，要确证生命，就必须超越个人的眼界，立足于社会生命，肯定生命的全部，这是价值的根本所在。

从时间性而言，人的生命存在是按照持续性、顺序性和阶段性进行的，有不可逆转的特性。人不仅生活在当下，还联结着过去，展望着未来。从空间性而言，人是按照空间的规定性来体现自己的存在方式。但是，更为

---

❶❸❹ 封孝伦.人类生命系统中的美学［M］.合肥：安徽教育出版社，2004：141，137，101，125.

❷ 转引自：封孝伦.二十世纪中国美学［M］.长春：东北师范大学出版社，1998：416.

重要的是，在很多方面，人生可以不受这种物理时空的局限。人类利用空间的视觉效果营造出诗意的空间，触动灵魂的深处。

人是有目的的动物，因此存在于两种时空之中，即第一时空与第二时空。在第一时空即现实的时空中，人不是自觉的，像动物一样，为生存而努力。而在第二时空即精神时空中，人是自觉的，不仅生存在现在，而且能回忆过去，展望未来。

精神时空是人内在的一种生命体验，一种心灵的诉求，也是性灵的彰显，而文学艺术的展现正根植于这种生命体验中。王子铭先生说："（时空的内在化）这一切都表现为一种率真主义上的时空观，即审美时空。"❶ 因此，生命理应成为文学艺术的灵魂主宰，成为理想的精神诉求。

（三）人类生命的本质

生存是人的生命得以存在的前提条件。"生命本质体现在生命行为上的首要任务就是寻找、创造和保护他的生存条件。"❷但是，从更深的层面来说，"生命"又并非仅仅是为了"活着"，生命必须洞悉、掌握、觉解和映射其自身的意义与价值。对生存本身的关切无疑根源于人生最大的矛盾即存在与虚无的矛盾：一方面，其给人带来了无穷无尽的痛苦，而且是万苦之源；另一方面，也正是此一矛盾，才深深地从本源处唤醒人的生命力、创造力，使得超越成为人的一个基本点——不断地迈向生命的新天地。可以说，整个人类的历史从根本上说来便是寻求拯救之途的历史。虽然此矛盾不可能得到真正解决，但是人类的探索也因此而永无止境，人类才会有不断的进步。正如雅斯贝尔斯所说：

> 人之所以为人，不能从我们所认识的东西上去寻找，而应该穿过他身上的一切可以认知的东西，单单从他的起源上予以非对象的体验。❸

可以看出，这是对人的生命的进一步追问，它并不是追问人的生命是"什么"，而是追问生命之所"是"。在我们的理解中，人的生命是追求真、善、美理想的一种过程的集合。马克思说：

---

❶ 王子铭.现代美学基本范式研究［M］.济南：齐鲁书社，2005：116.

❷❸ 潘知常.生命美学论稿［M］.郑州：郑州大学出版社，2002：95，271.

　　　动物只是按照它所属的那个物种的尺度和需要来进行塑造，而人则懂得按照任何物种的尺度来进行生产，并且随时随地都能用内在固有的尺度来衡量对象；所以，人也按照美的规律来塑造物体。❶

　　这就比较明确地提出，能给人带来一种美感愉悦的审美感知、审美欣赏，就基于"按照美的规律来塑造物体"。这是人在自我实现、自我确证和审美实践中，感受、体验、判断和评价自我生命的伟大价值和崇高意义。

　　在我们看来，人的生命活动是什么，人就必然是什么；人的生命活动在于自由，那么，人之所"是"也应该在于自由。人活着，不在吃饭穿衣、追求温饱等，而在实现自我、确证自我，求得一种美感愉悦、心灵满足和精神慰藉。这就是人在自由自觉的生命活动过程中所体现出来的精神价值、生命意义，是人类在其精神时空中所传递出来的人类生活。

二、文学艺术是人类创造的精神时空里的人类生活

　　在社会生活中，文学艺术的发展历程像人类的思想一样久远。文学艺术创作活动是有美的潜在动力的。它从一个更深的层面道出了人们的一种生存方式，透射出一种行为准则。在人类生活中，恐怕没有什么比"创造"更令人心驰神往而又神秘莫测了。

（一）文学艺术的发展与人类生活

　　文学艺术是人的审美关系的最高形式，从生活到艺术是一个艰辛的历程。鲁迅先生在《门外文谈》中说：

　　　我们的祖先的原始人原是连话也不会说的，为了共同劳作，必须发表意见，才渐渐的练出复杂的声音来。假如那时大家抬木头，都觉得吃力了，却想不到发表，其中一个叫道"杭育杭育"，那么，这就是创作；大家也要佩服，应用的，这就等于出版；倘若用什么记号留存了下来，这就是文学。

　　亚里士多德在《诗学》中不止一次地阐说他的观点，认为艺术所模仿的对象是人和人生，是人的社会生活；同时，艺术可以陶冶、净化人的性

---

❶　马克思.1844年经济学—哲学手稿［M］.刘丕坤，译，北京：人民出版社，1979：50~51.

情。在古代中国，孔子也说过："诗，可以兴，可以观，可以群，可以怨；迩之事父，远之事君，多识于鸟兽草木之名。"（《论语·阳货》）

对文学艺术的本质与规律的探索，是要放在整个社会关系中进行的。普列汉诺夫曾反复说过："艺术是社会生活的镜子。"的确，文学艺术是通过人的情感的映射来反映社会生活的。在不同的时代，有不同的社会阶级、不同的生活、不同的利益和要求，因而文学会表现出不同的思想情感、审美趣味。例如，现代的"荒诞派"文学艺术，尽管显示的是生活中许多无意义的东西，却震撼人心。人们欣赏它，本身就是在追求人的生命存在的意义。如卡夫卡的《变形记》反映了现代西方表象世界里的特有神话，典型地再现了被"异化"的人对自己悲凉生活的感伤。可见，文学艺术的张力在于人对社会生活的抒写与高扬。

（二）文学艺术表现人的精神

文学艺术不仅是现实生活的写照，更是人类自身精神的写照。黑格尔一再重申："艺术的真正职责就在于帮助人认识到心灵的最高旨趣。"❶ 艾青也说过：

> 诗是人类向未来所寄发的信息，诗给人类以朝向理想的勇气。……存在于诗里的美，是通过诗人的情感所表达出来的，人类向上的精神的一种闪烁。这种闪烁犹如飞溅在黑暗里的一些火花，也犹如用凿与斧打击在岩上所迸射的火花。❷

人类创造文学艺术的更为重要的意义，还在于人类正是在这个精神时空的实践中，丰富和充实了人的精神世界，训练和开发了大脑的潜能，从而使平凡的人类生活能生成真、善、美的永恒意蕴。所谓求真，就是说，人类对真相、对真理那种穷天究地的不断追问；求善，是对人类合理的生存方式、和谐的生活状态的不断追寻；求美，是对人类美好情感，或者是对人类生存终极意义的一种形式的展开。不难看出，栖居在大地上的人类，只有将自己还原到本然的生活状况中去才有可能创造出伟大的艺术作品。反过来说，任何伟大的艺术作品也都是人类本然的精神时空中的人类生活

❶ 黑格尔.美学：第1卷［M］.朱光潜，译.北京：商务印书馆，1997：17.
❷ 艾青.诗论［M］.北京：人民文学出版社，1980：116.

的体现。如《庄子·达生》中的"梓庆削木为镶"的故事。梓庆之所以能创造出"惊犹鬼神"的镶，并不在于他有多么高超的技术，而是在于他在"静心""斋戒"之后所达到的"以天合天"的境界。因此，可以说，文学艺术作品不仅体现人类本然的生命精神，同时也是作为宇宙万物的本体的生命精神的体现，是人类自身生活在精神时空中的自然显露。正如晁补之所言："文章视其一时风声气俗所为，而巧拙则存乎人，亦其所养有薄厚，故激扬沈抑，或侈或廉，秾纤不同，各有态度。"❶

文学艺术借助语言来塑造各种艺术形象，深刻地反映社会生活和人们丰富的情感。即是说，文学以语言文字为物质媒介，构成一种想象的艺术形象，以再现客观的现实生活、表现人类的思想感情。因此，文学艺术作品中反映的社会人的心理总是保持着现实生活中社会人的心理的具体性、丰富性和生动性。

有无生命活力是划清艺术形象与一般事物图像的基本界限。正因如此，许多有卓越成就的伟大作家，都把塑造具有无限生命活力的艺术形象作为自己最高的艺术追求。❷

对于文学艺术形象的把握与选择，对于任何时代、任何阶级的人来说都不会是单一的。但是，在一定时代、一定民族、一定阶级或阶层那里，都有某些为人们所普遍赞同、普遍感兴趣的形象。人们创造的文学艺术，应该成为人类生命活动中最最根本的东西，成为人类在漫长的生命进化过程中为自己所创造的一种推动生命向前向上的动力之源。

（三）人类在文学创造中直观自身

文学艺术是人类社会生活的集中体现。人类的生存因有文学艺术（当然也包含其他各类艺术）而丰富多彩。有了文学艺术，也就有了超越现实人生的理想途径，有了精神性存在的家园。歌德曾说过：

艺术要通过一种完整体向世界说话，但这种完整体不是他在自然中所能找到的，而是他自己心智的果实，或者说，是一种丰产的神圣的精神灌注生气的结果。❸

---

❶ 吴调公 . 中国美学史资料汇编：文学美学卷 ［M］. 南京：江苏美术出版社，1990：75.
❷ 黎启全 . 美是自由生命的表现 ［M］. 桂林：广西师范大学出版社，1993：131.
❸ 爱克曼 . 歌德谈话录 ［M］. 朱光潜，译 . 北京：人民文学出版社，1978：137.

可见，由于艺术家融进了自己对生活的认识和感悟，艺术形象就表现出强烈的主观感情色彩。"劳动的对象是人的类生活的对象化：人不仅像在意识中那样理智复现自己，而且能动地、现实地复现自己，从而在他所创造的艺术中直观自身。"如密尔顿的《失落园》，"那是他的天性的能动表现"。❶ 他像春蚕吐丝般地在自己的创作中"复现自己""确证自己"与"直观自身"。可以说，人类在什么程度上创造了文学艺术，文学艺术也就在何种程度上塑造人类。正是在这种双向互动的精神时空中，人类日益接近生活的理想和理想的生活。因此，文学艺术的创造是人类深沉不变的最本质的特性，这是亘古及今的永恒法则，是人类孜孜追求的精神时空中审美人生意境的必然根据与内在形式。倘若失去了它，人的心灵便会游移不定。

文学艺术、精神时空和人类生活就这样构成了完美的三维建构。人类在精神时空中创造了文学艺术，在精神时空中留下了美的足迹，人类生活的历史也就是文学艺术的历史。人类创造了文学艺术，也就创造了美；人类创造了美，也就创造了自身。因此，可以说，哪里有艺术，哪里就有人类的奋斗；哪里有人类的奋斗，哪里也就高扬着生命的伟大旗帜与生命不朽的张力。

三、人类创造文学艺术是希望在精神时空中
满足自己的生命愿望

文学艺术所传递出来的美并不在物中，而是在人的生命中。美源于人的内心，形于物外。意义的生成即可看作是生命的不断提升和超越的历程，进而臻达理想的彼岸。正如封孝伦先生所言："捉住了生命，也就捉住了美的真正内涵。当我们把人的生命的秘密揭开，美的秘密，也就在其中了。"❷ 这也从另一侧面说明了文学艺术的存在方式。

---

❶ 黎启全. 美是自由生命的表现 [M]. 桂林：广西师范大学出版社，1993：113，116.
❷ 封孝伦. 从自由、和谐走向生命——中国当代美学本质核心内容的嬗变 [J]. 新华文摘，1995（11）.

（一）凝缩了的人的生命世界

文学艺术是人类有限生命的超越方式，是人类的真实生命的真正显现。人类的生命精神，人类的生存基底，只有通过文学艺术来领会、体验、把握。意义的存在是一个动态的生成过程，这一过程在文学艺术领域尤其显著。文学艺术的意义呈现是通过艺术创作来传达人类自身的生命意义以及对于社会的存在意义，正如康定斯基在《论艺术的精神》中所言：

任何人，只要它把整个身心投入到自己的艺术的内在宝库，都是通向天堂的金字塔的值得羡慕的建设者。❶

可以说，文学艺术由人类创造，并为人类而存在。正是在人类的不断的创作中，意义不断地生成，从而照亮并且主宰人类的生命行程。因此，我们可以说，文学艺术是人类的一种生存方式，这种生存不懈地追问人类生命的真谛。对于文学术来说，其所铸就的生命世界、所陶冶的艺术灵魂，都不仅仅属于艺术家个体的生命存在，而是在用共通的艺术符号对人类言说着一个意义世界，构筑着一种精神生命的屏障。在精神时空中，人类能够无限地拓展自己所能企及的现实时空，使人感觉到文学艺术所表达的世界，就是人类心灵深处丰富多彩的生命世界。当然，文学艺术，作为对现实的超越性的存在，它在更广大的意义上对人类生命存在发生着深刻的影响。古今中外众多的文学艺术经典，都以不同的方式传递出艺术整体的意义，使人类自身的生存在精神领域得以更大程度地展开和更高程度的超越。

文学作品要突显人类自身，人类的多重心理因素必须熔铸于文学艺术的形象之中。除了磨炼和提升艺术技巧外，更重要的是坚定对人生的信念，把自己的欢乐和悲伤普遍化。正如李煜的《虞美人》，从自我的狭小圈子回归到宇宙人生的大世界，表达了人类普遍的情感，突现出了人生的高致与生命的觉解。我们知道，文学艺术不仅仅是具体的现实生活状况的叙写，它更应该是人类认识社会、充实自我的一面聚光镜，当人类用文学艺术这种审美理想去反映社会生活时，它就势必在精神时空中言说着人类的品性及人格。它以情感体验的方式，对象化了人类的普遍情感，凝缩成了人的生命的"自由场域"。所以说，文学艺术可以净化人生，使人进入一种纯净

---

❶ 康定斯基. 论艺术的精神［M］. 查立，译. 北京：中国社会科学出版社，1987：31.

而和谐的境界之中，从而达到心灵的充分自由和解放。

（二）人的生命的表达

人类创造的文学艺术，是"一种生命欲望的表现"。❶ 倘若"生命欲望"被塞满了、填实了，就没有生气流荡的地方，这样的文学艺术就没有了活致。因此，文学艺术必须在"生命欲望"的视界中，获取深层次的生命安慰，去寻找人生的价值与生命的安顿。另一方面，我们的创造依托精神时空而出现，我们的生命因有这"大用"而顿生追求至美的可能：

> 我们用笔，或用斫木的斧头，砌墙的刀具等等，在茫茫虚空之中，划出痕迹，划出自己对世界的理解，划出自己的生命精神，从而流出一段生命的悠长。❷

在文学艺术所传达的生命精神中，个体之"私我""小我"可以纳入宇宙天地之"大我"的境界中，这是人类保存自我而又与他物共生共存的精神理念。

人类创造文学艺术，就是通过在精神时空中呈现深刻的创造性，肯定生命本身的价值和原初的生命力量。我们知道，文学艺术、精神时空和生命愿望，建构了一个充满动力而又具有秩序的图式。首先，文学艺术是生命愿望的表现。可以说，是生命选择了文学艺术，生命只是在文学艺术中找到自己、言说自己和确证自己。其次，精神时空是心灵姿态的表达视域。"大漠孤烟直，长河落日圆""曲终人不见，江上数峰青"……扣人心弦的文学话语，让我们在孤寂之中洞见永恒，在消逝之中叩问永在。在这对生命意蕴的形而上的追求中，体味人生的意义、解读生命的意蕴。最后，生命愿望是宇宙和谐的象征。

> 宇宙就是无限的创造进化中写出的一部"史诗"，一部以"生命"为主角，以自由心灵的诞生为高潮的壮美"史诗"。重新用人类的语言符号再现这部"生命史诗"，是一切诗人和哲人的灿烂梦想。❸

人类创造文学艺术不是出于某种外在的目的，而是源于自己的生命愿望满足的需要。人是一种社会存在物，他只能凭借现实的、感性的对象才

---

❶ 封孝伦. 人类生命系统中的美学 [M]. 合肥：安徽教育出版社，2004：51.

❷ 朱良志. 中国美学十五讲 [M]. 北京：北京大学出版社，2006：159.

❸ 胡继华. 宗白华——文化幽怀与审美象征 [M]. 北京：文津出版社，2005：171.

能表现自己的生命。文学艺术这一活动作为人类实践的精神时空中的超越层面，是一种创造性的、自由生成的活动。人类通过这种活动获得的自由就这样表达出来。首先，人类在创作的过程中享受到自身的生命表现；其次，文学艺术物化了人类的性格特征，抒写了人类生命的乐趣；最后，文学艺术满足了人类的需要，直接张扬了人类的生命表现。缘于此，可以说文学艺术是自由的集中体现，它的创造性使人从自然存在中超拔出来。

（三）生命的终极追问

人生苦短，转瞬即逝。因此，人类必须在精神的时空中，追求审美的生存，诗意地栖居，这是人类生命愿望寻求"在世"的既出乎其外又入乎其内的一种本然的生存方式。在绝大多数时候，人类面对着众多困厄，但依然倘徉在精神时空中，用文学艺术来张扬生命、呼唤生命。人类也只有通过文学艺术，才能实现对自身局限性与狭隘性的追问与超越。文学艺术是一种超越，它具有宣泄人的情感的功能。艺术是生命的张扬，人需要用艺术来表达心灵、抚慰内心、畅写生命。

文学艺术，深化着人的生命，能使人的心灵在愉悦中平和冲突，在快感中获得美感享受，在美感中享受道德的愿望。正如韦伯所言：

> 不论怎么来解释，艺术都承担了一种世俗救赎功能。它提供了一种从日常生活的千篇一律中解脱出来的救赎，尤其是从理论的和实践的理性主义那不断增长的压力中解脱出来的救赎。❶

人是一种寻求自我生命价值和意义的生物。而自我实现、自我确证，不过是人寻求自我生命价值和意义的具体行动和实际表现。因此，自我实现、自我确证，对人而言具有一种客观的必然性，是人内在的精神需要或心理欲求。正是在这个层面上，文学艺术通过对日常私利的"救赎"来愉悦人心，讴歌生命。

综上所述，文学艺术必然不是说明世界存在的其他东西，它关注的是人类在精神时空中其自身的生命意义，进而提升人生的境界。从精神时空迈向普遍化的生命存在，才能最终实现人类之生命意义品质的提升，获得从有限到无限的幸福和安宁。文学艺术要守护生命的这片热土。它通过对

---

❶ 周宪. 审美现代性批判［M］. 北京：商务印书馆，2005：157.

人的生命意义的创造性诠释使人扬弃直接性和本能性而通达于生命的彼岸世界，这就决定了文学艺术的真正功能不在于提供直接的有用的东西，而在于为人类提供一个可以追求的目的，为人类的心灵提供一个栖息的去处。文学艺术在有限的现实时空与无限的精神时空中，其用动态、变化与发展的理论来构架、诠释着生命的美，这就使得人类的生命愿望享有无比广阔的天地。因此，我们可以说，文学艺术的根底是人类在其自身的精神时空中生命愿望的满足、实现。

阅读经典　浸润人生

■ 杨道麟*

【摘　要】以竹简书、绢帛书、纸质书、电子书等为载体的经典文字作品（文章作品、文学作品），既是人类文明史、精神史、审美史、奋进史的形象演绎，也是人类"求真""向善""崇美"的生动展示。对于它们的阅读，作为一种言语技能予以考察，属于认知、行为领域，有着严密的科学规律；作为一种文化活动予以观照，则属于情感、价值领域，又有着浓郁的人文精神。当阅读主体打开经典文字作品时，不仅能够从中认识大千世界，求得"真"，利于其"探索品质的养成"；而且能够从中明确荣辱是非，向往"善"，利于其"道德意识的觉醒"；更能够从中享受精神愉悦，崇尚"美"，利于其"自由心灵的建构"。

【关键词】阅读经典　浸润人生　养成探索品质　觉醒道德意识　建构自由心灵

学界周知，经典是人类文化长河中经过冲刷与淘洗而沉淀下来的并被大多数人所认同、理解和学习的典籍，是古圣先贤用他们生活的历练所展现的形象世界、情感世界和意义世界。而以竹简书、绢帛书、纸质书、电子书等为载体的经典文字作品（文章作品、文学作品），❶ 作为能够给人们

＊ 杨道麟（1959～），男，湖北潜江人，博士，华中师范大学教授，山东师范大学兼职教授，贵州师范学院客座教授，喀什师范学院特聘教授，主要从事语文教育哲学、语文教育伦理学和语文教育美学的研究。

❶ 曾祥芹．"一语双文"时代渐行渐近——全球化语境下语文内容结构改革的必然趋势［J］．语文建设，2009（11）：4～8．

以深远而恒久影响的众多经典中的精品，既是人类文明史、精神史、审美史、奋进史的形象演绎，也是人类"求真""向善""崇美"❶的生动展示。它们那穿透历史而烛照未来的远见卓识、传承文明而坚守道德的崇高抱负、机锋横出而彰显活力的美感传递，无不给人们以"真"的启迪、"善"的感悟和"美"的熏陶。❷ 因而对于它们的阅读，作为一种言语技能予以考察，属于认知、行为的领域，有着严密的科学规律；作为一种文化活动予以观照，则属于情感、价值的领域，又有着浓郁的人文精神。❸ 当阅读主体打开思想内容芬芳馥郁、语言形式瑰丽多姿的甚至是超越时空的经典文字作品时，不仅能够从中认识大千世界，求得"真"，利于其"探索品质的养成"；而且能够从中明确荣辱是非，向往"善"，利于其"道德意识的觉醒"；更能够从中享受精神愉悦，崇尚"美"，利于其"自由心灵的建构"。❹ 以下试图从三个方面依次论述。

一、从经典文字作品的阅读中"求真"
做养成探索品质的人

经典文字作品阅读中的"求真"即指阅读客体和阅读活动本身对阅读主体所产生的知识获得、能力形成和智力开发等作用，以期让阅读主体从中获得智慧的启迪并促使其"探索品质的养成"。以下仅从三个方面具体展开。

（一）经典文字作品的阅读——获得知识

知识是指人类在社会实践中对客观事物的认识和经验的总和。就人类所具有的科学知识而言，既有大至太空宇宙、海底世界，小至飞禽走兽、夜霜晨露，微至基本粒子、毛细血管等自然科学知识，又有大至改朝换代、

---

❶　杨道麟. 语文教育目标的真善美 ［J］. 山东师范大学学报：人文社会科学版，2011（5）：121~126.

❷　杨道麟. 21世纪语文教育若干问题研究 ［J］. 武汉水利电力大学学报：社会科学版，2000（2）：77~80.

❸　曾祥芹. 阅读改变人生 ［M］. 青岛：中国海洋大学出版社，2003：1.

❹　杨道麟. 语文教育应当追求审美境界 ［J］. 文学教育，2005（8）：144~146.

迁都移疆、小至嗜好性癖、风俗乡习，微至眉来眼去、意识争斗等社会科学知识，还有大至思维活水，小至思维实践，微至思维成果等思维科学知识。可以毫不夸饰地说，人类的科学知识包罗万象，远至盘古的开天辟地，近至新科技的发明创造，乃至非现实的幻想、超现实的夸张、转瞬即逝的美梦、未来世界的憧憬等，都可以进入经典文字作品的领域。

经典文字作品阅读是获得科学知识的"母本"。通过阅读，阅读主体可以从中领略山川风光，懂得生态规律，欣赏天象奇观，从而认识大自然的美妙；通过阅读，阅读主体可以从中了解国际的风云变幻，知晓国内的重大事件，看到光怪陆离的人间百象，从而培养丰富多彩的内心世界；通过阅读，阅读主体可以从中听圣哲名家剖析历史、阐释人生，看叱咤名流振臂高呼、拨弄寰球，从而博得古今兴衰之理，明了人世浮沉之音；通过阅读，阅读主体可以从中了解人类的思维方式由古代的朴素唯物辩证的思维方式发展到近代的形而上学的思维方式和现在的系统论的思维方式，从而探索人类思维的奥秘。一句话，通过经典文字作品阅读，阅读主体能够饱览书香，达到获得自然、社会、思维等领域知识的目的。

（二）经典文字作品的阅读——形成能力

能力是指人类在社会实践中胜任某项活动或完成一定任务的本领。就人类所具有的语文能力而言，既有普通报刊的浏览、专业书籍的查询、互联网上的检索等阅读能力，又有对外物捕捉并储存的感受、加工并重建的辐散、显影并定型的呈现等写作能力，还有借助听觉分析器官接收语音信息并通过思维加以理解、吸收，进而口述等听说能力。

经典文字作品阅读是形成语文能力的"母乳"。通过阅读，阅读主体能够对经典文字作品的内容与形式进行整体观照和情感体验，对经典文字作品的是非与得失进行价值评估和理智判断，从而打好认读、理解、欣赏、评价等各方面的"根基"，形成阅读能力；通过阅读，阅读主体能够从经典文字作品中熟悉文体的样式、把握典型的结构、掌握巧妙的写法、积累规范的语言、收集具体的事料、汲取深刻的思想、领略浓烈的感情、体悟高远的境界，从而打好文体、文序、文技、文辞、文事、文意、文情、文境等各方面的"根基"，形成写作能力；通过阅读，阅读主体能够从中获得语音辨识力、言语记忆力、语义理解力、话语品评力，从而打好听辨、听记、听解、听评等各方面的"根基"，形成聆听能力；通过阅读，阅读主体能够从中获得话题选准力、语段组织力、情意表达力、场景调控力，从而打好组码、编码、发码、用码等各方面的"根基"，形成说话能力。一句话，通过经典文字作品阅读，阅读主体能够尊严地生活，达到深化阅读能力、带动写作能力、规范聆听能力、促进说话能力的目的。

（三）经典文字作品的阅读——开发智力

智力是指人类在社会实践中对客观事物的认识和理解的智慧。就人类所具有的智慧潜力而言，既有激发观察的兴趣、教给观察的方法、培养观察的习惯等观察力，又有讲解记忆的规律、传授记忆的方法、加强记忆的训练等记忆力，还有训练再造想象、激发创造想象、强化审美想象、鼓励科学想象等想象力，更有多向性的扩散思维、概括性的集中思维、顿悟性的直觉思维、突发性的灵感思维等思维力。

经典文字作品阅读是开发智力的"母机"。通过阅读，阅读主体能够对经典文字作品进行分析性阅读、整合性阅读、记诵性阅读、快速性阅读、审美性阅读、创造性阅读等，这就需要贯穿复杂的智力活动；通过阅读，阅读主体能够把经典文字作品所承载的知识、观点、情感、态度等信息转移到自己的大脑中，并在大脑中安家落户，这就需要付出巨大的智力劳动。❶

据阅读心理学家研究，阅读主体对经典文字作品的心智活动是主动而积极的，它含有三个机能群：一是激活机能群，专事阅读主体对经典文字作品的启动、强化和聚发等心理动力；二是操作机能群，完成阅读主体对经典文字作品的猜测、确证、提纯、重组、应用、创新、表征和表述等行为动作；三是定向和调控机能群，朝着阅读主体对经典文字作品的既定目标，有程序有节奏地去实现某种特殊的"需要"。当这三个机能群整体地发动起来时，就可以全面挖掘阅读主体对经典文字作品的智慧潜力。❷ 一句话，通过经典文字作品阅读，阅读主体能够博览群书，达到开发观察力、记忆力、想象力、思维力等智力的目的。❸

---

❶　曾祥芹. 汉文阅读学在中国的崛起［J］. 河南师范大学学报：哲学社会科学版，1996（1）：5.

❷　曾祥芹，韩雪屏. 阅读学原理［M］. 郑州：河南教育出版社，1992：300.

❸　杨道麟. 浅论文本阅读的真善美价值［J］. 语文教学与研究，2005（12）：32~34.

二、从经典文字作品的阅读中"向善"
做觉醒道德意识的人

经典文字作品阅读中的"向善"即指阅读客体和阅读活动本身对阅读主体所产生的思想净化、情操陶冶和德性涵养等作用，以期让阅读主体从中获得精神的感悟并促使其"道德意识的觉醒"。以下仅从三个方面具体展开。

（一）经典文字作品的阅读——净化思想

思想是指人类在社会生活中对客观事物的认识而产生的主张和看法的必然结果。就人类所具有的思想而言，既有热爱生活、忠于人民、具有强烈事业心、富有社会责任感等主张，又有科学的世界观、积极的人生观、正确的价值观等看法。

经典文字作品阅读是净化思想的主要方式。通过阅读《华严经》，阅读主体能够从中开辟摆脱庸常生命的超越之路；通过阅读《圣经》，阅读主体能够从中确立具有普世性的人类伦理；通过阅读《古兰经》，阅读主体能够从中打造独特意味的精神气质；通过阅读《神曲》，阅读主体能够从中凭借理性智慧的支撑而达到洁净自身的境域；通过阅读《人间喜剧》，阅读主体能够从中激发对人与人之间的赤裸裸金钱关系的憎恶；通过阅读《复活》，阅读主体能够从中探究道德的执着；通过阅读《老人与海》，阅读主体能够从中领略打不垮的"硬汉"品格；通过阅读《诗经》，阅读主体能够从中"兴起其好善恶恶之心"；通过阅读《礼记》，阅读主体能够从中"卓然自立，而不为事物之所摇夺"；通过阅读《乐记》，阅读主体能够从中"荡涤其邪秽，消融其查滓"；❶ 通过阅读《易经》，阅读主体能够从中理解"天行健，君子以自强不息"的深刻；通过阅读《论语》，阅读主体能够从中学得"己所不欲，勿施于人"的风范；通过阅读《孟子》，阅读主体能够从中吸收"富贵不能淫，贫贱不能移，威武不能屈"的精髓；通过阅读《老子》，阅读主体能够从中透视特有的人生真谛；通过阅读《庄子》，阅读主

---

❶ 朱熹. 四书章句集注 [M]. 北京：中华书局，1983：105.

体能够从中造就典型的东方人格；通过阅读《坛经》，阅读主体能够从中受到平衡身心、积聚善因、免遭恶业的启迪；通过阅读《三国志》，阅读主体能够从中懂得"勿以善小而不为，勿以恶小而为之"的道理；通过阅读《曾国藩家书》，阅读主体能够从中孕育"修身、齐家、治国、平天下"的理想；通过阅读《自题小像》，阅读主体能够从中品味"寄意寒星荃不察，我以我血荐轩辕"的深蕴；通过阅读《超人》和《悟》，阅读主体能够从那博大深邃、单纯冰洁的世界中滋养心根。一句话，通过经典文字作品阅读，阅读主体能够吮吸到先圣时贤的魂灵乳汁，得到理智上的指引，达到净化思想的目的。

（二）经典文字作品的阅读——陶冶情操

情操是指人类在社会生活中综合起来的、不易改变的情感和操守的执着倾向。就人类所具有的情操而言，既有正义感、荣誉感、友谊感、自豪感等情感，又有志行品德、志向操行、志趣气节等操守。

经典文字作品阅读是陶冶情操的重要途径。在华夏民族这块神奇而又美丽的土地上，曾孕育了众多的具有高尚情操的伟大人物。屈原、司马迁、张衡、陶渊明、范仲淹、岳飞、文天祥、于谦、顾炎武等，他们的高尚情操都融化在自己的著作里。屈原《离骚》中的"路漫漫其修远兮，吾将上下而求索"，让阅读主体读之，会在追求理想的崎岖道路上勇往直前；司马迁《史记》中的"究天人之际，通古今之变"，让阅读主体读之，会增添严肃的历史态度和爱憎分明的真情实感；张衡《论衡》中的"知政之得失在草泽，知经之得失在诸子"，让阅读主体读之，会洞悉很有远见的评价与蕴蓄深刻的意义；陶渊明《归去来兮辞》中的"富贵非吾愿，帝乡不可期"，让阅读主体读之，会找寻"乐天安命"的旨趣及生命价值的本源；范仲淹《岳阳楼记》中的"先天下之忧而忧，后天下之乐而乐"，让阅读主体读之，会汲取忧国怜民的赤诚品质；岳飞《满江红·写怀》中所体现的"精忠报国"，让阅读主体读之，会感到浓得化不开的耿介情怀；文天祥《过零丁洋》中的"人生自古谁无死，留取丹心照汗青"，让阅读主体读之，会立下救国救民的宏大誓愿；于谦《石灰吟》中的"千锤万凿出深山，烈火焚烧若等闲"，让阅读主体读之，会表现刚毅坚强的忠贞气节；顾炎武《日知录》中的"天下兴亡，匹夫有责"，让阅读主体读之，会成为向往崇高境界的座右铭。通过阅读传记，阅读主体会从雷锋的奉献他人、罗盛教的异国捐躯、张海迪的身残志坚、张志新的壮怀激越、史铁生的积极进取、孔繁森的公而忘私、海伦·凯勒的乐观向上等高风亮节中获得熏染。一句话，通过经典文字作品阅读，阅读主体能够徜徉在天赋秉性的"伊甸园"内，从而得到精神上的洗礼，达到陶冶情操的目的。

（三）经典文字作品的阅读——涵养德性

德性是指人类在社会生活中所体现的抑制非道德元素的性格和意志的坚韧力量。就人类所具有的德性而言，既有积极进取、勇于探索、自尊自强、谦虚谨慎等性格，又有吃苦耐劳、顽强坚毅、奋发果断、知难而进等意志。

经典文字作品阅读是涵养德性的不二法门。通过阅读亚里士多德的作品，阅读主体能够从中瞥见人类的心灵栖居与求知欲望的广漠深远；通过阅读叔本华的作品，阅读主体能够从中建立起内心的价值系统；通过阅读尼采的作品，阅读主体能够从中习得对生命永葆积极而乐观的心态；通过阅读歌德的作品，阅读主体能够从中通晓睿智的人生；通过阅读纪伯伦的作品，阅读主体能够从中懂得深刻的哲理；通过阅读叶圣陶的作品，阅读主体能够从中享有热情浓烈；通过阅读丰子恺的作品，阅读主体能够从中体察细腻亲切。

举例来说，通过阅读《法国革命》和《物种起源》等作品，孙中山立志投身革命；通过阅读《世界英雄豪士传》等作品，毛泽东认为中国也应该有华盛顿、林肯、拿破仑、彼得大帝这样一些人物；通过阅读《革命军》《警世钟》《猛回头》等作品，周恩来朴素的爱国爱民美德不断得以升华；通过阅读《共产党宣言》《资本论》等作品，方志敏在斗争中逐渐成长为坚强的共产主义战士；通过阅读《包公案》《老残游记》等作品，彭德怀发誓做一位清官和忠臣；通过阅读《庶民的胜利》《布尔什维克主义的胜利》等作品，聂荣臻萌生出对革命的向往之情；通过阅读《三国演义》《七侠五义》《水浒传》等作品，许世友一心想要行侠仗义；通过阅读《三民主义》《二月革命》《共产主义 ABC》等作品，徐向前终于成为一名为远大理想而奋斗的优秀党员。❶ 一句话，通过经典文字作品阅读，阅读主体能够浸润于五彩缤纷的情感世界，得到心灵上的共鸣，达到涵养德性的目的。

三、从经典文字作品的阅读中"崇美"做建构自由心灵的人

经典文字作品阅读中的"崇美"即指阅读客体和阅读活动本身对阅读主体所产生的审美意识增强、审美因素领略和审美境界提升等作用，以期让阅读主体从中获得美感的熏陶并促使其"自由心灵的建构"。以下仅从三个方面具体展开。

（一）经典文字作品的阅读——增强审美意识

审美意识是指客观存在的审美对象在审美主体头脑中的能动而积极的反映。就人类所具有的审美意识而言，既有审美观点、审美情趣、审美标准、审美理想等审美观念，又有审美感知、审美想象、审美理解、审美情感等审美心理。

经典文字作品阅读是增强审美意识的契机。通过阅读柏拉图的作品，阅读主体能够从中洞察思与诗的无间、宇宙的恒常、澄明的真理；通过阅读莎士比亚的作品，阅读主体能够从中领会其追求艺术的博大精深；通过阅读笛卡尔的作品，阅读主体能够从中发现全部近代欧洲哲学的基础和源泉；通过阅读卢梭的作品，阅读主体能够从中深味出理性力量的广延；通过阅读康德、席勒、黑格尔的作品，阅读主体能够从中品味"极富人道主义"❷ 的理念；通过阅读马克思的作品，阅读主体能够从中知晓人世的激情；通过阅读马克·吐温的作品，阅读主体能够从中了解诙谐的闲适；通过阅读卡西尔的作品，阅读主体能够从中思考西方思想史上关于人的本性的各种理论；通过阅读审美意识较为系统的毛泽东的《我们的文艺是为什么人的》和《民族的科学的大众的文化》、鲁迅的《拿来主义》和《摩罗诗力说》、蔡元培的《图画》和《以美育代宗教说》、朱光潜的《谈读诗与

❶ 曾祥芹. 阅读改变人生［M］. 青岛：中国海洋大学出版社，2003：125.
❷ 张玉能. 西方美学思潮［M］. 太原：山西教育出版社，2005：322.

趣味的培养》和《对于一棵古松的三种态度》、钱锺书的《谈中国诗》、宗白华的《中国艺术表现里的虚与实》、王梓坤的《想象的作用》、唐弢的《作家要铸炼语言》、周先慎的《简笔与繁笔》、孙犁的《好的语言和坏的语言》、茅盾的《谈〈水浒〉的人物和结构》、朱德熙的《谈朱自清的散文》、吴炫的《一幅恬淡明丽的春之图——读老舍的〈济南的冬天〉》、清冈卓行的《米洛斯的维纳斯》❶ 等作品，阅读主体定会从中得到多方面的裨益。一句话，通过经典文字作品阅读，阅读主体能够获得更多的审美享受，达到增强审美意识的目的。

（二）经典文字作品的阅读——领略审美因素

审美因素是指客观存在的审美对象的类型包括形态、范畴和形式中所蕴含的各种美的成分。就人类所具有的审美因素而言，既有自然美、社会美、艺术美、科学美等审美形态，又有优柔美、崇高美、悲剧美、喜剧美等审美范畴，还有整齐一律美、对称均衡美、对比调和美、多样统一美等审美形式。

经典文字作品阅读是领略审美因素的凭借。阅读描景绘色为主的散文、游记等作品，阅读主体应着力领略自然美；阅读记事写人为主的新闻、通讯等作品，阅读主体应着力领略社会美；阅读小说、诗歌、戏剧等作品，阅读主体应着力领略艺术美；阅读《现代自然科学中的基础学科》《奇妙的克隆》《神奇的极光》《宇宙的未来》《机器人》等作品，阅读主体应着力领略科学美；通过阅读《桃花源记》《樱花赞》《西湖漫笔》《荷塘月色》等作品，阅读主体应着力领略优柔美；通过阅读《〈黄花岗七十二烈士事略〉序》《刑场上的婚礼》《最后一次的讲演》《沁园春·雪》等作品，阅读主体应着力领略崇高美；阅读《屈原列传》《火刑》《祝福》《一封终于发出的信》《窦娥冤》等作品，阅读主体应着力领略悲剧美；阅读《小二黑结婚》《变色龙》《威尼斯商人》《竞选州长》《警察和赞美诗》等作品，阅读主体应着力领略喜剧美；阅读《雄伟的人民大会堂》《凡尔赛宫》《巍巍中山陵》《中国石拱桥》《故宫博物院》等作品，阅读主体应着力领略整齐一律美、对称均衡美、对比调和美与多样统一美。尤其是阅读中华文化经

---

❶　杨道麟. 语文教育审美观念略论［J］. 语文教学与研究，2004（9）：30.

典，阅读主体能够从中了解到诸子的思辨、汉赋的华丽、魏晋文章的风骨、唐诗宋词的精美、明清小说的波涛等诸多美的成分。一句话，通过经典文字作品阅读，阅读主体能够激起强烈的审美热情，达到领略审美因素的目的。

（三）经典文字作品的阅读——提升审美境界

审美境界是指客观存在的审美对象在审美主体接受时所呈现的某种独特的状态。就人类所具有的审美境界而言，既有通过审美想象对经典文字作品的可能性空间加以具体展开所领略到的审美境界，又有通过审美理解对经典文字作品的深刻意味加以挖掘所领会到的审美境界，还有通过调动各种审美感官对经典文字作品的深层意蕴加以把握所领悟到的审美境界。

经典文字作品阅读是提升审美境界的依托。通过阅读，阅读主体不仅能够感受经典文字作品中造化神奇的自然美，而且能够感受经典文字作品中动人心魄的社会美，还能够感受经典文字作品中妙笔生花的艺术美，更能够感受经典文字作品中启人才智的科学美，从而获得高层次的审美快乐，达到"陶冶性情，涵养心灵"❶ 的目标。通过阅读，阅读主体能够识别经典文字作品中的美丑，区分经典文字作品中的良莠，明辨经典文字作品中的是非，审察经典文字作品中的得失，以期让经典文字作品的审美实践有效地深入下去，从而拥享经典文字作品极其丰富的内涵，达到"思想碰撞和心灵交流"❷的目标。通过阅读，阅读主体能够促使经典文字作品的审美活动不受外界暗示和思维定式的影响，并运用"求异"的触角，或从经典文字作品中变形思考，或从经典文字作品中换元运思，或从经典文字作品中逆转思路，从而发挥经典文字作品最大限度的潜能，达到"思维的创新，表达的创新"❸的目标。一句话，通过经典文字作品阅读，阅读主体能够进入"游戏和假象的快乐王国"，❹ 达到提升审美境界的目的。

总之，经典文字作品以其或雅健或老辣或幽默或通脱或新奇或朦胧或放达或新潮等不同特色，一起构筑成阅读主体取之不尽、用之不竭、美不胜收的传世瑰宝，所以对于它们的阅读，既是心灵的按摩又是成功的起步，

---

❶❷❸　语文课程标准：实验［S］. 北京：人民教育出版社，2003：10，16，7.
❹　席勒. 审美教育书简［M］. 冯至，范大灿，译. 北京：北京大学出版社，1985：151.

更是精神的旅游。经典文字作品阅读中的知识获得、能力形成、智力开发等"求真"和思想净化、情操陶冶、德性涵养等"向善"以及审美意识增强、审美因素领略、审美境界提升等"崇美"不但是辩证统一的，而且是和谐一致的。它们共同展现阅读主体的本质力量并涌动出永不干涸的文化"活流"，从而促进阅读主体在经典文字作品中"择真而读""择善而读""择美而读"；❶ 为进一步营造"书香社会"创造条件，真正实现经典文字作品的"阅读充实人生""阅读改变人生""阅读享受人生"❷的最高目的，继而又好又快地迈向"人的发展和完整性建构"❸ 的崭新天地。

❶❷ 曾祥芹. 阅读改变人生 [M]. 青岛：中国海洋大学出版社，2003：126，5.
❸ 曹明海. 让语文点亮生命 [J]. 中学语文教学参考，2007（9）：13~14.

从《诗经》看先秦时代的男性形象

■ 贤 娟*

【摘 要】《诗经》中对男性形象的审美重视程度不如女性。《诗经》中关于男性的形象刻画可以在一定程度上反映出先秦时期的审美文化。分析《诗经》中关于男性描写的作品，可以发现男性美的表现大致包括外在的英武有力和内在的仁德至善。

【关键词】 诗经 先秦 男性 审美 形象

《诗经》中涉及女性形象的篇目占了很大比重，相应地，关于女性形象的分析在《诗经》研究中也占了很大比例。与之相比，关于男性形象的审美分析则少了许多。实际上，美的创作和欣赏这种社会现象在两性身上都得到体现，只是女性外在的美更加直观，因此相对来说对男性美的关注比较少。本文拟通过《诗经》中男性形象的分析，来观察先秦时期对男性的审美观。

一、从文本角度审视先秦时期男性美的基本标准

《诗经》中有关女性美的描写历来都受到比较高的关注，尤其像"手如柔荑，肤如凝脂。领如蝤蛴，齿如瓠犀。螓首蛾眉，巧笑倩兮，美目盼兮"❶ 这样的描写，从古至今一直备受好评，乃"传神写照，活画出一个美

---

* 贤娟（1983~），女，贵州贵阳人，文学硕士，贵州师范学院文学院副教授，研究方向古代文学。

❶ 程俊英. 诗经译注 [M]. 上海：上海古籍出版社，2004. 下引同，不另注。

人形象来"。❶ 其实，《诗经》中的男性审美标准并不低于女性。《卫风·硕人》中的"硕人其颀"，以"硕"以"颀"冠于美女庄姜，说明先秦时对女性美的要求中有一条标准就是高大修长，这其实也是男性外表美的考察标准。

《齐风·猗嗟》中的主人公"猗嗟昌兮！颀而长兮"，昌，盛状，美好的样子，"古代不论男女，皆以高大修长为美"。❷ 诗中以"昌""名""娈"替换、反复吟咏，都是描绘这位主人公的壮美之貌。"抑若扬兮。美目扬兮""美目清兮""清扬婉兮"，寥寥数字，尽用于美目，生动地刻画出一个高大英武的男性形象。《邶风·简兮》中那位指挥万舞的伶官"硕人俣俣，公庭万舞。有力如虎，执辔如组"，尽显其魁梧有力的美男形象。《魏风·汾沮洳》中那位采菜之人"美无度""美如英""美如玉"。且不论诗本义是否要讽刺君子俭而不得礼，但他的外表确实美得无与伦比，花和玉在他面前都逊色。

《诗经》中的美男都是英武的男子汉形象，说明当时崇尚的是男子的阳刚之美，与我们当下出现的"花样美男"透露出的阴柔美形成了鲜明对比。当人类还处于蒙昧状态时，美的意识就萌生了，在造字之初就有了"美"字。只是在原始社会，人类对美的理解不同于现代人对美的阐释。

旧石器时代中晚期，我国进入母系氏族社会。由于生育的优势，决定了妇女在生产和经济生活中起着主导地位和支配地位，在社会上备受尊重。然而，随着时间推移和人口的不断增加，对食物、生产资料等的需求逐步增大，人类的生存必须依赖更多的体力劳动。妇女因其生理结构的特点，只能从事一些轻体力劳动，如采集果实、看守住所、加工食物、缝制衣服、管理杂务、养护老幼等，而捕猎、砍伐等需要力量的活动自然由男性承担。逐渐地，男性在社会中的作用越来越受到重视，母系社会中女性的绝对地位也逐渐被男性所替代。

《诗经》的时代，文明较原始社会有长足发展，但仍旧是战争频繁。在这个阶段，以"硕大"为男性美的单一的审美准则也被充实以勇武和力量，

---

❶ 陈子展. 诗经直解 [M]. 上海：复旦大学出版社，1983：175.
❷ 程俊英. 诗经译注 [M]. 上海：上海古籍出版社，2004：89.

即对力的崇拜具体化。

男性美的形象在《诗经》的田猎诗中得到了较多反映。这些诗不仅体现出力量之美，还包括勇武之美，其具体描写是细致而生动的，如《周南·兔罝》的"赳赳武夫"，《齐风·还》的"子之昌兮，遭我乎猺之阳兮。并驱从两狼兮，揖我谓我臧兮"。《郑风·大叔于田》云：

> 叔于田，乘乘马。执辔如组，两骖如舞。叔在薮，火烈具举。袒裼暴虎，献于公所。将叔勿狃，戒其伤女。

> 叔于田，乘乘黄。两服上襄，两骖雁行。叔在薮，火烈具扬。叔善射忌，又良御忌。抑磬控忌，抑纵送忌。

> 叔于田，乘乘鸨。两服齐首，两骖如手。叔在薮，火烈具阜。叔马慢忌，叔发罕忌。抑释掤忌，抑鬯弓忌。

这首诗从侧面展现了一位贵族猎手在马背上的英武表现。《毛诗序》曰："《大叔于田》……叔多才而好勇。"诗中的男子"执辔如组，两骖如舞"，"叔在薮"则"火烈具举""火烈具扬""火烈具阜"。这个男子既"善射忌"又"良御忌"，可以"袒裼暴虎"，臂力超群，胆量过人。这样威风凛凛、孔武有力的男子让许多女性为之牵肠挂肚、忧心忡忡，希望"将叔勿狃"，不要太大意，要"戒其伤女"。

二、男权社会衍生出的"至善至美"的审美标准

先秦以来，对男性的审美似乎都是以硕大之美和阳刚之美为标准。在男权至上的文化背景下，男性以阳刚为美的审美标准得到了进一步巩固、发展和张扬，并增加了"礼"和"道"的内容。审美对象给人的美感是多层次的，或以表面的形式打动人，或以内在的张力感染人——这种内在的意蕴是一种深层的美。同时，"'美'又与'善'与'道'等伦理、义理范畴若即若离"。❶《诗经》作为周礼时代的产物，真实而客观地反映了当时的礼乐文明。男性在社会中的地位使他们承担着更多的社会责任。因此，对于男性而言，其审美意识中最重要的参照对象就是个人的行为习惯中某

---

❶ 朱立元. 美学［M］. 北京：高等教育出版社，2001：13.

些形象特征或品质能让他们在宗法社会中得到更多的认同。这成为他们的审美要求，然后折射到女性对男性的审美意识中。随着社会结构的不断变化发展，对男性的审美也从直观感受进入理性思考。

"善"这个伦理范畴最初也可能与直接的生理欲望联系在一起。不过，即使"善"发展成为伦理最高范畴后，"美"与"善"仍常等同……将美与善联系起来，在中国有悠久的传统，代表儒家学说、影响中国艺术传统至深的《毛诗序》就指出，"诗"的任务主要就是"经夫妇，成孝敬，厚人伦，美教化，移风俗"。人们常说"美色"，更常说"美德"，充分反映了这一关系。❶

柏拉图也说："所有善的东西都是美的。"《荀子·非相》中记载：

盖帝尧长，帝舜短；文王长，周公短；仲尼长，子弓短。昔者，卫灵公有臣，曰公孙吕，身长七尺，面长三尺……楚之孙叔敖，期思之鄙人也，突秃长左，轩较乏下，而以楚霸。……且，徐偃王之状，目可瞻焉。仲尼之状，面如蒙倛。周公之状，身如断菑。皋陶之状，面如削瓜。闳夭之状，面无见肤。傅说之状，身如植鳍。伊尹之状，面无须麋。禹跳，汤偏。尧舜参牟子……古者，桀、纣长巨姣美，天下之杰也；筋力越劲，百人之敌也；然而身死国亡，大僇，后世言恶。❷

荀子所记之人，在身体上或有些缺陷，放在今天对于我们选择人才是有很大影响的，但由于优秀的内在品质，丝毫不影响他们在古代成为众人眼中的美男子。当然，只有光鲜亮丽的外表，还不能成为君子。《国语·晋语五》中记载：

嬴谓其妻曰："吾求君子久矣，今乃得之。"举而从之，阳子道与之语，及山而还。其妻曰："子得所求而不从之，何其怀也！"曰："吾见其貌而欲之，闻其言而恶之。夫貌，情之华也；言，貌之机也。身为情，成于中。言，身之文也。言文而发之，合而后行，离则有衅。今阳子之貌济，其言匮，非其实也。"❸

---

❶ 朱立元. 美学 [M]. 北京：高等教育出版社，2001：13.
❷ 杨柳桥. 荀子诂议 [M]. 济南：齐鲁书社，1985：93~94.
❸ 薛安勤. 国语译注 [M]. 长春：吉林文史出版社，1991：475.

对比同时代的《诗经》，不难发现，对男性的审美标准，无论是尚武还是崇文，都不再只是对其身体素质的要求，更侧重的是其智力、能力与品德，即骁勇善战、治国有方、品德高洁等。《郑风·叔于田》中，可见当时对男性审美的部分标准：

> 叔于田，巷无居人。岂无居人？不如叔也，洵美且仁。
> 叔于狩，巷无饮酒。岂无饮酒？不如叔也。洵美且好。
> 叔适野，巷无服马。岂无服马？不如叔也。洵美且武。

此诗的解读为：叔打猎去了，巷子里就没人了。难道真没有人了吗？只是叔太漂亮太英武太仁厚。在女子的眼里，《郑风·叔于田》中孔武有力、能饮善射的"洵美且仁""洵美且好""洵美且武"的男人是天下无双的。当其"于田""于狩""适野"时，顿觉"巷无居人"。诗中主人公除了出色的外表，更拥有其"仁"。俞樾云："仁者，人也。以人意相存问之意，故其字从二人也。此章以仁称叔，见有叔则能以人意相存问，故巷有人。无叔则莫能以人意相存问，故巷无人也。"❶ 这种说法则更强调了叔的仁德。

《小雅·白驹》云："皎皎白驹，在彼空谷。生刍一束，其人如玉。"这首别友思贤诗，以玉喻友，强调"友人的品德如玉一样纯洁"。❷《说文解字》对玉的解释为："玉石之美有五德者。润泽且温。仁之方也。"用玉喻人即赞美其仁德之美。

而女子审美选择的最理想人选则是《卫风·淇奥》中的美男子。诗中先赞美其貌"如切如磋，如琢如磨。瑟兮僩兮，赫兮咺兮"，文雅清俗而又庄严威仪、器宇轩昂，让人一见难忘。然后，赞其品质"如金如锡，如圭如璧。宽兮绰兮，猗重较兮"，忠贞淳厚、心胸宽广而又平易近人，实为贤才。可见，女性心目中美男子的形象是外貌与品质的结合——既要外表俊美，充满阳刚之气，又要善德善行，文质彬彬。这也体现出孔子"里仁为美"的美学观，审美与道德二者相合的最终目标。"至善至美"是从男权社会对男性的分工要求以及宗法礼俗对男性的行为规范中衍生出来的审美标准。

---

❶ 陈子展. 诗经直解 [M]. 上海：复旦大学出版社，1983：242.
❷ 程俊英. 诗经译注 [M]. 上海：上海古籍出版社，2004：296.

《论语·先进篇》"侍坐章"编撰考

■ 夏德靠*

【摘　要】《先进篇》"侍坐"章是《论语》中比较独特的一段文本。其独特性主要表现为两点：篇幅较长；内容比较特殊。"侍坐"章长期以来被认为是伪撰，这其实是一个误解。《侍坐章》的结构与内容固然大都见之于《论语》其他篇章，不过以《侍坐章》最为完整，而这完全是曾子门派编撰的结果。曾子一系编纂《侍坐章》，一方面，是为了抬高曾皙、曾参父子的地位，从而提高本门派在儒门中的地位；另一方面，主要还是为了阐释儒门的治道理想，展现儒家致力于大同社会的建构。

【关键词】侍坐章　编撰　曾子门派　大同社会

长期以来，有关《论语》的编撰一直是人们探究的重点，由此也产生很多的看法。比如在编撰者问题上，有孔子参与编定说、弟子编定说、门人编定说、文景博士编定说等诸种说法；而在具体编撰方面，宋代学者胡寅认为《宪问》为原宪所记，何异孙则认为《公冶长》为子贡门人所记、《先进》是闵子门人所记。日本学者徂徕一新提出："《上论》成于琴张，而《下论》成于原思，故二子独称名，其不成于他人之手者，审矣！"❶ 他不但将《论语》分为上下两部分，而且指出它们成于不同作者之手。其实清代学者崔述也提出"后十篇皆后人之所追记，原不出于一人之手，乃传经者辑而合之者，是以文体参差互异"的看法。❷ 美国学者卜洛克夫妇经过研

---

* 夏德靠（1974~），男，湖南溆浦人，博士，教授，主要从事先秦文学研究。

❶ 转引自：黄寿祺. 群经要略 [M]. 上海：华东师范大学出版社，2000：187.

❷ 顾颉刚. 崔东壁遗书 [M]. 上海：上海古籍出版社，1983：616.

究，认为《论语》大部分是后人在孔子去世后 230 年间一步步编辑的；白光华先生介绍说："《论语》不是一、两或者三次编辑增加的。按照两位的看法，只有子贡、子游、有子与曾子，四个孔子弟子各人编辑了一篇，就是第四、第五、第六，跟第七篇。这些篇是从 479 年到 450 年编辑的。再传弟子曾原编辑了第六跟第九，子思第十，子上第十一篇。这些篇是从 436 年到 360 年编辑的。从 342 年开始，编辑工作都是孔家后裔办的。他们的工作延长一直到公元前 249 年，楚灭鲁的时候。孔家最主要的编辑者是孔子家（第十一篇），孔子京（第十二，第十三，第二，第十四，跟第十五，一共五篇），孔子高（第一跟第十六，孔子慎第十七到第二十，一共四篇）。按照卜洛克夫妇的意见，第二十篇没有编完，是一种稿子，原因可能是楚 249 年消灭鲁的时候，孔子慎离开了鲁，臣卫国，不继续他编辑的工作，也不继续维持鲁孔子学派。"❶ 由此可见，关于《论语》的编撰还有很多工作要做。本文只就《论语·先进篇》"侍坐章"的编撰进行一些讨论，一方面探讨本章编撰的意义，一方面期望为《论语》的编撰提供一些线索。

一

《先进篇》"侍坐"章是《论语》中比较独特的一段文本，其独特性主要表现为两点：一是篇幅较长。《论语》的章节大都很短，可是"侍坐"章有些例外，是《论语》中为数不多的篇幅较长的文本之一。二是这一章的内容比较特殊。为了讨论的方便，现将此文本抄录如下：

子路、曾晳、冉有、公西华侍坐。

子曰："以吾一日长乎尔，毋吾以也。居则曰：'不吾知也！'如或知尔，则何以哉？"子路率尔而对曰："千乘之国，摄乎大国之间，加之以师旅，因之以饥馑；由也为之，比及三年，可使有勇，且知方也。"夫子哂之。

"求！尔何如？"对曰："方六七十，如五六十，求也为之，比及三年，可使足民。如其礼乐，以俟君子。"

---

❶ 白光华.《论语》的作者，形成过程和年代——初探卜洛克的新理论［C］//2005 年国际儒学高峰论坛专集.

"赤！尔何如？"对曰："非曰能之，愿学焉。宗庙之事，如会同，端章甫，愿为小相焉。"

"点！尔何如？"鼓瑟希，铿尔，舍瑟而作，对曰："异乎三子者之撰。"子曰："何伤乎？亦各言其志也。"曰："莫春者，春服既成，冠者五六人，童子六七人，浴乎沂，风乎舞雩，咏而归。"夫子喟然叹曰："吾与点也！"

三子者出，曾皙后。曾皙曰："夫三子者之言何如？"子曰："亦各言其志也已矣。"曰："夫子何哂由也？"曰："为国以礼，其言不让，是故哂之。""唯求则非邦也与？""安见方六七十如五六十而非邦也者？""唯赤则非邦也与？""宗庙会同，非诸侯而何？赤也为之小，孰能为之大？"❶

这段文字是说：子路、曾皙、冉有、公西华四人陪孔子坐着，孔子希望他们谈谈自己的志向；子路率先提出自己的想法，然后冉有、公西华、曾皙依次谈了自己的想法。子路说，一千辆兵车的国家，夹在大国的中间，外有他国军队的威胁，国内又有巨大的灾荒；三年的时间，我可以使百姓勇敢无畏，而且懂得道理。冉有说，方圆六七十里或五六十里的小国，三年之后，我可以使老百姓富足；至于礼乐建设，就只有等待君子去做。公西华谦虚说自己并不是很有才能，而是愿意学习，做一个小司仪，穿戴着礼服礼帽办祭祀或者参加盟会。轮到曾皙时，他说出这样的想法：暮春的时候，和五六位成年人、六七个少年，在沂水中洗澡、游泳，在祭坛上乘凉，一路唱着歌回家。孔子很赞同曾皙，对其他三位学生也分别进行了评价。

对于这样一段文本，崔述认为它"文体少异，语意亦类庄周"。❷ 梁启超先生也指出：

> 《论语》的词句是最简单不过的，"有教无类"一章才四个字，多的不能过一百字，大部分总是二三十字。所以那些长篇大论，洋洋数百言的，我们不免怀疑。如"子路曾皙冉有公西华侍坐"一章有四百一十五字……这种文体到战国初年才有，孔子当年是不会有的。

---

❶ 杨伯峻. 论语译注［M］. 北京：中华书局，1980：118~119.

❷ 顾颉刚. 崔东壁遗书［M］. 上海：上海古籍出版社，1983：322.

又说：

从学说思想看，《论语》也有些部分不大对的。如"子路曾皙冉有公西华侍坐"一章，说孔子称赞曾皙的志趣。后来宋学最重这章，周敦颐、程颢、陈献章最称道曾皙。这章固然很好，但和孔子思想却不十分对。孔子最重经济实用，这章却裁抑忧国救时的子路、冉有、公西华，奖励厌世清谈的曾皙，在孔门思想系统上显然冲突。这章自然靠不住。❶

钱穆先生说：

本章吾与点也之叹，甚为宋明儒所乐道，甚有谓曾点便是尧舜气象者。此实深染禅味。朱注《论语》亦采其说，然此后《语类》所载，为说已不同。后世传闻有朱子晚年深悔未能改注此节留为后学病根之说，读朱注者不可不知。❷

李泽厚先生发表评论说：

这是非常著名也非常重要的一章。从字句到内容，历来有各种解说。本读有的地方以意译出之，不然可惜了这篇好文章。从内容说，宋明理学受释、道影响，大讲曾点的"天地气象"，以此作为孔学准宗教的精神状态，所谓"胸次悠然直与天地万物上下同流，各得其所之妙，隐然自见于言外"（朱注），等等，但朱熹毕竟晚年意识这一点而后悔了，"易箦之前，悔不改浴沂注一章。留为后学病根"（《集释》）。本来，孔子只是一时赞叹，并没这层意思在内。这也正是解释学的功能：宋明理学确实发掘和发展了儒学宗教性的深度，使人对原典有了另外一层的更深体会。但孔子并不因此"天地境界"而像许多理学家那样轻视或贬低前三个学生的志向和事业。❸

李零先生指出：

曾皙为什么问孔子，因为他并不明白孔子为什么夸他。其实，他们每个人都只是抓住了问题的一面，都对也都不对。从前，朱熹以为此章是夸曾皙，是贬子路、冉有、公西华，因而把曾皙说得神乎其神。

❶ 张品兴. 梁启超全集 [M]. 北京：北京出版社，1999：5074~5076.
❷ 钱穆. 论语新解 [M]. 北京：生活·读书·新知三联书店，2002：217.
❸ 李泽厚. 论语今读 [M]. 合肥：安徽文艺出版社，1998：272~273.

晚年他很后悔，说是"留为后学病根"（明杨慎《丹铅录》）。但清张履祥说，四子之志是讲治道先后（《备忘录》），却值得注意。李泽厚说，他的想法"非常牵强但有意思"。我觉得，张说不但有意思，也很有道理。❶

这些评论不但使人们意识到此文本的复杂性，同时也促使人们去分析这些问题出现的原因。

二

就这段文本而言，实际上是由这样几个部分组成的：一是学生陪孔子坐着，二是孔子与学生谈志向，三是讨论治国，四是孔子评价学生。翻阅《论语》，这些情节其实不同程度地散见于其他地方。比如侍坐言志，《公冶长篇》载：

（1）颜渊、季路侍。子曰："盍各言尔志？"子路曰："愿车马衣轻裘与朋友共，敝之而无憾。"颜渊曰："愿无伐善，无施劳。"子路曰："愿闻子之志。"子曰："老者安之，朋友信之，少者怀之。"❷

"侍"指孔子坐着，弟子站着。❸就是说，颜渊、子路站在孔子身边，孔子希望他们谈谈自己的志向。此章也是子路首先发表看法。在此，他愿意把自己的车马衣服和朋友们共享，坏了也没有什么遗憾。颜渊说，不愿意夸耀自己的长处和功劳。他的回答很谦虚。这段文本也记录了孔子和学生们在一起谈论志向，可是篇幅短，没有孔子的评论，不过，孔子也谈了自己的志愿。

又《先进篇》载：

（2）闵子侍侧，訚訚如也；子路，行行如也；冉有、子贡，侃侃如也。子乐。"若由也，不得其死然。"❹

"侍侧"意谓或坐或立，不加肯定。❺这是说几位学生站在孔子身边，闵子骞恭顺，子路刚强，冉有、子贡温和。看到这种情形，孔子很高兴。这里主要描述学生们的神态，没有言论的记载；只记录孔子对子路的评价，

---

❶ 李零. 丧家狗——我读《论语》[M]. 太原：山西人民出版社，2007：221.
❷❸❹❺ 杨伯峻. 论语译注 [M]. 北京：中华书局，1980：52，53，113，53.

预测子路得不到好死。据《史记·卫康叔世家》的记载，子路之死非常悲壮。

以上两例描述的也是侍坐的情况，其中（1）不但有言志的情节，而且子路出现在其中，也是第一个发言。（2）有侍坐的情节，不过没有谈话的过程；子路、冉有出现于其中，子路刚强而冉有温和，这些与《侍坐》是一致的。

在《论语》中，还可以发现比较多的孔子与学生论政的例子。李泽厚先生说：

> 《论语》一书讲政治极多，大同小异……这里应首先提出的是，《论语》和孔子本人都有很多关于政治方面的讲述，并且放置在很重要的位置上，即使是曾参学派的记录传承，也仍可看出。所以儒学决不是专谈道德和心性。这也就是我所强调的"如何活"非常重要，它在"为什么活"（道德等等）之前的道理。❶

这样，孔子与学生论政就非常自然了，比如《子路篇》载：

> 子路曰："卫君待子而为政，子将奚先？"子曰："必也正名乎！"子路曰："有是哉，子之迂也！奚其正？"子曰："野哉，由也！君子于其所不知，盖阙如也。名不正，则言不顺；言不顺，则事不成；事不成，则礼乐不兴；礼乐不兴，则刑罚不中；刑罚不中，则民无所措手足。故君子名之必可言也，言之必可行也。君子于其言，无所苟而已矣。"❷

子路对孔子说，假如卫君等您去治理国政，您首先做什么。孔子提出首先应该正名。孔子指出，如果名不正，说话就不顺当；说话不顺当，工作就搞不好；工作搞不好，礼乐制度就办不起来；礼乐制度办不起来，刑罚就不会得当；刑罚不得当，百姓就不知道如何行为。按照这条记载，孔子将礼乐刑罚联系在一起。当然，在德治与法治两种方式中，孔子显然将德治摆在首位。这其实反映孔子或者儒家在治理国家过程中注重教化的理念。

又《颜渊篇》载：

---

❶ 李泽厚. 论语今读［M］. 合肥：安徽文艺出版社，1998：34.
❷ 杨伯峻. 论语译注［M］. 北京：中华书局，1980：133～134.

子贡问政。子曰："足食，足兵，民信之矣。"子贡曰："必不得已
而去，于斯三者何先？"曰："去兵。"子贡曰："必不得已而去，于斯
二者何先？"曰："去食。自古皆有死，民无信不立。"❶

子贡向孔子讨教如何治理政事。孔子说：要做到粮食充足、军备充分、
人民对政府有信心。子贡又问道，如果不得已，三者之中先去掉哪一项。
孔子说：去掉军备。子贡继续问道，如果不得已，二者之中先去掉哪一项。
孔子说：去掉粮食；自古以来，人都要死，但如果人民对政府没有信心，
政府就难以维持。这段话有两点值得注意：一是儒家强调政事包含食、兵、
信三个核心要素，可见儒家注重民众的生活以及国家的安全；二是儒家又
特别重视人民对政府的信心，其实也就是民心。在这条材料中，食、兵在
《侍坐》章是明显存在的；至于民心，虽没有明确提到，但民心是建立在
食、教之基础上的，因此，可以说民心也间接包含在《侍坐》章中。

特别要引起注意的是《子路篇》的这条记载：

子适卫，冉有仆。子曰："庶矣哉！"冉有曰："既庶矣，又何加
焉？"曰："富之。"曰："既富矣，又何加焉？"曰："教之。"❷

孔子到卫国，冉有驾车。孔子对冉有说："卫国人口真多啊。"冉有问：
"人口已经很多了，又该怎么办呢？"孔子说："使他们富裕。"冉有继续问
道："已经富裕了，又该怎么办？"孔子回答说："教育他们。"首先，对话
是在冉有与孔子之间进行的，而冉有又出现在《侍坐》章中。其次，他们
的对话揭示出儒家施政的一个重要思路，即先富后教，这对于理解《侍坐》
章的结构编排很有启发。同时，对于这段文字，李泽厚先生评价说：

孔子主张"富之、教之"，并且是先"富"后"教"。孟子说，
"乐岁终身苦，凶年不免于死亡，此惟救死而恐不赡，奚暇治礼义哉"
（《梁惠王上》）。管子有"凡治国之道，必先富民"，"仓廪实而知礼
节，衣食足而知荣辱"。这种似乎是常识性的政治观念，却常常为后世
的真假道德主义所忽略或轻视，反而把人们弄糊涂了。从宋明理学强
调"大学之道在明明德、在新民、在止于至善"而忘记其"庶之富之"
的前提起，一直到"人是要有一点精神的"……以生产工具（科技

❶❷ 杨伯峻. 论语译注［M］. 北京：中华书局，1980：126，136~137.

为核心的经济发展和以培育人性（心理）为核心的教育发展，本应是人类生存和发展的真正的硬软两手，对今日和未来尤其如此。❶

可见原始儒家并非空谈道德者，这就与后世一些高谈道德主义者划出一道界限。

《论语》还记载若干孔子对学生从政能力的评价，比如《雍也篇》载：

> 季康子问："仲由可使从政也与？"子曰："由也果，于从政乎何有？"曰："赐也可使从政也与？"曰："赐也达，于从政乎何有？"曰："求也可使从政也与？"曰："求也艺，于从政乎何有？"❷

季康子打听子路、子贡、冉求的政治才能，孔子评价说，子路果断，子贡通达，冉求多才多艺，他们从政没有什么困难。又《公冶长篇》载：

> 孟武伯问子路仁乎？子曰："不知也。"又问。子曰："由也，千乘之国，可使治其赋也，不知其仁也。""求也何如？"子曰："求也，千室之邑，百乘之家，可使为之宰也，不知其仁也。""赤也何如？"子曰："赤也，束带立于朝，可使与宾客言也，不知其仁也。"❸

孟武伯打听子路的仁德，孔子说，子路这个人，可以让他负责一千辆兵车这样的国家的兵役、军政工作，冉求可以担任千户人口、百辆兵车这样的大夫封地的总管，而公西华则可以穿上礼服在朝廷上接待外宾。这两则材料所评论的人物除子贡外均在《先进篇》"侍坐"章出现。尤其是《公冶长篇》，孔子依次评价子路、冉有、公西华，这个顺序与《侍坐章》是一致的；此外，孔子指出子路善于军事、冉求擅长政务、公西华善于外交，这与《侍坐章》也有惊人的相似。

经过上面的分析，我们发现《侍坐章》的结构及内容大都见之于《论语》其他篇章，不过比较起来，《侍坐章》最为完整。何以会出现这种情形？这无疑是需要思考的。

三

《汉书·艺文志》说："《论语》者，孔子应答弟子时人及弟子相与言而

---

❶ 李泽厚. 论语今读［M］. 合肥：安徽文艺出版社，1998：308.

❷❸ 杨伯峻. 论语译注［M］. 北京：中华书局，1980：58，44.

接闻于夫子之语也。当时弟子各有所记。夫子既卒，门人相与辑而论纂，故谓之《论语》。"❶ 这就是说，《论语》编纂的基础在于孔门笔记，这一说法是可以成立的。孔子去世之后，其弟子就开始谋划编纂他的言论。至于为何要编纂孔子言论，一方面固然有保存师说、带有纪念的性质，更为重要的是，在孔子去世之后，一个迫切的现实问题是如何维持庞大的儒门。《孟子·滕文公上》说：

> 昔者孔子没，三年之外，门人治任将归，入揖于子贡，相向而哭，皆失声，然后归。子贡反筑室于场，独居三年，然后归。他日，子夏、子张、子游，以有若似圣人，欲以所事孔子事之，强曾子。曾子曰："不可。江汉以濯之，秋阳以暴之，皜皜乎不可尚已。"❷

推选一位"掌门"，这确实是一个简单而有效的办法。可是，上面的记载表明，这条路走不通。当子夏等弟子推选有子继承孔子的位置时，曾子（曾参）就站出来表示反对，认为没有谁比得上孔子。不过，曾子的反对最终并没有阻止有子成功地占据"掌门"的位置。然而，有子担任儒家"掌门"的时间并不长，《史记·仲尼弟子列传》载：

> 孔子既没，弟子思慕，有若状似孔子，弟子相与共立为师，师之如夫子时也。他日弟子进问曰："昔夫子当行，使弟子持雨具，已而果雨。弟子问曰：'夫子何以知之？'夫子曰：'诗不云乎，月离于毕，俾滂沱矣。昨暮月不宿毕乎？'他日，月宿毕，竟不雨。商瞿年长无子，其母为取室。孔子使之齐，瞿母请之。孔子曰：'无忧，瞿年四十后，当有五丈夫子。'已而果然。敢问夫子何以知此？"有若默然无以应。弟子起曰："有子避之，此非子之座也！"❸

有子的表现确实令众多弟子失望，从而也印证了曾子的断言，孔子是没有人能够比得上的。

另一方面，有子的失败也加速了儒门的分化。弟子们之间有的在孔子生前已经出现矛盾，不过并没有发展到不可收拾的境地，这自然是因为孔子的缘故。孔子的去世，加之有子未能胜任这个职位，儒门的分化或分裂

❶ 班固. 汉书 [M]. 北京：中华书局，1962：1717.
❷ 焦循. 孟子正义 [M]. 上海：上海书店，1986：231~232.
❸ 司马迁. 史记 [M]. 北京：中华书局，1998：774.

已经不可避免。《韩非子·显学》篇说：

> 世之显学，儒、墨也。儒之所至，孔丘也。墨之所至，墨翟也。自孔子之死也，有子张之儒，有子思之儒，有颜氏之儒，有孟氏之儒，有漆雕氏之儒，有仲良氏之儒，有孙氏之儒，有乐正氏之儒。自墨子之死也，有相里氏之墨，有相夫氏之墨，有邓陵氏之墨。故孔、墨之后，儒分为八，墨离为三，取舍相反不同，而皆自谓真孔、墨，孔、墨不可复生，将谁使定后世之学乎？❶

　　韩非提出儒家分为八派，结合其他资料来看，恐怕还不止此，不过，儒家出现严重的分裂则是事实。战国时期学派林立，各学派为了推行自己的主张，彼此展开论战。儒家分化的局面显然不利于应对当时的形势。在这种情形下，为了加强本学派的建设，就必须将已经分散的学派力量重新凝聚起来。既然推选"掌门"的措施业已失效，那么编撰孔子遗说就不失为一种选择。

　　然而，在《论语》的编纂问题上，前面已经提到，存在孔子参与编定说、弟子编定说、门人编定说、文景博士编定说这些说法。在这些看法中，孔子参与编定说及文景博士编定说不太符合《论语》的实际流布，因此很少被人认可。就实际情况来看，《论语》成于弟子、门人之手的可能性更大。然而，到底是哪些弟子、门人参与了这项工作呢？柳宗元的观察很有启发意义，他在《论语辩》中说：

> 或问曰："儒者称《论语》孔子弟子所记，信乎？"曰："未然也。孔子弟子，曾参最少，少孔子四十六岁。曾子老而死，是书记曾子之死，则去孔子也远矣。曾子之死，孔子弟子略无存者矣。吾意曾子弟子之为之也。何哉？且是书载弟子必以字，独曾子、有子不然。由是言之，弟子之号之也。""然则有子何以称子？"曰："孔子之殁也，诸弟子以有子为似夫子，立而师之。其后不能对诸子之问，乃叱避而退，则固尝有师之号矣。今所记独曾子最后死，余是以知之。盖乐正子春、子思之徒，与为之尔。或曰：孔子弟子尝杂记其言，然而卒成其书者，曾氏之徒也。"❷

---

❶　王先慎. 韩非子集解［M］. 上海：上海书店，1986：351.
❷　柳宗元. 柳河东全集［M］. 北京：中国书店，1991：48.

　　《论语》记载很多孔子与弟子的对话，对于这些弟子大都直呼名或字，只有曾子、有子、闵子极少数弟子例外。这些人为何被给予尊称，合理的解释就是他们及其弟子直接参与了《论语》的编撰工作。而目前的看法，一般认为成于曾子一系，亦即《论语》大约最终在子思手上才得以定型。

　　明确了这一点，就为《侍坐章》的编撰提供了可能的解答线索。前面的分析已经说明《侍坐章》的结构及内容大都见于《论语》其他篇章，可是《侍坐章》中有关曾晳的事在《论语》其他地方却不见载录。这是首先值得思考的。其次，尽管目前对于曾晳说法的理解并不一致，然而曾晳的观点获得孔子的高度赞扬却是事实。就《论语》的相关记载来看，孔子对子路、冉有、公西华的评价并不低，然而在《侍坐章》中，孔子虽然对冉有、公西华是肯定的，对子路却颇有微词（孔子对子路的批评也见于《论语》其他地方）；并且，在四人中，曾晳被安排在谈话的最后，显然是出于有意的，目的在于突出其地位。

　　我们知道，曾晳是曾子（曾参）的父亲，而《论语》成于曾子一系，那么，曾子有意突出父亲的地位是可以理解的。曾子在孔门弟子中年龄最小，在当时自然难以与颜渊、闵子骞、冉伯牛、仲弓、宰我、子贡、冉有、季路、子游、子夏这些先进比肩，然而当子夏、子张、子游支持有子继承孔子的位置之际，曾子站出来表示反对；这一举动可以做多方面的解读，其中很难完全排除曾子争正统这一私意，特别是在儒门因孔子去世后面临分裂的时候。

　　当曾子及其后学主持编纂《论语》时，当然会很好地把握这个机会以提高本派系的影响。比如，《学而》篇首章载录孔子之言，第二章记有子之言，第三章又是孔子之言，第四章安排的则是曾子的话。有子之言继孔子之后，这好理解，因为有子曾被推选为孔子的继承人。然而在第三章孔子之言之后，紧接着安排曾子的话，这无疑是为了凸显曾子的地位。并且，曾子的话没有紧接有子之后，而是在有子之言之后又插入孔子，然后再接以曾子，这也体现曾子一系的微意。一方面，有子曾经担任儒门的"掌门"，尽管未能善终，但这个事实抹杀不了的；因此，在孔子之言之后继以有子。另一方面，曾子本不支持有子出任，自然也就不愿紧接其后；所以第三章安排孔子之言，第四章继以曾子，这种编排很可能暗含曾子学派以孔子继承者自居的用心，同时在一定程度上是对有子地位的某种消解。

其实，整体上考察《学而》篇的收录情况可以加深上面的认识。该篇共16章，其中孔子有8条、有子3条、曾子2条、子夏1条、子贡1条、子禽与子贡对话1条。从这点来看，曾子仅次于孔子、有子，而位居子贡（1条半）、子夏的前面。就全书来看，子路出现47次、子贡44次、子夏23次、子张23次、子游8次，而有子出现4次、曾子17次；比较起来，有子、曾子似乎不算多，但是，前面已经指出，有子、曾子被冠以"子"的称号，这是子路、子贡们所没有的。同时，比较起来，有子出现4次，其中两次被称作"有若"（不过这两次情况较为特殊，即有若面对的是鲁哀公），而"曾子"的称谓则贯穿全书。这样，可以说，有子、曾子的地位是高于其他弟子的。

曾晳、曾参父子作为孔子的学生，曾子在提高自己地位之同时也提高父亲的地位，自然就不难理解。不过，依据《论语》有关侍坐及孔子评论学生的资料来看，《侍坐章》中子路、冉有、公西华的对话虽然不排除编纂的成分，但其资料都是有踪迹可寻的。至于曾晳的对话，则难以找到痕迹，极有可能是出于编纂。

当然，曾子一系编纂《侍坐章》，也不完全只是为了抬高曾晳、曾参父子的地位，他们编纂此章恐怕主要还是为了阐释儒门的治道理想。张履祥曾经对《侍坐章》有过这样的分析：

> 四子侍坐，固各言其志，然于治道亦有次第。祸乱勘定，而后可施政教。初时师旅饥馑，子路之使有勇知方，所以勘定祸乱也。乱之既定，则宜阜俗，冉有之足民，所以阜俗也。俗之既阜，则宜继以教化，子华之宗庙会同，所以化民成俗也。化行俗美，民生和乐，熙熙然游于唐虞三代之世矣，曾晳之春风沂水，有其象矣。夫子志乎三代之英，能不喟然兴叹。❶

李零先生认为这个说法"不但有意思，也很有道理"，他分析说：

> 子路讲的是"不挨打"，属于"强兵"，是最大最大的硬道理；冉有讲的是"不挨饿"，属于"富国"，也是硬道理。他们都没提到

---

❶ 程树德．论语集释［M］．北京：中华书局，1990：816．

"礼"。公西华讲的是"礼"，而且是富起来才有的"礼"。古人说"仓廪实则知礼节，衣食足则知荣辱"（《管子·牧民》）。解决温饱，才能讲礼貌。道德文明建设是软道理。曾晳的道理更软，干脆是享受生活：享受和平，享受富裕，享受文明。它们是建筑在前三位的理想之上：和平是靠子路之志，富裕是靠冉有之志，文明是靠公西华之志。没有和平、富裕和文明，曾晳就逍遥不起来。曾晳的回答本来只是随口一说，但孔子听了，另有想法。他把四子之志，看成互相补充。他欣赏曾晳之志，主要是因为，前面三位讲治国，最后要落实到个人幸福，这是目标性的东西，但他欣赏曾晳之志，并不是否定子路等人，因为过程也很重要。❶

依据这些分析，曾门编纂《侍坐章》，实际上是借此描绘儒家的治道理想：首先要让国家安定下来，并且使人民生活富裕，在此基础上，让人民接受教育。经历这些过程，不但国富民强，并且民众富有教养，从而呈现盛世太平的景象。当然，这一太平盛世的图景是通过曾晳的表述而得以呈现的，而对于这个世界，张履祥领会为"民生和乐，熙熙然游于唐虞三代之世"，李零先生则说"享受和平，享受富裕，享受文明"。这些理解都是很有意义的。不过，还有其他一些文献可以帮助我们了解儒家对于太平世界的想象，《礼记·礼运》描述大同世界的景象：

> 大道之行也，天下为公，选贤与能，讲信修睦。故人不独亲其亲，不独子其子。使老有所终，壮有所用，幼有所长，矜寡孤独废疾者，皆有所养。男有分，女有归。货恶其弃于地也，不必藏于己，力恶其不出于身也，不必为己。是故谋闭而不兴，盗窃乱贼而不作，故外户而不闭，是谓大同。❷

这确实是一个美好的世界。在这个世界中，天下乃天下人之天下，而非一人或一集团之天下。君主和政府官员都是通过选举选出来的，他们普遍地具有良好的德行与才能。人们之间讲究诚实，重视亲睦，不只是爱自己的亲人，也不只是把自己的孩子当作孩子，而是使社会上的老人安享天年，壮年之人能贡献自己的才力，年幼的人可以得到抚育成长，鳏寡孤独

---

❶ 李零. 丧家狗——我读《论语》[M]. 太原：山西人民出版社，2007：220~221.

❷ 孔颖达. 礼记正义 [M]. 北京：北京大学出版社，1999：658~659.

和残废、有病的人都能得到供养。男人尽力于自己的职分，女人各有自己的家庭。人们厌恶把钱物抛弃在地上不管，但也不自己收存、据为己有；人们厌恶自己有力而不肯出力的人，但也不让别人为自己出力。没人去做劫掠偷窃的盗贼，因而从外面合住门而不需要关紧。孟子也曾经描述王道社会的画面：

> 是故明君制民之产，必使仰足以事父母，俯足以畜妻子，乐岁终身饱，凶年免于死亡；然后驱而之善，故民之从之也轻。……五亩之宅，树之以桑，五十者可以衣帛矣。鸡豚狗彘之畜，无失其时，七十者可以食肉矣。百亩之田，勿夺其时，八口之家可以无饥矣。谨庠序之教，申之以孝悌之义，斑白者不负戴于道路矣。老者衣帛食肉，黎民不饥不寒，然而不王者，未之有也。❶

这些都是儒家对于太平社会的一种描绘，并且儒家也致力于这种社会的建构。

---

❶ 杨伯峻. 孟子译注［M］. 北京：中华书局，1960：17.

皎然诗论探微

吕　婷*

【摘　要】皎然的诗歌理论出现在盛中唐之间。其诗论复古通变，既体现出对盛唐诗论崇尚天然天真的继承，又可被视为中唐以后诗歌苦思苦吟的创作理论的先导。其诗论为解决新形势下诗歌创作中人为与天真的矛盾做出了努力，具有时代性，同时也有其自身局限性。

【关键词】皎然　诗论　主旨　体系　矛盾

释皎然，中唐著名诗僧，谢灵运十世孙；与当时名士诗人如颜真卿、韦应物等多有交游，不但颇有诗歌创作，且有诗歌理论著作《诗式》五卷、《诗议》一卷传世。《全唐诗》载其诗七卷（卷八一五至卷八二一），《宋高僧传》称其"文章隽丽，当时号为释门伟器哉"。❶ 当时人对其诗论有"三子之论（沈约《品藻》、惠休《翰林》、庾信《诗箴》）殊不及此"❷ 的评价（《诗式·中》序）。

一、诗论提出的背景

皎然《诗式》的序文分为三部分，分别列于卷首、卷一及卷五。其中，列于卷一者标有"中序"之题。据中序所云，《诗式》的写作时间下限为贞

---

* 吕婷（1976~），女，贵州贵阳人，文学硕士，贵州师范学院文学院副教授，研究方向为中国古代文学。

❶ 赞宁. 宋高僧传 [M]. 范祥雍，点校. 上海：上海古籍出版社，2014：666.
❷ 张伯伟. 全唐五代诗格汇考 [M]. 南京：江苏古籍出版社，2002：243.

元初年，编印于贞元五年。在中序中，作为一名修行佛法的僧人，皎然表明了他对自己的诗论及诗歌创作的态度："你是外物，何累于我哉？"于是"遂命弟子黜焉"。❶ 说这话的时间也在贞元初年，可见，他的另一部诗论著作《诗议》也应作于贞元之前。贞元之前相当长的一段时间处于唐诗发展的最高峰之后，中唐贞元、元和诗歌革新思潮涌起之前。此时，中唐诗坛重要人物如韩孟、元白等仍在探索新的诗歌风格，尚未提出成熟的诗歌理论，对盛唐诗典范的颠覆性创作和理论尚未出现。所以，皎然诗论的形成与提出正处于继承与革新的转折点上，起到承上启下的作用。其诗论中对盛唐诗歌典范的思辨性继承，显示出他对诗歌发展新阶段涌现出的问题的思考和解答。

从传承角度看，皎然诗歌理论紧随盛唐诗歌理论而产生，因此，盛唐诗歌风尚和理论阐述是他无法绕开的理论背景。盛唐诗歌崇尚风骨，追求兴象玲珑的境界，且其兴象与风骨主要以质朴、自然的形式表现出来。关于这三方面的问题，皎然诗论都有所触及，但在三者中，皎然主要思考和讨论的是诗歌如何获得质朴、自然的形式这一问题。这一问题在盛唐的诗歌理论中，似乎表述得不如风骨和兴象那么充分，但这种追求大量体现在盛唐诗人的作品中，盛唐诗人也每每在品评诗歌时将"天然"或"清新"作为至高的审美标准。如李白《经乱离后天恩流夜郎忆旧游书怀赠江夏韦太守良宰》云："览君荆山作，江鲍堪动色。清水出芙蓉，天然去雕饰。"岑参《送张献心副使归河西杂句》云："爱君词句皆清新：澄湖万顷深见底，清冰一片光照人。"皎然诗论的展开正是以如何"致天真"这一问题为中心的，这是对盛唐诗歌精神的继承。不过，世易时移，皎然以"致天真"为目的，却导出了与盛唐大异其趣的诗歌评价体系和创作方法（下文将详述）。

从他要面对的新问题看，自初唐上官仪、"文章四友""沈宋"以来，近体诗得到不断完善和发展，尤其在杜甫之后，近体诗的创作已由体制完善臻于炉火纯青。随着时代发展，诗歌创作中近体诗的比例不断增加。皎然诗论提出的时代，正处于近体诗需要理论反思的阶段。因此，皎然诗论

---

❶ 张伯伟. 全唐五代诗格汇考［M］. 南京：江苏古籍出版社，2002：243.

的重头部分是针对近体诗提出的，尤其是《诗议》中的"诗对有六格""诗有八种对"等篇是直接针对近体诗而论，其他部分也多论及律诗的声律、对偶等问题。而《诗式》开篇提出的作诗的三大纲领中即有"明四声"一项作为其诗歌创作理论的大前提，可见他对近体诗的重视。这也使得其诗歌理论与前代不同。但是，后人对其理论的理解却颇有出入，因此下文将对相关概念进行辨析。

总之，皎然的诗论颇具时代性，表现出对盛唐诗歌好尚的思辨性继承和对新问题的思考与回应，在"复"与"变"中显示出独特价值。

二、主旨与矛盾

《诗式》卷一序开篇提出皎然的论诗主旨：

> 夫诗者，众妙之华实，六经之菁英。虽非圣功，妙均于圣。彼天地日月，元化之渊奥，鬼神之微冥，精思一搜，万象不能藏其巧。其作用也，放意须险，定句须难，虽取由我衷，而得若神授。至如天真挺拔之句，与造化争衡，可以意冥，难以言状。❶

皎然认为，最好的诗歌应具有"天真"这一特点，《诗议》"论文意"篇也说："但贵章成以后，有其易貌，若不思而得也。"❷即要求诗歌能以人工而致天然，此为其论诗的主旨。

评价古代诗人时，皎然也秉持这个标准。《诗议》第一条"论文意"中梳理了古典诗歌发展的过程，认为先秦两汉古诗"不以力制，故皆合于语，而生自然"，此为第一流诗。"建安三祖、七子……终伤用气使才，违于天真，虽忌松容，而露造迹"，此为第二流诗。《诗式》卷四"齐梁诗"认为齐梁诗"远比建安，可言体变，不可言道丧"，❸将齐梁诗与建安诗并列。自初唐陈子昂以至盛唐，诗人论诗都尊崇建安而贬低齐梁。皎然的诗论似乎是在抬高齐梁，与初盛唐传统完全背离，但实质上，他认为建安与齐梁都重人为而轻天真，只是程度不同而已。

皎然认为诗道初丧于大历年间的刘长卿、李嘉祐、朱放等诗人，原因

---

❶❷❸ 张伯伟. 全唐五代诗格汇考 [M]. 南京：江苏古籍出版社，2002：222，208，203，305.

是他们"且占青山、白云、春风、芳草以为己有"。❶ 青山白云之属本来是日常生活中最为常见也最易使诗人受到感发而吟咏的，盛唐诗作也往往关涉青山白云、春风芳草，却不妨害它们是好诗。可是皎然认为，这些日常生活中、传统诗歌中的意象、语言都是写诗时应避免的"俗"，不能再任由情感的兴发让它们自然地进入诗歌中。所以，皎然诗论的本质是淳朴的天真。他在对盛唐诗"天真"观念的继承中，变多于复。

与古体诗相比，近体诗人工痕迹过多以至于损害天真这一问题表现得更突出。中唐时期，随着诗歌的发展，近体诗的地位越来越重要，这个问题也就越显尖锐。为了解决这个问题，当时诗坛上甚至出现了反对律诗对偶的返古思潮。皎然诗论以"致天真"为其主旨，也不得不回答这一问题。《诗议》"论文意"篇：

> 或云："今人所以不及古者，病于俪词。"予曰："不然，六经时有俪词。扬、马、张、蔡之徒始盛。'云从龙，风从虎'非俪焉？'昔我往矣，杨柳依依。今我来思，雨雪霏霏'非丽耶？"❷

皎然诗论中有不少涉及"丽"或"俪"的段落，研究者或以此为崇尚丽藻，❸ 但实际上，皎然所讨论的是如何在近体诗中"致天真"，仍然围绕其诗论主旨展开。"云从龙，风从虎""昔我往矣，杨柳依依。今我来思，雨雪霏霏"显然都是骈俪对偶。所以引文中的"俪"与"丽"同意，主要指律诗的对偶，也就是"骈俪"之"俪"，并非"丽藻"之"丽"。《诗议》中还有不少涉及"俪（丽）"的语句，如"王（融）则清而丽""'青山满蜀道，绿水向荆州'语丽而掩瑕疵也"。王融是与沈约、谢朓共同探讨诗歌声律的著名诗人，"青山"句在风格上显然不属于藻饰的一类，意义也应主要指向骈俪之"俪"。又如"古诗以讽喻为宗，直而不俗，丽而不巧"将"丽"与"巧"并提，说古诗中虽有对偶俪句，却不过于机巧。皎然曾专门将"巧"作为律诗之弊病提出："律家之流，拘而多忌，失于自然，吾常所

---

❶❷ 张伯伟. 全唐五代诗格汇考［M］. 南京：江苏古籍出版社，2002：305，207~208.
　❸ 罗宗强认为皎然诗论中的"丽"即"绮语"，认为其崇尚丽藻、推崇齐梁，与盛唐诗人追求自然的浑然一体的诗歌情趣不同；皎然把自然和雕饰放在一起，要求丽藻和自然的统一（罗宗强. 隋唐五代文学思想史［M］. 北京：中华书局，2003：101~102）。

病也。必不得已，则削其俗巧，与其一体。"❶ 与"巧"相对的"丽"也应指骈俪之"俪"。皎然用大量篇幅讨论近体诗的技巧与天然的关系，其诗论与其说是在提倡藻饰，不如说是在探讨在律诗中如何达到既不违背格律要求又宛若天然的艺术效果。

诗歌是人的艺术创造，人越是思考如何致天然，实质上就离天然越远。即便在盛唐时期，也存在这一矛盾。但盛唐诗作为一种意象与意境之诗，诞生在极富于艺术气息的日常生活中。盛唐诗的语言是高度诗化与日常生活的完美结合，具有深入浅出又富于情韵的特点；而且，经过先秦以来的长期发展和积累，古典诗歌中的意象已臻于成熟却未熟烂，仍然保持着新鲜的感动力。这正符合中国诗歌传统的"人心有志，出言成诗"或"目击道成，张口即可吟诗"这一近乎天然的创作过程。可以说，盛唐诗较好地处理了人为和自然的关系。但发展至中唐贞元年间，盛唐诗歌得以葆有天真的时代环境、诗歌环境逐渐消失。此时，仍要执着追寻盛唐诗歌的天然风范，而又不能在日常生活和诗歌传统中重复前人的语言和意象、意境，加之近体诗的发展使人为与天真的对立更加尖锐，这些是皎然面对的与前人不同的一个新局面，必须寻找新的解决办法。皎然提出以苦思致天真的办法，但实质上是以极致的人为追求天真的艺术效果，这是其诗论的根本矛盾。

三、理论体系与解决思路

从皎然诗论的整体结构看，《诗式》开篇以"序"阐明诗以天真为上的论诗主旨；然后在"明势""明作用""明四声"三条中以明辨虚实关系为基础，讨论如何处理人工与天真的矛盾，此为其理论中连接主旨与具体方法的枢纽，最为重要；之后，以诗的"四不""四深""二要""二废""四离""六迷""七致""七德""五格"等诸条目描绘诗歌妙于"势"、尚于"用"而得到的种种艺术境界；最后，是对诗法的具体要求和对具体诗人、诗歌风格的品评。《诗议》也是同样的理论结构：第一篇"论文意"提出崇

尚天真的论诗主旨；其后，强调诗歌中虚与实的关系，"虽系乎我形，而妙用无体，心也。义贯众象，而无定质，色也。凡此等，可以对虚，亦可以对实"，❶ 并在明辨虚实的基础上讨论如何处理好人工与天然的矛盾；最后，具体讨论对诗歌写作的技巧，如"诗对有六格""诗有八种对""诗有十五例""六艺"。其中，讨论虚实关系和如何解决人工与天真的矛盾这部分最为重要，现总结如下。

第一，须明白诗歌虚与实的关系，此为创作构思的前提。《诗式》开篇列出作诗的三大前提性原则："明势""明作用"与"明四声"。第三条主要针对律诗的声律而言，暂且不论。前两条中涉及"势"与"体"、"作"与"用"两对虚实相对相待的概念。"明势"条：

> 高手述作，如登衡、巫，观三湘、鄢、郢山川之盛，萦回盘礴，千变万态。或极天高峙，崒焉不群，气腾势飞，合沓相属。或修江耿耿，万里无波，淡出高深重复之状。

"明作用"条：

> 作者措意，虽有声律，不妨作用，如壶公瓢中，自有天地日月。时时抛针掷线，似断而复续，此为诗中之仙。❷

意谓一首诗歌的客观存在本身为"体"，如高山大河之本身；依附于这一本体，因这一本体的不同形态、体量等特征而显现出的意味、神态、精神等个体风格，即为"势"。诗歌之措意写作的客观思考过程为"作"，"作"在诗歌中所体现出的效能则为"用"。"体"与"作"有限，而"势"与"用"可无穷，这种一体两面的思维方式在盛唐王昌龄等人的诗论中已有所反映。在这里，皎然特别强调诗歌的"虚"与"实"的不可分割。有了合适的"体"，方能展现独特的"势"；精于"作"，便能妙于"用"。反过来说，只有以求"势"与"用"为宗旨，才能得到更高层次的"作"与"体"。不过，虚者本是难以言传、从操作层面上更难以把握的东西，何为"势"，何为"用"？皎然仍语焉不详，只是用了几个比喻来让人体味。

但既然虚生于实，那么掌握了实，也就把握了虚。绕了个圈子又回到实体上来，谈"用"须从"作"入手，谈"势"须从"体"入手。这样一

---

❶❷ 张伯伟. 全唐五代诗格汇考 [M]. 南京：江苏古籍出版社, 2002：205, 223.

来，皎然便建立起合乎逻辑的理论体系，虽重虚，却可以只谈实。

第二，古之胜今，在于天真；作诗应以学古人的天真为目的，但不能从学其实体入手，应学习古诗之"势"。皎然将古诗分为三等："正、偏、俗"；律诗也分为三等："古、正、俗"。古诗、律诗第三等皆为"俗"。皎然所谓"俗"主要指"二俗"，一为"鄙俚俗"，一为"古今相传俗"，即日常生活语言及诗歌中的习用语言、意象和思路。古人之诗出自天然，今人若刻意效仿其构思、字句，沿用其意象，反而落入俗流。学古人尤其要避免表面化的学习，诗歌的构思、语言、意象必须搜求于日常经验之外及传统诗歌经验之外。那么，应该学习古诗的什么呢？皎然认为诗歌创作要"先于意"，则"有对不失浑成，纵散不关造作，此古手也"。实际上是要求向古人学习应从虚处下手，而不学其实处。在向古人学习方面，《诗议》特推崇屈原："且引灵均为证，文谲气贞，本于《六经》，而制体创词，自我独致，故历代作者师之。""此所谓势不同，而无模拟之能也。"❶ 其作品的好处正在于有自己的独特之"势"，而非在实体层面上效仿古人。可见，皎然认为要得古之"天真"，就必须舍"实"就"虚"，在更深的层次上学习古人。

第三，要苦思而不露造迹，得其"中道"。为了在更深的层次上学习古人，必须苦思。《诗议》"论文意"篇："或曰：'诗不要苦思，苦思则丧于天真。'此甚不然。"❷看来，在诗歌风格上追求"天真"是当时不少作诗者、论诗者秉持的宗旨，而争论的焦点在于采用怎样的创作方法方能达到"天真"。皎然认为，只能是苦思。然而，苦思显然是作诗过程中显现人工之力的极致。皎然认为，如果苦思的对象为"虚"，而非诗歌的实体，就能最大限度地避免人为的痕迹。而追求诗歌之"势"与"用"，因为用力在"虚"，所以有望达到《诗式》"诗有七至"的艺术效果："至险而不僻；至奇而不差；至丽而自然；至苦而无迹；至近而意远；至放而不迂；至难而状易。"❸

皎然还借用佛家"中道"的概念，来描绘人工与天然之间的微妙关系。中道是佛家至理，不堕极端，脱离二边，即为中道。《诗议》："巧拙清浊，

---

❶❷❸ 张伯伟. 全唐五代诗格汇考［M］. 南京：江苏古籍出版社，2002：204，206，208，207，226.

有以见贤人之志矣。大抵而论,属于至解,其犹空门证性有中道乎。""可以神会,不可言得,此所谓诗家中道也。"❶ 以"势"与"用"为苦思的目,调整巧拙清浊。虽用力而不显得气力毕张,方能达到皎然苦思而自然的要求。当然,求中道也只可体悟,难以言说和把握。

值得一提的是,皎然所谓"苦思"与贞元元和年间韩孟诗派的"苦吟"虽有相承关系,但诗到韩孟已不再将"天真"作为追求的主要目标。因此,韩愈才毫不避讳地直接提出"横空盘硬语,妥帖力排奡"的诗歌创作理论,彻底解决了皎然遇到的问题,指导了一个时代令人瞩目的诗歌创作风潮。虽然都是苦思,但两者决不相同。

第四,不否定骈俪,但作诗应以意为先,须尚其"用"而不尚其"作"。《诗式》"明四声"条:

> 沈休文酷裁八病,碎用四声,故风雅殆尽。后之才子,天机不高,为沈生弊法所媚,懵然随流,溺而不返。

《诗议》也说:

> 律家之流,拘而多忌,失于自然,吾常所病也。❷

这大概是皎然同时代人共有的态度,《诗议》曰:"或云:'今人所以不及古者,病于俪词。'予曰:'不然。'"❸当时诗坛在面对诗歌如何发展这个问题时,出现了绝对返古的思潮,认为律诗的形式伤害了诗歌的自然风韵,反对诗歌的对偶。但皎然并不认同这种绝对复古的观念。他认为,对偶俪句只要符合一定的要求,就能增加诗歌的艺术魅力:

> 夫诗工创心,以情为地,以兴为经,然后清音韵其风律,丽句增其文彩,如杨林积翠之下,翘楚幽花,时时间发。

只要俪句能以务虚为先、以用为先,而不以作为先,就能达到这一要求:

> 但古人后于语,先于意。因意成语,语不使意,偶对则对,偶散则散。若力为之,则见斤斧之迹。❹

必须把"意"而非文辞、对偶、音律等外在技巧放在首位。在需要表现意的情况下,宁可牺牲音律、对偶等近体诗的规则。

---

❶❷❸❹　张伯伟. 全唐五代诗格汇考［M］. 南京:江苏古籍出版社,2002:209,223,204,207,209,208.

四、结　语

　　皎然诗论提倡以苦思致天然。其理论中存在人为与天然之间的根本矛盾。他试图以务虚不务实和以虚为主、以实为宾的构思目的和过程解决这个矛盾，取得诗歌创作中人为因素虽达到极致而又不露斧斤的效果。但因为"虚"者只可意会而难以言传和把握，他的诗歌理论终究存在自身局限，难以有效地指导实际创作。这种矛盾和探索正是皎然所处时代的诗歌发展阶段和特点的体现，从中可以见到中唐前期诗人在复与变之间的纠结与尴尬。

【参考文献】

［1］林庚．唐诗综论［M］．北京：清华大学出版社，2006.
［2］徐复观．中国文学精神［M］．上海：上海书店出版社，2004.

明代题画词文献考述*

■ 兰石洪**

【摘　要】明代画面题诗情况比宋元时更加普遍，出现了题画词创作的繁荣局面。从明词总集及其他文献中甄别、校勘、整理明代题画词，对相关研究有重大意义。本文结合《全明词》《全明词补编》及书画资料等对明代题画词文献进行考察，以期为相关研究提供参考。

【关键词】明词　题画词　文献考述

题画词作为题画文学的重要门类，滥觞于五代，形成于北宋，勃兴于南宋、金、元，明、清两代更是大放异彩。明代画面（包括画幅拖尾）题诗情况比元代更加普遍，出现了题画词创作的繁荣局面，且明代题画文献资料相对于宋元来说，保存更多。从明词总集及其他文献中甄别、校勘、整理明代题画词，对相关研究有重大意义。笔者不耽其烦，遍检书画文献及作家别集等资料，检得《全明词》及《全明词补编》中500余首题画词（已剔除属于元词和清词的115首）；另外，根据其他文献（包括学界近年补辑之明词），又检得未见于《全明词》及《全明词补编》之题画词86首，共计590余首，约为宋元题画词数（近300首）的两倍。下面拟对明代题画词文献进行考察，以期为相关研究提供参考。

* 本文为贵州省哲学社会科学规划办 2016 年一般课题"嘉道咸同光宣题画词研究"（项目号：16GZYB71）的阶段性成果。

** 兰石洪（1973~），男，湖南岳阳人，文学博士，贵州师范学院文学院副教授，研究方向为古代文学。

一、明词总量考察

由于明代文献资料浩繁，亦由于《全明词》编撰体例不严谨，与《全金元词》《全清词》的编撰者缺乏协商，致使《全明词》存在断代不严的缺陷，重复收录《全金元词》《全清词》的词作，仅跟《全清词·顺康卷》重复收录的词作就达五六千首，❶ 给研究者造成一定的麻烦。笔者认为，以下几类词人（词作）不当列入明代，应归入元代或清代。

第一类是《全金元词》已收入且其词人入明时多数已为垂垂老者，此类词人应列入元代。如谢应芳（1296～1392），64 首；释梵琦（1296～1369），32 首；倪瓒（1301～1374），17 首；邵亨贞（1309～1401），143首；韩奕（约生于元文宗1328～1333年），27 首；梁寅（1303～1389），40首；凌云翰（1372 年前后在世），29 首；陶宗仪（1329～约1412 年），6首；黄澄（约跟乔吉同前后），2 首；高明（1310～1380），1 首；合计370多首。

第二类是《全明词》不当收的，这些词人明亡时尚不满20 岁，应归入清代。如韩纯玉（1625～1703），《全明词》录10 首，《全清词》录86 首；陆宏定（1628～1668），60 首；屈大均（1630～1696），224 首；陈恭尹（1631～1700），29 首；释大汕（1633～1704 或 1705），86 首；恽格（1633～1690），1 首；陆繁弨（1635～?），1 首；陈维岱（1636～1687 年后），《全明词》录1 首，《全清词》录18 首；曹亮武（1637～?），《全明词》收 24 首，《全清词》收 301 首；冒襄（1645～1727），1 首；冒裔（1651～?），3 首；涨潮（1650～1709），1 首；合计440 多首。

第三类是按照文学史惯例，应列入清代的词人。如纪映钟（1609～1681），29 首；杜濬（1611～1687），22 首；黄周星（1611～1680），4 首；陆世仪（1611～1672），22 首；方以智（1611～1671），33 首；吴景旭（1611～1695），50 首；李渔（1611～1680），354 首；钱澄之（1612～

---

❶ 王兆鹏，吴丽娜.《全明词》的缺失补订 [J]. 中国文化研究，2005（春之卷）；陆勇强.《全明词》疏失举隅 [J]. 学术研究，2005（7）. 本文统计明词总量时参考了以上论文的观点和数据。

1693），1 首；金堡（1614～1680），468 首；彭孙贻（1615～康熙初年），231 首，其中多数作于入清以后；冒襄（1614～1696），14 首；余怀（1616～1696），230 首；钱肃图（1617～1692），1 首；来集之（1617～1682），64 首；王夫之（1619～1692），279 首；沈谦（1620～1670），219 首；毛先舒（1620～1688），4 首；陆嘉淑（1620～1689），90 首；刘淑（1620～入清以后），36 首；吴骐（1620～1695），99 首；顾景星（1621～1687），2 首；周笭（1623～1687），《全明词》录 6 首，《全清词》录 34 首；顾贞立（1624～1685 年后），160 首；计南阳（1686 年尚在世），《全明词》收词 2 首，《全清词》收 36 首；合计 2 510 多首。

第四类，《全明词》对入清后应举或做官的词人一般不予收录，但徐士俊（1602～?）（203 首）顺、康间拔贡，《全明词》在作者小传中未提及，对这点可能不清楚，故误收。孙旸（2 首）于顺治丁酉年举顺天乡试，丁耀亢（1 首）拔贡并担任容城教谕；这样的词人还有许之渐（1 首）、史可程（18 首）、龚百药（2 首）、曹忱（4 首）、傅世垚（1 首）等。

第五类，《全明词》误收诗或曲为词。如其中的《江南春》词 64 家、97 首（全部为题画作品），❶ 误收倪瓒、杨慎的散曲（4 首《天净沙》和 1 首《折桂令》）等。

对于在《全清词》《全明词》中重见而生卒年无从考证的词人，一般还是归入《全明词》。据上述五点，笔者认为统计明词总量（《全明词》及《全明词补编》收词为 25 000 余首）时需减去上述词人词作 3 600 余首，另加上学界近年来辑补的 3 000 余首明词，合计总量为 24 400 余首。

笔者在统计明代题画词时，将上述词人之 115 首归入元代或清代。归入元代的有：谢应芳，2 首；倪瓒，1 首；邵亨贞，6 首；韩奕，2 首。归入清代的有：吴骐，4 首；恽格，1 首；彭孙贻，1 首；徐士俊，14 首；黄周星，1 首；李渔，9 首；陆世仪，5 首；钱澄之，1 首；金堡，25 首；余怀，10 首；钱肃图，1 首；王夫之，6 首；来集之，5 首；方以智，1 首；陆嘉淑，1 首；陆宏定，2 首；沈谦，3 首；顾贞立，3 首；曹亮武，1 首；陆繁弨，

❶ 明人《江南春》是词还是诗，学界的看法存在分歧。任德魁在《词文献研究》中有明确辨析，据词体特征"有词调、入乐可歌；采用长短句式；平仄有定格"以及创作者是否以其作为词体，明代《江南春》应属于古体诗，而非词（南开大学出版社 2010 年版，第 139～140 页）。

1 首；顾景星，1 首；吴景旭，1 首；屈大均，3 首；陈恭尹，1 首；许之渐，1 首；纪映钟，2 首。

二、词序未标明，据文献可确定之题画词（29 首）

（1）沈周，4 首。《唐多令》（江尽正分吴）（《全明词补编》第 101 页，辑自《六研斋笔记》卷二），又见于《大观录》卷十六《赵仲穆赴山图卷》（《续修四库全书》第 1066 册，第 715 页）。按，此图《式古堂书画汇考》作"高尚书越山图魏赵雍临"，图上还有张铁题词，即张铁《念奴娇·题赵仲穆赴山图卷》（《全明词》第 917 页，辑自《四明近体乐府》）。据《列朝诗集小传·丙集》"张布衣铁"条："铁，字子威，慈溪人。与沈启南为诗友。尝为石田序分类诗。"❶ 张铁当作"张铁"，《全明词》误。

另，《蝶恋花·春日登金山望焦山有作》（谁道金强焦亦称）（《全明词》第 323 页，据《式古堂书画汇考》辑录），又见于《郁氏书画题跋记》卷六《石田金山图》（《中国书画全书》第 6 册，第 276 页）。

另，《渔家傲》（残叶林梢风瑟瑟）（《全明词》第 313 页，据《式古堂书画汇考》辑录），又见于明汪砢玉《珊瑚网名画题跋》卷十四《石田自画题词》。❷

另，《惜余春慢》（院没余桃），见于《全明词》（第 321 页）。据清陆心源编《穰梨馆过眼录（上）》卷十六，❸ 沈周此词题于《水墨牡丹轴》上，同时还题有《惜余春慢》（艳比杨妃）和《临江仙》（昨日把杯今日懒）二词，词后跋云："三月二十四日，八十一翁长洲沈周"，原画现藏于南京博物院。

（2）薛宪章，2 首。沈周《惜余春慢》（院没余桃）序云：

　　正德改元，三月二十八日，江阴薛君尧卿见过，适西轩玉楼牡丹已向衰落，余香剩瓣，犹可把酒留恋。尧卿索赋《惜余春慢》，遂从而填缉一阕，以邀尧卿和篇。

❶ 钱谦益. 列朝诗集小传［M］. 上海：上海古籍出版社，1959：296.
❷ 汪砢玉. 汪氏珊瑚网·名画题跋：卷十四［M］. 成都：成都古籍出版社，1985：1075.
❸ 卢辅圣. 中国书画全书：第 18 册［M］. 上海：上海书画出版社，2009：603.

姚卿即薛宪章，沈周原唱 3 首及薛氏和词 3 首均题于沈周《水墨牡丹轴》上。薛氏和词《临江仙》（满地落红春寂寂），见于《全明词补编》（第 133 页），已注明据沈周画册辑录。薛氏另 2 首和词《惜余春慢》（妍并夭桃、比兴宜舒），《全明词补编》（第 132 页）据薛氏《鸿泥堂小稿》卷五辑录，并未标明是题画。

（3）释妙声，1 首。《菩萨蛮》（白云满地迷行路）（《全明词》第 23～24 页），其《东皋录》卷上题此词为"仙家近·题刘阮图"，"仙家近"即"菩萨蛮"。

（4）文徵明，4 首。《水龙吟·题蕉阴仕女图》（依依落日平西），《全明词》（第 503 页）录此词，词题作"题情"。文徵明《蕉阴仕女图》现藏台北故宫博物院，词后附有跋语："右调水龙吟，嘉靖己亥（1539）春日偶阅赵松雪雪芭蕉士女，戏临一过。"

又，《鹊桥仙·题沈周为祝淇作山水图》（鬓雪髯霜），《全明词》（第498 页）录此词，题作"庆九十寿"。原画现存浙江省博物馆。❶

又，《风入松》（近来无奈病淹留），见于《全明词》（第 503 页）。清姚际恒（1647～?）《好古堂家藏书画记》著录的文徵明《古木书屋图》上题此词，词后附有文氏跋语：

右调风入松，病中有怀王君禄之，填此奉寄，时戊子岁六月八日也。越今七年，君归自选曹，检箧得之，持来相示，而予忘之矣。且以旧作小图，俾录其上。而余日益衰老，无复当时情致，书罢为之慨然。嘉靖甲午四月十四日。徵明记。❷

又，《风入松·题石湖图》（晚凉斜倚赤阑桥），见于《全明词》（第504 页），未标词题，《珊瑚网名画题跋》卷十五《文衡山石湖图并题词》著录此词，❸ 又见于《式古堂书画汇考》卷五十八，词后附有"右调风入松并石湖图，夏月望日徵明写"的跋语。

（5）唐寅，《踏莎行》4 首，《全明词》（第 493 页）词题作"闺情"。

---

❶ 中国古代书画鉴定组. 中国古代书画图目：第十一册 [M]. 北京：文物出版社，1994：30.

❷ 卢辅圣. 中国书画全书：第 12 册 [M]. 上海：上海书画出版社，2009：307.

❸ 汪砢玉. 汪氏珊瑚网·名画题跋：卷十四 [M]. 成都：成都古籍出版社，1985：1083～1084.

据清唐仲冕辑《六如居士全集》（嘉庆六年刻本）卷四，此 4 词辑在"唐伯虎题画诗"类，❶ 可知这 4 首亦是题画词。

（6）文彭，《渔父词》13 首，载清陆时化《吴越所见书画录》卷二《陈白阳五湖卷》，❷ 词后附有文彭款识：

> 余有别业在笠泽之上，尝课耕于此。偶阅读黄太史《渔父词》，喜而继作。公节得白阳小景，命录于后。时嘉靖甲子二月三日。彭记。

文彭在陈白阳（陈淳）画卷上共题词 13 首，笔者所辑为其中 4 首（详后）。

（7）陈淳，1 首。《浣溪沙·庭松》（秀色扶疏覆野庭）（《全明词》第 742 页），题于陈氏《墨松图轴》（钱君匋所藏）上，词后跋云："近作得浣溪沙，并书图上，白阳山人。""嘉靖辛丑（1541）中秋前三日，道复写于城南草堂。"❸ 墨迹跟《全明词》略有出入。

三、对《全明词》及《全明词补编》漏收题画词的辑佚

随着相关工作的不断深入，学界陆续辑补《全明词》及《全明词补编》失收 3 000 余首。笔者参考这些学术成果，并翻阅大量书画文献，将《全明词》及《全明词补编》漏收的 86 首题画词词目详列如下。

（一）从学界辑补中抽绎出的 63 首

（1）释妙声，1 首。《山中乐（实为忆秦娥）·为沈东林题画》（山中乐），载其《东皋录》卷上。

（2）王璲，1 首。《台城路》（黄陵庙下潇湘浦），载《珊瑚网名画题跋》卷六，词后跋云：

> 去年秋友人谢彦起氏为孟敷陈孝廉索赋楚江秋晓词，久未能成，今日偶过许澜伯读书山房时，夏雨初霁，轩窗朗澈，因援笔赋此。留

---

❶　唐寅．唐寅集［M］．周道振，张月尊，辑校．上海：上海古籍出版社，2013：162.

❷　陆时化．吴越所见书画录：卷二［M］//续修四库全书：第 1068 册．上海：上海古籍出版社，2002：74.

❸　吴企明，史创新．题画词与词意画［M］．昆明：云南人民出版社，2007：102.

澜伯归诸孟敷，殊愧不工也。洪武廿八年（1395）孟夏十有一日吴人
王璲。❶

（3）枫江老渔，1首。《氐州第一调·题楚江秋晓图后》（秋色翻霞），
载《珊瑚网名画题跋》卷六（与上同）。

（4）沈周，2首。《柳梢青》（十丈梧槎），后附沈氏"右寄柳梢青，图
而赋之，将以自况云"的跋语；《失调名·自题山水》（林影下）。此二词载
明汪砢玉《珊瑚网名画题跋》卷十四《石田自画题词》。❷

（5）唐寅，4首。《二犯水仙花二阕·题莺莺小像》（铃壁风流是阿家、
今日蒲东只暮鸦），载周道振、张月尊辑校《唐寅集》卷四；《水龙吟·题
山水二首》（江山风景依然、门前流水平桥），载《唐寅集》补辑卷第五，
据张大镛《自怡悦斋书画录》卷第十二《唐六如水龙吟词册》，词后附有
"正德庚辰四月既望，泊舟梁溪漫书为心菊先生，苏台唐寅"的跋语。❸

（6）陈淳，3首。《浣溪沙》（近水人家觉倍清），载《珊瑚网名画题
跋》卷十六《水墨竹石菊花》。❹《蝶恋花》（梅子花开春事早），载《式古
堂书画汇考》卷二十六《陈道复梅雪词帖》，词前陈氏序言：

> 葛姬号梅雪，金陵人也。年最幼，性最淑，与寻常姬大不侔，原
> 其号称情矣。山人见于娄之东，扣其颠末，则其前辈山人之二十年交
> 也。呼酒尽醉，且作梅枝，并置一词赠之，词寄云。

《眼儿媚·题桃花竹石图》（东风以入武陵时），词画俱存。❺

（7）王世贞，1首。《玉烛新·题唐六如花阵六奇图》（吴宫新宴起），
载明郁逢庆《书画题跋记》卷十《王元美题唐六如花阵六奇》，❻ 词后附有
"扫愁将军都督华胥以西诸军事领长乐少府醉乡侯食糟丘五百户天殁居士书

---

❶ 汪砢玉. 汪氏珊瑚网·名画题跋：卷六 [M]. 成都：成都古籍出版社，1985：863～864.

❷ 汪砢玉. 汪氏珊瑚网·名画题跋：卷十四 [M]. 成都：成都古籍出版社，1985：1074～1075.

❸ 唐寅. 唐寅集 [M]. 周道振，张月尊，辑校. 上海：上海古籍出版社，2013：160；483～484.

❹ 汪砢玉. 汪氏珊瑚网·名画题跋：卷十六 [M]. 成都：成都古籍出版社，1985：1118.

❺ 中国古代书画鉴定组. 中国绘画全集：第十三卷 [M]. 北京：文物出版社，2000：175.

❻ 郁逢庆. 书画题跋记：卷十 [M] //四库全书：第816册. 上海：上海古籍出版社，1987：732.

（王世贞号天弢居士）"的款识。此图本有唐寅自题词，汪砢玉谓："余卷有六如自题词。"到清代，卞永誉没有提及此词为王元美（世贞）所作，且谓："六如自题词失录。"此词汪超误作唐寅词。❶

（8）文徵明，23 首。《渔父词》12 首，明人张泰阶《宝绘录》卷六著录，又载《虚斋名画续录》卷一，❷ 词后跋云：

王摩诘《捕鱼图》为画中神品，脍炙人口，曾属鲍翁。识语知其向已至吴中者不二十年，后复为某所得。岂非物之聚散有时而得失之靡定也。予阅之，不胜叹赏，辄书《渔父》十二词于后，但珠玉在前，觉我形秽多矣。书此识丑。衡山文徵明。❸

《柳梢青》（"寒尽寻春"等）4 首。见于《梅花四段图》墨迹，藏台北故宫博物院，《郁氏书画题跋记》卷一著录为文嘉作，误。又《柳梢青·和杨无咎补之题画梅原词》（"特地寻芳"等）4 首，载《郁氏书画题跋记》卷一。又《祝英台近》（山茶开）1 首，《红林檎近》（新月挂梧桐）1 首，《满庭芳》（风舞垂杨）1 首，载《古缘萃录》卷六《仇十洲仕女影本》。这 23 首词，周道振辑校的《文徵明集》补辑卷第十七已收录。❹

（9）文嘉，1 首。《绮罗香》（翠岭浮烟），载李日华《味水轩日记》卷一。词后有跋："嘉靖丁未六月，景山张君寿登六秩，谨写《东山图》并填《绮罗香》小词奉祝。"❺

（10）谢承举，4 首。《临江仙·题画》（清晓绿窗梳洗倦、一枕慵腾残睡起）2 首，《卜算子·理瑟图》（凉月转苍苔），《卜算子·挥蝶图》（对对并餐花）。❻

（11）毕木，1 首。《瑞鹤仙·砥柱中流图寿韫所沈邑侯》。❼

（12）项德新，4 首。《柳梢青·墨梅》（"忆昔黄昏"等）4 首，载

❶ 汪超.《全明词》、《全明词补编》漏收词百首补目 [J]. 上饶师范学院学报，2009（1）.
❷ 卢辅圣. 中国书画全书：第 18 册 [M]. 上海：上海书画出版社，2009：4~5.
❸ 张泰阶. 宝绘录 [M] //四库存目丛书·子部：第 72 册. 济南：齐鲁书社，1995：173.
❹ 文徵明. 文徵明集 [M]. 周道振，辑校. 上海：上海古籍出版社，1987：1225~1238.
❺ 顾廷龙. 续修四库全书：第 558 册 [M]. 上海：上海古籍出版社，2002：295.
❻ 周明初，叶晔.《全明词》续补（一）——台湾所藏珍稀本明人别集所辑明词之一 [J]. 古籍整理研究学刊，2009（2）.
❼ 余意. 明代词学之构建 [M]. 上海：上海古籍出版社，2009：406.

《珊瑚网名画题跋》卷十八，词后跋云："补之有梅花卷，上有柳梢青四词，予作此枝，追和其韵。似玉水兄郢正。弟德新。"

（13）李日华，2首。《更漏子·题便面梅枝》（午风柔），《清平乐·写梅》（雪凝香沍），载李日华《竹懒续画剩》。❶

（14）孟称舜，4首。《蝶恋花·题娇娘像》（"真色生香天措与"等）4首，载首都图书馆编《陈老莲木刻画》（第77~84页）。

（15）李肇亨，1首。李日华《墨君题语》卷一《枯木竹石调唐多令》载其《唐多令·枯木竹石》（何处写荒寒）。❷

（16）张丑，3首。《更漏子·次温飞卿更漏子韵，题王叔明南村真逸图卷》（鸟惊心），载张丑《清河书画舫》卷十一上（第541页）；《满江红·题子昂画李白观瀑图卷后》（思忆王孙），《东风第一枝·题韩朝延家展子虔春游图卷》（衣公子雕鞍），均仅存半阕，载张丑《真迹日录》卷四。

（17）姚绶，1首。《菩萨蛮》（绛袍乌帽人如玉），载李日华《味水轩日记》卷四，词后题："云东逸史嘉禾姚公绶画并填《菩萨蛮》词于上。弘治戊申七月。"见于《续修四库全书》第558册第406页。

（18）徐守和，2首。《柳梢青》（好清成癖、诗中有画）词，即汪超据《大观录》辑录的2首徐氏词。❸

（19）其他，4首。陈德文《意难忘·题三友图》，雪蓑子《风入松》（寒山拾得图、白河赠峡江翟天池龟图），顾璘《蝶恋花·题米元章拜石图》。❹

（二）笔者首次辑录的23首明代题画词

（1）祝允明，1首。《卖花声·题唐寅牡丹斗方画。三月望日》（标格出天然），见清金瑗撰《十百斋书画录》甲卷《唐寅斗方画》。❺词题为笔者所加，词前有小序："昨晚同子畏、梦晋过庆云庵，月下观牡丹，口占卖

❶ 黄宾虹，邓实. 美术丛书 [M]. 南京：凤凰出版社，1997：775.
❷ 李日华，李肇亨. 墨君题语 [M] //四库存目丛书·子部：第72册. 济南：齐鲁书社，1995：73.
❸ 汪超.《全明词》、《全明词补编》漏收词百首补目 [J]. 上饶师范学院学报，2009（1）.
❹ 王兆鹏，胡晓燕.《全明词》漏收1000首补目 [J]. 上海大学学报：社会科学版，2005（1）.
❺ 金瑗. 十百斋书画录 [M] //故宫珍本丛刊：第461册. 海口：海南出版社，2001：524.

花声小词，录奉一笑。"后词为笔者首次辑录。

（2）陆治，1首。《卖花声·和玉田先生韵》（睡压枕痕斜），载清金瑗撰《十百斋书画录》巳集《陆治黄牡丹》，❶ 词后附有"右和玉田先生韵，调寄卖花声。陆治"的款识。

（3）彭年（又作袁裛），4首。《柳梢青·追和逃禅梅子四词》（"追想前春"等），词题系笔者据彭氏词后跋语加。彭氏跋语云：

> 逃禅梅子四词脍炙人口，宋元和之者已多。国朝名公追和不下数十人。予不揣效颦四章。孔嘉彭年。

词载郁逢庆《郁氏书画题跋记》卷一。❷ 另，清陆时化撰《吴越所见书画录》卷五《明袁谢湖清香次第图卷》上题有此四词；袁氏画仿宋扬无咎《四梅图》作四段，每枝下钤印"谢湖"，并题四词。❸ 袁裛晚号谢湖，已见《全明词》（第954页），袁氏所题词未说明是彭年所作。两书著录的区别在于，后书在每首词后题有"未开""欲开"等字样，前书则无。

（4）文彭，4首。《渔父词》（甪直西来是阖塘、轻移短棹泊江隈、黄梅时节雨绵绵、三尺丝纶七尺竿），载清陆时化《吴越所见书画录》卷二《陈白阳五湖卷》。文彭在陈白阳（陈淳）画卷上共题词13首，《全明词》据《明词综》卷四收录其六、十二，《全明词补编》据《文博士诗集》补录其二、三、七、八、十、十二、十三，尚有以上4首未收。

（5）居节，1首。《满庭·自题山水画》（检点东风），词题为笔者所加，载《十百斋书画录》甲卷《居节山水画》，❹ 词后附有"右初夏山斋。调寄满庭芳，万历戊寅四月既望，因写此纸，就为小图。居节"的款识。

（6）沈鲁，1首。《木兰舟·题周仲鸣墓门梅立轴》（乐庵坟上），词题为笔者所加，载清陆时化《吴越所见书画录》卷五《明周仲鸣墓门梅立

---

❶ 金瑗. 十百斋书画录 [M] //故宫珍本丛刊：第461册. 海口：海南出版社，2001：669.

❷ 郁逢庆. 郁氏书画题跋记：卷一 [M] //卢辅圣. 中国书画全书：第6册. 上海：上海书画出版社，2009：204. 四库本郁氏《书画题跋记》不载此四词.

❸ 陆时化. 吴越所见书画录：卷二 [M] //续修四库全书：第1068册. 上海：上海古籍出版社，2002：273.

❹ 金瑗. 十百斋书画录：甲集 [M] //故宫珍本丛刊：第461册. 海口：海南出版社，2001：25.

轴》，词后附有"沈鲁填"三字，并钤印"玄谷真人"。❶

（7）徐守和，12 首。《柳梢青·题宋元梅花卷后》（"不爱芳春"等）10 首，词序云：

> 冬至后三日，天作薄冷，微飘雪花，朗吟逃禅十词。清兴如洗，夜坐更豪漫，剪烛追和。

这组词词题为笔者所加。这 10 首词前还有徐氏题诗，诗后署款时间为"己巳（1629）长至日"，则其词序所谓"冬至后三日"，当指崇祯二年己巳"冬至后三日"。这 10 首词载《石渠宝笈》卷四十四《宋元梅花合卷一卷》，❷ 后附 2 首《柳梢青》（好清成癖、诗中有画），汪超先生已辑录。徐氏所题原画现藏辽宁省博物馆。

（8）李肇亨，1 首。《鹧鸪天·题水村图》（树树垂杨处处桥），载清陆心源编《穰梨馆过眼录（上）》卷三十五《李醉鸥山水册》题词，词后跋云："寇盗未宁，人多离散，故有哀鸿之叹也。时丙戌立秋前五日。醉鸥。"❸

四、《全明词》误收或重收的题画词

（1）误收，吴桢 1 首。《渔歌子·题画》（红叶村西日影斜），《全明词》（第 1001 页）辑自《古今词统》；此词为吴镇作，已见于《全金元词》（第 937 页）。

（2）误收，董其昌 3 首（《全明词》第 1308~1309 页）。第一首《长相思》（短长亭），此词董氏题于己画《秋兴八景画册》第六幅左上方，词后附有"庚申九月朔，京口舟中写"的款识。此词乃宋人万俟咏《长相思·山驿》。❹ 第二首《少年游》（霁霞散晓月犹明），此词董氏题于《秋兴八景图》第四幅上方左边，词后附有"玄宰。庚申九月五日"的款识。此词实

❶ 陆时化. 吴越所见书画录：卷五［M］//续修四库全书：第 1068 册. 上海：上海古籍出版社，2002：231.
❷ 张照，梁诗正，等. 石渠宝笈：卷四十四［M］//四库全书：第 825 册. 上海：上海古籍出版社，1987：135.
❸ 卢辅圣. 中国书画全书：第 18 册［M］. 上海：上海书画出版社，2009：722.
❹ 唐圭璋. 全宋词［M］. 北京：中华书局，1999：1050.

乃宋人林仰《少年游·晓行》。❶ 第三首《浪淘沙》（今古几齐州），此词董氏题于《秋兴八景图》第八幅左上方，词后附有"庚申九月重九前一日书。是月写设色小景八幅，可当《秋兴》八首。玄宰"的款识。此词乃元人赵孟頫《浪淘沙》。❷

　　（3）重收，张肯 1 首。《全明词》第六册（第 3442~3443 页）所收梦庵《齐天乐·题燕文贵楚江秋晓图》（晓风吹醒蓬窗梦），已见《全明词》（第 206 页），即张肯《齐天乐》（据《惜阴堂丛书》朱印本《梦庵词》辑录）。实则张肯号梦庵，《珊瑚网名画题跋》卷六已著录此词并跋，跋云："余尝放舟武昌，泛赤壁矶，登黄鹤楼，上巫峡，涉瞿塘之险，于楚江晨夕饱览奇胜，回首又廿余年（一作年余）矣。今披此图，恍然一作若梦寐。追想旧游，姑谱齐天乐词以寓所慨云。癸酉十月望日梦庵识。"

【参考文献】

[1] 饶宗颐，张璋，等. 全明词 [M]. 北京：中华书局，2004.

[2] 周明初，叶晔. 全明词补编 [M]. 杭州：浙江大学出版社，2007.

---

❶ 唐圭璋. 全宋词 [M]. 北京：中华书局，1999：1960.
❷ 唐圭璋. 全金元词 [M]. 北京：中华书局，1979：803.

外国文化与文化比较

《圣经·雅歌》与《诗经》"国风"比较研究*
——以植物意象为中心

■ 孙秀华　郭宏玮**

【摘　要】《雅歌》与《国风》颇有相通之处，皆有牧人恋歌，均抒写浓烈的爱情、以花喻美女、以果实比爱人、歌咏馨香和浪漫的芳香植物。对比而言，《雅歌》更为率真热烈，而《国风》则更具含蓄、婉约、不施粉黛的神韵。

【关键词】雅歌　国风　牧人　美女　果子　芳香　爱情

"雅歌"的希伯来原名是"Sir has-sirim"，即最美之歌，因此英文称为"The Song of Songs"，即"歌中之歌"，含有至高（Most High）、无比（Uniqueness）的意思。《雅歌》是《圣经》66卷中很独特的一卷，属于诗歌智能书之一。不同于其他经卷代表神的权威发言，诗歌智能书通常代表人向神说话，具有普世性，较为关注世俗问题，对于人生无常、受苦受难、男女爱情都有所涉及，因此也往往成为基督徒安身立命、寻求幸福人生的指引。《雅歌》中没有宗教术语，只有一处提及神，其中心是男女爱情的欢悦和相思之忧苦；全卷很短，只有117节，却又是最难解释，最让人爱读的

---

* 本文系贵州师范学院博士项目"先秦文学与采集文化"（项目号：12BS014）、贵州省高校人文社会科学研究基地项目"贵州省中学语文新课程'三维目标'的理论与实践研究"（项目号：JD2014139）、贵州省社科规划课题项目"先秦诗歌采集文化研究"（项目号：16GZYB67）的研究成果。

** 孙秀华（1970~），男，山东平邑人，文学博士，贵州师范学院文学院副教授，研究方向为中国古代文学与文化；郭宏玮（1969~），女，山东平邑人，贵州师范学院教育科学研究所讲师，研究方向为中国古代文学、中学语文教学。

一卷；体裁奇特，是一连串戏剧性的诗歌，是非常优美动人的歌剧；文字秀丽，富含东方色彩的比喻，艳美生辉，有若干处关于自然景物的描写美丽如画。当然，尽管神圣的《雅歌》地位崇高，却也有人认为："其实，《雅歌》是一首性爱长诗。"❶

《雅歌》的作者一般认为是所罗门，因此《雅歌》又称所罗门之歌，"The Song of Solomon"。但是，"从气象上看，托名所罗门（或与所罗门相关）的《雅歌》很可能是一个民间恋歌的集子，后来才被收入圣著之中，其情形大致与'国风'相当。"❷

一、牧　人

拿《雅歌》与《国风》比较，《雅歌》是牧人恋歌，《国风》里那些爱情诗的主人公则形形色色，较常出现的是"士与女"。如《召南·野有死麇》曰："有女怀春，吉士诱之。"又如《郑风·溱洧》："士与女，方秉兰兮。""维士与女，伊其相谑，赠之以勺药。"《雅歌》里多次写到其所歌咏的爱人是牧人，如第一章里唱道：

1：7 我心所爱的阿，求你告诉我，你在何处牧羊，晌午在何处使羊歇卧。我何必在你同伴的羊群旁边，好像蒙着脸的人呢？

1：8 你这女子中极美丽的，你若不知道，只管跟随羊群的脚踪去，把你的山羊羔牧放在牧人帐篷的旁边。

2：16 良人属我，我也属他。他在百合花中牧放群羊。

6：2 我的良人下入自己园中，到香花畦，在园内牧放群羊，采百合花。

6：3 我属我的良人，我的良人也属我。他在百合花中牧放群羊。

在第六章，歌者也善于用牧人的口吻来形容爱人，可谓三句话不离本行："你的头发如同山羊群卧在基列山旁，你的牙齿如一群母羊，洗净上来。个个都有双生，没有一只丧掉子的。"

---

❶ 史蒂芬·贝利．两性生活史［M］．余世燕，译．北京：中国友谊出版公司，2007：48.

❷ 张立新．神圣的寓意——《诗经》与《圣经》比较研究［M］．昆明：云南大学出版社，1999：46.

　　《国风》的爱情诗中，唯有《邶风·静女》里有"自牧归荑"一语好像揭示出这个情妹妹是个牧羊女，但其实不然。郑笺训"牧"为"牧田"，朱熹解释为"外野也"，这种理解是正确的。因为《小雅·出车》之"我出我车，至于牧矣"即可为内证，而且《大雅·大明》里有"殷商之旅，其会如林，矢于牧野"，《鲁颂·閟宫》也有"致天之届，于牧之野"的句子。因此"自牧归荑"一语或许只是说明静女是从"牧"那地方来的，并不表明其身份。但《诗经》里也写到了牧人，然而不在爱情诗里，文笔风致也没有《雅歌》浪漫热烈。如《小雅·无羊》：

　　　　谁谓尔无羊？三百维群。谁谓尔无牛？九十其犉。尔羊来思，其角濈濈。尔牛来思，其耳湿湿。

　　　　或降于阿，或饮于池，或寝或讹。尔牧来思，何蓑何笠，或负其餱。三十维物，尔牲则具。

　　　　尔牧来思，以薪以蒸，以雌以雄。尔羊来思，矜矜兢兢，不骞不崩。麾之以肱，毕来既升。

　　　　牧人乃梦，众维鱼矣，旐维旟矣，大人占之；众维鱼矣，实维丰年；旐维旟矣，室家溱溱。

　　看吧，《小雅·无羊》里的牧羊人披着蓑衣，戴着斗笠，背着干粮，一副"斜风细雨不须归"的模样，十分写实。不过，这《诗经》时代的牧人往往是很神圣的，因为其所放牧的牛羊的用途在于庄重的祭祀。《周礼·牧人》云："牧人，掌牧六牲而阜蕃其物，以共祭祀之牲。凡阳祀，用骍牲毛之；阴祀，用黝牲毛之。"郑玄注云："阴祀，祭地北郊及社稷也。望祀，五岳、四镇、四渎也。郑司农云：'阳祀，春夏也。黝读为幽。幽，黑也。'玄谓阳祀，祭天于南郊及宗庙。"在《诗经》里以牛羊为牺牲祭祀的例子很多，如《豳风·七月》中"四之日其蚤，献羔祭韭。"《小雅·大田》有"来方禋祀，以其骍黑，与其黍稷。"再如《小雅·楚茨》曰："济济跄跄，絜尔牛羊，以往烝尝。"冬祭称烝，秋祭称尝。这里是说，无论秋祭冬祭，祭品都要有牛有羊。《大雅·生民》有"取羝以軷"，是用公羊来祭祀道路之神。《周颂·我将》中有"我将我享，维羊维牛，维天其右之"，意思是说我献上作为祭品的牛羊，请上天保佑我吧。而《雅歌》里写牧人，完全是爱的抒发，美的想象，情的表达。比如说"他在百合花中牧放群羊"，或许是一往情深的思慕，远胜过对放牧的真实景象的描摹！也即只有我心上的人儿最可人，去放羊儿也要生死追随你，何况你放羊都放得那么美！

二、美 女

《国风》里写美女，往往以花为喻，如《郑风·有女同车》曰："有女同车，颜如舜华（舜英）。"赞美女子的面庞就像绽放的木槿花一样娇艳妩媚，鲜明地表达出男子的钟情与倾慕之意。与之类似，《陈风·东门之枌》之"视尔如莜"则将心仪之人比作锦葵花，情意绵长。而更为重要的是，《国风》里对美女的描绘，很注重含蓄、典雅，有一种非礼勿言的克制。比如，《鄘风·君子偕老》描写了一个堪称"邦之媛也"的美女，❶ 极力描写其服饰、仪态华贵雍容，写了她的发饰，甚至特别写她夏日淡妆，写她美如天神的容颜，但更注重其精神气质清扬不凡。全诗如下：

君子偕老，副笄六珈。委委佗佗，如山如河。象服是宜。子之不淑，云如之何？

玼兮玼兮，其之翟也。鬒发如云，不屑髢也。玉之瑱也，象之揥也。扬且之皙也。胡然而天也！胡然而帝也！

瑳兮瑳兮，其之展也，蒙彼绉絺，是绁袢也。子之清扬，扬且之颜也，展如之人兮，邦之媛也！

《雅歌》里也有以花为喻的诗句，如"我以我的良人为一棵凤仙花，在隐基底葡萄园中。"（1：14）"我的佳偶在女子中，好像百合花在荆棘内。"（2：1~2）而《雅歌》描写美女，往往以动物形象为比喻，如多处写爱人的眼"好像鸽子眼"。第二章14节直接称呼爱人为"我的鸽子"；把爱人比为骏马，"我的佳偶，我将你比法老车上套的骏马"（1：9）。此外，多处把"良人"比为羚羊或小鹿。"我的良人好像羚羊，或像小鹿。"（2：9）"我

---

❶ 关于此诗的主旨，毛《序》云："《君子偕老》，刺卫夫人也。夫人淫乱，失事君子之道，故陈人君之德，服饰之盛，宜与君子偕老也。"朱熹《诗集传》曰："言夫人当与君子偕老，故其服饰之盛如此，而雍容自得，安重宽广，又有以宜其象服。今宣姜之不善乃如此，虽有是服，亦将如之何哉！言不称也。"他以为服饰仪容之美乃是反衬宣姜人品行为之丑。但"宣姜之不善"，该诗无涉，故而在此仅认为是赞美美女之诗。

的良人哪，求你等到天起凉风，日影飞去的时候，你要转回，好像羚羊，或像小鹿在比特山上。"（2：17）"我的良人哪，求你快来。如羚羊或小鹿在香草山上。"（8：14）而且，《雅歌》里描写美女，显得非常率真、大胆而又热烈、撩人。比较集中而突出的如第七章：

7：1 王女阿，你的脚在鞋中何其美好。你的大腿圆润，好像美玉，是巧匠的手做成的。

7：2 你的肚脐如圆杯，不缺调和的酒。你的腰如一堆麦子，周围有百合花。

7：3 你的两乳好像一对小鹿，就是母鹿双生的。

7：4 你的颈项如象牙台。你的眼目像希实本，巴特拉并门旁的水池。你的鼻子仿佛朝大马色的利巴嫩塔。

7：5 你的头在你身上好像迦密山。你头上的发是紫黑色。王的心因这下垂的发绺系住了。

7：6 我所爱的，你何其美好。何其可悦，使人欢畅喜乐。

7：7 你的身量好像棕树。你的两乳如同其上的果子，累累下垂。

7：8 我说，我要上这棕树，抓住枝子。愿你的两乳好像葡萄累累下垂，你鼻子的气味香如苹果。

7：9 你的口如上好的酒，女子说，为我的良人下咽舒畅，流入睡觉人的嘴中。

7：10 我属我的良人，他也恋慕我。

7：11 我的良人，来吧，你我可以往田间去。你我可以在村庄住宿。

7：12 我们早晨起来往葡萄园去，看看葡萄发芽开花没有，石榴放蕊没有。我在那里要将我的爱情给你。

7：13 风茄放香，在我们的门内有各样新陈佳美的果子。我的良人，这都是我为你存留的。

诗里不仅甜腻腻地赞美了爱人的腰、颈项、眼目、头、发、口，等等，而且坦率地歌唱爱人的脚、大腿、肚脐和两乳，还充满性爱色彩地歌唱："你的身量好像棕树""我说，我要上这棕树，抓住枝子。"这样的文字，毫无疑问，比王柏拟删除的那些"淫诗"❶ 定会更令道学家们瞠目结舌！

再看看《国风》中集中运用植物、动物意象来比拟美女的诗。如《卫风·硕人》第二章赞美硕人说："手如柔荑，肤如凝脂，领如蝤蛴，齿如瓠犀。螓首蛾眉，巧笑倩兮，美目盼兮。"也是详写硕人的手、皮肤、脖颈、牙齿、额头和眉毛，无不曲尽其妙，而点睛之笔则是硕人的音容笑貌：笑靥动人真倩丽，秋波流动蕴情意。点到为止较有克制，与《雅歌》明显不同。

三、果　子

《雅歌》里多有以果实赞美爱人，以吃果子隐喻享受爱情的甜美甚或性爱的欢愉。想想伊甸园里的那两位，也是吃了不该吃的果实才受到惩罚、被赶出来的。《创世纪》里说他们吃了那果子之后，"才知道自己是赤身露体，便拿无花果树的叶子，为自己编做裙子。"（3：7）《雅歌》里倒没有禁果，歌唱的是心里口里都爱的甜美果实。如"我的良人在男子中，如同苹果树在树林中。我欢欢喜喜坐在他的荫下，尝他果子的滋味，觉得甘甜。"（2：3）"无花果树的果子渐渐成熟，葡萄树开花放香。我的佳偶，我的美人，起来，与我同去。"（2：13）"你的唇好像一条朱红线，你的嘴也秀美。你的两太阳在帕子内，如同一块石榴。"（4：3）再如上引 7：7~8、7：12~13。而唱给"全然美丽，毫无瑕疵"的"我的佳偶"的第四章，更是热情似火。"上等的果品""佳美的果子"寓意明确，明明白白我的心，把对于"封闭的""新妇"的渴望表现得淋漓尽致：

> 4：12 我妹子，我新妇，乃是关锁的园，禁闭的井，封闭的泉源。
>
> 4：13 你园内所种的结了石榴，有佳美的果子，并凤仙花与哪哒树。

---

❶　王柏认为《诗经》遭秦火而残，后世流传的《诗经》为汉儒妄取孔子已删之诗补足三百〇五篇之数，非经孔子删定的原貌。因此，他主张删去 32 篇所谓汉人补入的"淫诗"，并列其目（其实只列出了 31 篇）。详参：吴洋.《诗疑》成书考［J］. 中国典籍与文化，2000（3）；陈站峰. 王柏的《诗经》观与拟删诗［J］. 中国文化研究，2010（秋之卷）；王建安. 王柏《诗疑》研究［D］. 西安：陕西师范大学，2010.

4：14 有哪哒和番红花，菖蒲和桂树，并各样乳香木，没药，沉香，与一切上等的果品。

4：15 你是园中的泉，活水的井，从利巴嫩流下来的溪水。

4：16 北风阿，兴起。南风阿，吹来。吹在我的园内，使其中的香气发出来。愿我的良人进入自己园里，吃他佳美的果子。

《国风》里甘美香甜的果实和情致动人的爱情也是颇有些瓜葛的，比较集中的有两首诗，一是《卫风·木瓜》，二是《召南·摽有梅》。《卫风·木瓜》里的"木瓜""木桃"和"木李"都可谓爱情果，尽管后世的"投桃报李"❶ 往往指友谊。《召南·摽有梅》全诗如下：

摽有梅，其实七兮。求我庶士，迨其吉兮。

摽有梅，其实三兮。求我庶士，迨其今兮。

摽有梅，顷筐塈之。求我庶士，迨其谓之。

《诗序》认为："《摽有梅》，男女及时也。"很有见地。而法国汉学家格拉耐则认为这首诗是"采果实的歌。引诱的主题。"❷ 看法简洁明了，但诗中的引诱未必那么明了。诗写待字闺中的女子见梅子渐落，似乎心情颇不宁静。为什么呢？因为希望要向我求婚的那个人儿赶快来！诗中成熟的梅子似乎也具有了待嫁女子自况的意味，然而却决不会唱出《雅歌》里那种渴望良人来吃果子的热情似火，而是具有含蓄蕴藉的品位，显得委婉动人，风致嫣然。

四、芳 香

《国风》里有些诗歌写到了一些芳香植物，悉心体味，会感到十分馨香和浪漫。其中关乎爱情的歌咏，如《郑风·溱洧》中"士"对"女""赠之以勺药"，还有"士与女，方秉兰兮"。这里的"兰"与"勺药"无疑是表情达意的仪式性花草，是特意选用的芳香植物。《唐风·椒聊》以辛香而又结子繁复的花椒来赞美心爱的硕人："椒聊之实，蕃衍盈升。彼其之子，

---

❶ 《诗经·大雅·抑》有"投我以桃，报之以李"之句，应为"投桃报李"这一成语的出处。

❷ 格拉耐. 中国古代的祭礼与歌谣 [M]. 张铭远，译. 上海：上海文艺出版社，1989：49.

硕大无朋。"《王风·采葛》里所采的葛、萧、艾均为芳香植物。当然，诗里所写"采葛""采萧""采艾"未必为实写其事，但这些特定植物的氤氲芳香与情人间真挚动人的缠绵爱恋相互生发渗透，使这首诗更加耐人寻味，散发着穿越千古的芬芳。❶

《雅歌》里写到植物也有20多种，除了各种果树，大都是芳香植物。如"你园内所种的结了石榴，有佳美的果子，并凤仙花与哪哒树。有哪哒和番红花，菖蒲和桂树，并各样乳香木，没药，沉香，与一切上等的果品。"（4：13~14）这两个小节便列出了好些芳香植物与各种香料，并统称似的提到"佳美的果子""上等的果品"。除此之外，《雅歌》里还写到香柏树、玫瑰花（或作水仙花）、百合花、风茄、利巴嫩的香气、石榴汁酿的香酒等；统称的名目有膏油馨香、香膏、各样香粉、一切香品、香气、香料等，以及芳香植物的出产胜地如没药山、乳香冈、香花畦，香草台、香草山等。以芳香植物直接写心上人的也很多，如：

> 5：13 他的两腮如香花畦，如香草台。他的嘴唇像百合花，且滴下没药汁。

> 5：15 他的腿好像白玉石柱，安在精金座上。他的形状如利巴嫩，且佳美如香柏树。

《雅歌》中出现次数较多的香料是没香、乳香、哪哒、沉香等，其中"没香"出现达8次之多。篇幅并不长的《雅歌》如此钟爱芳香，甚至称之为"香歌"也并不为过了！《雅歌》就是以这样名贵的香料和那样芬芳的花草来赞美爱人的。所以，《雅歌》里的爱情散发的是浓郁的香气，除了浪漫，还极其热烈，并极力标示出高贵，透露出典雅。

然而，在这一切的背后还隐藏着一些奥秘，需要更为深入的探讨。

《诗经》芳香植物与祭祀礼仪、祖先崇拜密切相关，往往含有祈求子孙繁盛多子多福的意味。在灾荒、战争、迁徙等频发的《诗经》时代，这种自然而然的朴野追求对于先民而言显得多么重要。❷

那么，《雅歌》写了如此繁多的芳香植物，表现出这样的"意味"了

---

❶ 孙秀华. 论《诗经》芳香植物［M］//诗经研究丛刊：第二十一辑. 北京：学苑出版社，2011：105~113.

❷ 孙秀华，廖群. 馨香的庄重与浪漫——《诗经》芳香植物解读［J］. 理论学刊，2011（4）.

吗？答案或许是肯定的。因为据说各种香料、芳香植物不仅可以增加个人魅力，与美好的爱情密切相关，而且还大都具有增进性机能的功效，也可以被认为是增强生殖功能。《雅歌》里似乎漫不经心地就写到了"风茄"这种植物："风茄放香，在我们的门内有各样新陈佳美的果子。我的良人，这都是我为你存留的。"（7：13）而"放香"的风茄到底是怎样一种植物呢？

风茄，即曼德拉草（Mandrake），拉丁名 "*Atropa Mandragora*"，茄科曼陀罗属，一年或多年生草本植物，具较强的麻醉效果，又由于其根部外形可以生长得类似人的形状，所以长期被用于巫术仪式。电影《哈利·波特与密室》中，在魔法学校的植物课上，老师要求学生们给曼德拉草换盆。于是大家戴上耳塞，紧张地拔起这些会尖叫的植物。主人公哈利·波特用了将近10分钟才完成任务，终于把一棵胖胖的曼德拉草挤进了新花盆。曼德拉草希伯来文的名字，义即"爱的植物"。正是因为其根像人形，被认为暗示出它的药用性质。在希伯来人的传统文化中，曼德拉草象征生育繁衍，食用它被认为是有助于怀孕的。在中世纪，它的根被晒干用作护身符或是祈求生育。因此，当《雅歌》里女子含情脉脉地对良人轻声耳语"风茄放香"，还有那"我为你存留的""各样新陈佳美的果子"，除了爱的激情、性的欢愉，或许还有生的赞歌！

而《圣经》中的一个故事，也是风茄与生殖繁衍相关的直接证明。故事见于《创世纪》：

> 割麦子的时候，流便往田里去寻见风茄，拿来给他母亲利亚。拉结对利亚说："请你把你儿子的风茄给我些。"利亚说："你夺了我的丈夫还算小事吗？你又要夺我儿子的风茄吗？"拉结说："为你儿子的风茄，今夜他可以与你同寝。"到了晚上，雅各从田里回来，利亚出来迎接他，说："你要与我同寝，因为我实在用我儿子的风茄把你雇下了。"那一夜雅各就与她同寝。神应允了利亚，她就怀孕，给雅各生了第五个儿子。（30：14~17）

五、爱 情

美好的爱情是人类共同的灿烂光华，是人们最动听的心曲，是青年男女最心思婉约的缠绵！《雅歌》是一首恋人的长歌，而《国风》里也往往吟唱着动听的情歌。比如《陈风·东门之杨》写静候爱人前来："东门之杨，其叶牂牂（肺肺）。昏以为期，明星煌煌（晢晢）。"这是甜蜜的等待。又如《邶风·静女》里写与心上人约会却见不到人影，着急地抓耳挠腮："爱而不见，搔首踟蹰。"这可是等得心情焦虑了。而《雅歌》里两次写到主动去追寻爱人：

> 我说，我要起来，游行城中，在街市上，在宽阔处，寻找我心所爱的。我寻找他，却寻不见。城中巡逻看守的人遇见我。我问他们，你们看见我心所爱的没有。（3：2~3）

> 我寻找他，竟寻不见。我呼叫他，他却不回答。城中巡逻看守的人遇见我，打了我，伤了我。看守城墙的人夺去我的披肩。（5：6~7）

这样的描绘，更可见女子的痴情执着。与《国风》里的描写相比，却也更为积极主动，大胆泼辣。

《雅歌》里数次出现"我妹子，我新妇"的说法，把夫妇关系比同兄妹。而《邶风·谷风》有"宴尔新昏，如兄如弟。"孔颖达认为："安爱汝之新昏，其恩如兄弟也。以夫妇坐图可否，有兄弟之道，故以兄弟言之。"❶这是以兄弟情深来比况夫妇关系。《雅歌》和《诗经》里的这种把夫妻之道和手足情意联系起来的现象是一致的，很难说与远古时期血亲婚姻的文化孑遗无关。❷

> 我的良人哪，你甚美丽可爱，我们以青草为床榻，以香柏树为房屋的栋梁，以松树为椽子。（1：16~17）

《雅歌》里这样的诗句的确是情动于中而发诸言语的，让人联想到《郑风·野有蔓草》：

---

❶ 十三经注疏·毛诗正义［M］. 北京：北京大学出版社，1999：146~147.

❷《圣经》里有大卫王的儿子暗嫩奸污妹妹他玛的故事，但显然与爱情无关。故事见于《撒母耳记下》第十三章。其中 10~14 节如下："暗嫩对他玛说，你把食物拿进卧房，我好从你手里接过来吃。他玛就把所做的饼拿进卧房，到她哥哥暗嫩那里，拿着饼上前给他吃。他便拉住他玛，说，我妹妹，你来与我同寝。他玛说，我哥哥，不要玷辱我。以色列人中不当这样行，你不要作这丑事。你玷辱了我，我何以掩盖我的羞耻呢。你在以色列中也成了愚妄人。你可以求王，他必不禁止我归你。但暗嫩不肯听她的话，因比她力大，就玷辱她，与她同寝。"值得注意的是，故事中他玛有这样的话："你可以求王，他必不禁止我归你。"也就是说，认为被"玷辱"的关键在于没有"求王"，可见故事产生时期血亲婚姻的存在。

　　　野有蔓草，零露溥兮。有美一人，清扬婉兮。邂逅相遇，适我
愿兮。

　　　野有蔓草，零露瀼瀼。有美一人，婉如清扬。邂逅相遇，与子
偕臧。

"浪漫是一样的浪漫，欢乐是一样的欢乐。……《雅歌》是倾泻型的，
男女对唱和第二人称的口吻都让你深感恋人情绪的热烈和感情的纯洁真挚。
你听那歌声，就觉得是春潮涨起。而'国风'却较为含蓄，简洁的叙述和
第三人称的口吻都让你感到情感的节制。你所听到的，似乎是一段已经过
去了的风流韵事，你可以说回味无穷，但激情的潮水早已悄悄地退去。"❶

　　尽管有着表达上、情态上的种种不同，但《雅歌》和《国风》在对待
爱情上是一致的，都有着坚定的态度。在《雅歌》里，真爱是火，而且超
越了所有的一切："爱情众水不能熄灭，大水也不能淹没。若有人拿家中所
有的财宝要换爱情，就全被藐视。"（8：7）为什么爱的这样深沉，"因为爱
情如死之坚强"（8：6）。当爱情超越财富、生死，无疑是动人心魄、足可
感天动地的。

　　《国风》里也有这样呼天喊地，直要生死相随的诗歌。如《鄘风·柏
舟》：

　　　泛彼柏舟，在彼中河。髧彼两髦，实维我仪。之死矢靡它。母也
天只，不谅人只！

　　　泛彼柏舟，在彼河侧。髧彼两髦，实维我特。之死矢靡慝。母也
天只，不谅人只！

　　诚然，《诗经》中这样的诗歌是不多见的。这是表明为爱情死而无怨
的，而更为决绝的则有汉乐府诗《上邪》：

　　　上邪！我欲与君相知，长命无绝衰。山无陵，江水为竭，冬雷震
震，夏雨雪，天地合，乃敢与君绝！

"全诗抒情大胆泼辣，笔势突兀起发，响落天外。火一样的激情犹如黄
河波涛汹涌，恰似长江一泻千里，具有咄咄逼人之势。"❷ 这样的激情比

---

　　❶　张立新. 神圣的寓意——《诗经》与《圣经》比较研究［M］. 昆明：云南大学出版社，
1999：48.

　　❷　李春祥. 乐府诗鉴赏辞典［M］. 郑州：中州古籍出版社，1990：13.

《柏舟》的呼天喊地更为直接！当然，《诗经》里既有《柏舟》这样爱得深沉，又有《巷伯》那样恨得干脆！《小雅·巷伯》里对于谗言害人者可谓恨之入骨，制其罪也必欲置之死地。其第六章曰：

> 彼谮人者，谁适与谋？取彼谮人，投畀豺虎。豺虎不食，投畀有北。有北不受，投畀有昊。

《正义》解释说：

> 豺虎若不肯食，当掷予有北太阴之乡，使冻杀之。若有北不肯受，则当掷予昊天，自制其罪。以物皆天之所生，天无推避之理，故止于昊天也。豺虎之食人，寒乡之冻物，非有所择。言不食、不受者，恶之甚也。故《礼记·缁衣》曰："恶恶如《巷伯》。"言欲其死亡之甚。❶

然而，《诗经》里这样爱憎分明，爱则不惜以身死之而无怨，恨则必欲除之而后快的诗歌，如《柏舟》和《巷伯》者毕竟十分罕见，甚至可以说，遍检《诗经》并无再现。也就是说，这样爱恨情仇、快意人生的诗歌在《诗经》中是极其少见的，以这样的诗歌下与汉乐府比较，外与《雅歌》相互参看，更可见《诗经》温柔敦厚的整体风格，或许也能让人从中体会到《诗经》时代的人们所崇尚的平和中庸的待人处事之道。

---

❶　十三经注疏·毛诗正义 [M]. 北京：北京大学出版社，1999：770.

中美高校德育评价比较研究综述*

■ 罗　凯**

【摘　要】德育评价是德育教育的重要环节，除了提供信息反馈，其本身也是一种再教育。我国教育评价起步较晚，建立在此基础上的德育评价也相对处于探索阶段。本文拟对我国高校德育评价的发生与发展进行概括，并与美国高校的德育评价进行比较，发现两者不同的德育评价机制，在差异中探索有利于我国进一步开展德育教育的方法。

【关键词】中美高校　德育评价　比较研究

一、德育评价的比较意义

德育的概念有狭义和广义之分，狭义的仅指道德教育，广义的则包括思想政治教育。德育评价是指依据一定的标准、程序和技术手段对德育的过程及其结果进行评述和估量。德育评价应该是定性与定量的统一，对德育这种特殊活动的过程及其结果做出某种意义上的价值判断。可以看到，德育概念本身的广义与狭义之分，就暗含了德育评价时的范围与维度之分，即对德育结果进行评价时有道德教育和思想政治教育两个维度；对这两个维度的不同侧重就决定了德育评价时的依据和程序、方法，乃至根本的评价效果。

＊ 基金项目：贵州省教育科学规划青年课题"贵州幼儿园转岗教师教师信念调查研究"（项目号：2015C030）。

＊＊ 罗凯（1986~），男，贵州贵定人，心理学硕士，贵州师范学院教育科学学院讲师，研究方向为心理健康教育、教师教育。

具体而言，要使德育评价得以实现，必须具备几个要素，即评价主体、评价客体、评价指标体系（评价依据）、评价的程序和方法、评价的结果及其表达和解释。评价主体是指对德育进行评价的群体或个人；评价客体指的是德育过程（工作计划、措施等）、德育的结果；评价指标体系则是依据评价的价值目标建立的等级指标体系；评价的程序和方法是对评价过程、工作方式的规定，包括评价的步骤、分工及评价的具体方法、操作技术等。❶

狭义的德育本身就具有一定的文化差异；广义上的德育因其政治职能的凸显，不同国家的差异更加明显。当对德育进行评价时，用的是主体的尺度，表现为客体向主体的趋向；同一客体对不同主体的价值不同，不同主体对同一客体的评价也是不同的。尽管不同国家在价值评判上有所差异，但因其评价主体和客体具有一定的相似性，所以通过比较国内外的德育评价，对本国的德育发展必然会有一定的帮助。而且，具体到高校这一特殊阶段的比较研究，更能够发现差异和区别，有助于我们反省当代高校德育中的得与失。

二、国内德育评价的研究现状

从国内来说，德育评价方面的论文和专著主要围绕以下两个问题展开。

第一，德育评价的可行性问题。德育评价研究之初，此类研究较多，但是认为德育不能进行评价的观点大多存在于 20 世纪 80 年代至 90 年代初期。随着教育评价理论的兴起及发展，大多数学者逐渐赞同德育评价是可能的这一观点。我国学者普遍认为德育评价是可能的，并在此前提下开展了针对大学生德育进行量化的评价研究。

第二，德育评价的理论与方法问题。此类研究多从评价目标体系的建构、具体评价方法的设计等方面进行讨论。早期的研究者如肖鸣政（1993）提出了颇具中国特色的目标理论与方法，对高校德育考核的量化范围和标准做了详细介绍。随后，诸多研究者对大学生德育测评做了较为系统的研

---

❶　赵祖地. 略论高校德育评估［J］. 黑龙江高教研究，2005（2）.

究，特别是建立了较为合理的指标体系。另外，佘双好（2002）从德育课程方面进行研究，提出了量性评价方法与质性评价方法。胡炳仙（2007）则提出，要通过制定思想品德素质测量指标、建构素质测量模型来衡量德育工作对提高大学生素质的实际功效。

综上，我国高校德育评价还处于实验性及试探性阶段，即目前德育评价机制还不是很健全，理论还不完善。另外，由于我国高校发展水平参差不齐，各个高校的实际情况也不尽相同，在全国范围内还没有一种被统一接受的德育评价方法。

三、德育评价的比较研究现状

中美高校的比较研究成果比较少。较有代表性的是黄长春，他通过对当代中美高校道德教育比较研究，提出造成德育评价机制不同的原因在很大程度上是由高校德育目标的不同造成的。另外，李萍、林滨在其主编的《比较德育》一书中论述美国德育时从德育评价的理论方面比较了中美的差异。许桂清则在《美国道德教育理念研究》一书中详细地比较了中美道德教育理念与实践，也折射出中美德育评价的差异。

目前能找到的国外有关美国德育评价方面的专著不多，但是研究教育评价的著作很多。比较有代表性的，如美国人布卢姆的《教育评价》。他在书中提出了"诊断性评价""形成性评价""终结性评价"的概念，对整个德育评价理论的发展做出了重大贡献。著者认为，评价就是收集有关学生能力的信息并利用这些信息进行价值判断的过程。他认为教育评估和教学一样是至关重要的，评估也是一种自我教育的手段；通过评估可以让学生从不同的方面认识自己，并学会在不同的环境下处理事情。

总的来看，以德育评价模式及方法作为研究对象的较多，而对于不同德育评价模式的比较研究较少，尤其是中西德育评价模式的比较研究。之所以会如此，是因为现阶段我国德育评价理论还比较落后，人们对于德育评价的认识还处于探索阶段、模仿阶段，更多的是以借鉴和采用外国的现代教育理论为主，还没有建立起真正适应我国德育模式的德育评价机制。因此，在把西方较为先进的德育评价模式本土化方面还有待加强。

四、中美德育评价比较研究发现的问题

通过有限的比较研究文献可以看出，当前国内德育评价中存在的问题主要表现在以下三个方面。

第一，评价主体的失衡。长期以来，学生在德育评价中的主体地位被忽视，德育工作者始终处于一种居高临下的地位，把握着对大学生道德评判的权力，主张或传递一种自己选择的价值观、信仰；只重视学生对道德规范的顺从，无视学生的主体性和能动性，把学生置于完全被动的地位，视学生为接受的容器，追求形式而疏离人性。这些非理性的做法严重压抑了学生个性的发挥，不利于其道德判断和道德选择能力的发展、道德情感的培养及道德行为的养成，从而降低了德育的效力。❶ 这就使得德育评价以政工干部的主观评价为重要参考，缺乏理论依据与科学、客观的分析。这些不合理的德育评价方法，是当今德育弱效、失效的一个重要原因。

第二，评价客体的侧重不当。高校德育评价通常以评价体系层层评定，并采用量化的方式进行，但数据的评定结果不能说明任何实质性问题，尤其是对于德育的实践活动，很难得出一个客观而明确的标准。德育实践活动及其过程的启动、展开与完成，都是为了取得预期的德育价值，而非为了德育而德育。德育的价值不在德育本身，而在德育之外，在于对大学生个体，对学校、对社会、对一切应当受益的个体所产生的积极效应。高等学校的德育工作究竟做的怎样，最终只能由它所产生的实际效用或价值来说明，而不能用德育工作本身或某高校在德育方面做了什么、未做什么来说明。因此，在高校德育评价中，德育价值评价应重于、高于德育实践活动及其过程评价，并且应当用价值评价校准德育实践活动及其过程评价，将对高校德育工作优劣的认定建立在价值评价的基础上。❷

另外，从功能性维度看，评价应作为促进教学的手段，而不是教学的唯一目的，要从过去的"为评价而教学"转变为现在的"为教学而评价"。评价的最终目的不是单纯地做出某个结论，而是要让被评价者认同评价，

---

❶ 孔明．高校德育工作的困境及其对策［J］．湖北大学学报，2005（31）.
❷ 吴自华．论价值评价在高校德育评价中的地位［J］．江苏高教，1997（5）.

从评价的过程和结果中获得有利于自身发展的信息。不仅要对评价对象做出评价结论，还应更加关注评价对象对评价过程的反应，以及对评价结论的认同。❶

第三，评价方法途径的局限。当今高校德育的评价主要还是以片面的考试制度来实现，重理论教育，轻行为养成，致使道德之知和道德之行分离；在德育过程中没有行为性的目标做引导，造成了学生"知行分离""知而不行""知而错行"等现象。这与德育过程中过分强调思想政治教育，轻视基本道德教育，致使德育与社会严重脱节不无关系。道德作为一种社会意识形态，崇尚实践精神，有知行统一的要求。道德能力教育的主要目的在于提高学生对道德善恶评价的能力、道德价值目标选择的能力和道德行为调控的能力。学生的道德修养从道德认知向道德情感、道德意识、道德行为的渐次转化，才是德育良好效果的客观体现。其中道德认识只是开端和基础，道德情感起着内驱力和催化作用，道德意志起着定向作用；在知、情、意的基础上，通过一定的训练，形成道德行为。而当今高校的德育评价多为道德知识的考核，乃至思想政治教育的考核，忽视、轻视大学生道德情感、道德意志、道德能力的培养，"听其言"而不"观其行"；学生疲于应付考试，并未将道德规范真正认同并内化。

五、中美高校德育评价比较研究的启示

中国与美国在大学德育方面存在明显差异。中国突出的是大学生"思想道德修养"或曰"思想政治教育"，而美国则把大学生的"公民教育"放在突出地位。两者确实具有明显差异，并在不同的体制和文化环境中有不同的表现。但是由于近代科学教育学和心理学均发端于欧洲，兴盛于美国，就使得我国的评价理论及实践在一定时期内都处于移植、摸索、创建阶段。并且我国是社会主义国家，曾实行计划经济体制，高教评价也带有明显的制度特点。这使得高教评价具有法制性、强制性、统一性、指导性强的特征，推行起来较顺利，高校执行严格，对提高教育质量起到有力的推动作

---

❶ 梁其贵. 探讨多元智能理论对现代德育评价领域的影响 [J]. 教育与职业, 2006 (15).

用。但同时高校的主动性、灵活性受到抑制和削弱，竞争性、创优性难以充分体现，不能很好地适应社会发展的需要。尽管学术界一直呼吁评价主体的多元化，但由于相关法规条文和传统观念的影响，导致行政部门独撑教育评价市场，既难以催生评价中介机构，也难以给学生充分的自主评定权。相应地，德育评价主体多元性则更难以争取。

总之，德育评价是一个艰巨而又复杂的问题。自古以来，在德育评价方面已经积累了许多宝贵的经验，在中外文化中蕴藏着极为丰富的品德测评思想与方法，但要在近期内研究出一种为社会所公认的、可行的方法则困难重重。我们需要多做比较研究，吸取国外的可借鉴经验，并积极改造已有的、失衡的评价体系。当然，根本的解决之道，还是要立足于本土文化，积极开展本土的创新德育评价科学研究，才能使我国的德育教育得到质的飞跃，人民的道德水平显著提高，实现德育的根本价值。

【参考文献】

[1] 李冰. 道德学习范式下的德育评价及视角转向 [J]. 教育评论，2009 (4).

[2] 梁凤鸣. 大学生德育量化管理的研究与实施 [J]. 黑龙江高教研究，1994 (5).

[3] 肖鸣政. 德育测评 [M]. 长春：吉林教育出版社，1993.

[4] 佘双好. 现代德育课程评价探析 [J]. 学校党建与思想教育，2002 (23).

[5] 胡炳先. 素质测量法在大学生思想品德测评中的应用 [J]. 江苏高教，2007 (2).

[6] 黄长春. 中美两种德育实践的比较研究——兼论不同教育环境下德育效果的评价 [J]. 河北农业大学学报，2000 (1).

[7] 李萍，林滨. 比较德育 [M]. 北京：中国人民大学出版社，2009.

大岛渚电影中的日本文化研究

■ 肖艳华[*]

【摘 要】在日本新浪潮运动中，大岛渚是主要的旗手之一。他的作品以尖锐的思想主题、大胆的表现形式开创了日本电影新气象，对日本影坛影响深远。本文以大岛渚导演的三部作品为主要研究内容，结合日本文化中的人性矛盾、武士道精神和情欲文化，来论述其作品的主题思想与日本文化的相互关系。

【关键词】大岛渚 电影 日本文化

20世纪五六十年代，法国新浪潮电影运动掀起了全世界的电影改革，尤其是其电影理论"作者论"更是影响至深。当时，日本影坛新秀大岛渚发表文章《作者的衰弱》，结合日本电影界的现状提出："作者论"才是挽救日本影人最好的出路；在当时的形式下，确实可以看到很多作者的主观意识都消失殆尽；我只有在我的电影里加强自己的主观意愿，同时对当下的形势保持极度的清醒，除此之外，我别无选择。❶ 在这样的背景下，以大岛渚为领军者，以其电影《青春残酷物语》（1960）为起点，开创了日本电影的新气象，被誉为"日本新浪潮电影"。之后，他又拍出了享誉世界的《感官王国》（1976）和《爱之亡灵》（1978）。一直到1999年的《御法度》，大岛渚总在用他的作品引起世人的一次又一次瞩目。本文结合其三部影片《青春残酷物语》《感官王国》《御法度》的主题来剖析其蕴含的日本文化内涵。

---

* 肖艳华（1984~），女，湖南永州人，文学硕士，贵州师范学院文学院讲师，研究方向为新闻学与影视传播学。

❶ 周鸣之. 日本电影新浪潮 [J]. 世界电影之窗，2009（5）.

一、菊与刀之人性的双重矛盾性

"菊花与刀"是日本民族典型的矛盾性格。第二次世界大战后，美国人类学家本尼迪克特在其著作《菊与刀》中，用菊花与刀来象征日本人的矛盾性格。在日本，菊花象征着皇室，温柔而美丽，而刀指的是武士精神，象征着战斗与不放弃。菊花与刀就是日本人人性的最好诠释，他们温柔却又粗暴、勇敢却又懦弱、易被驯服但又不甘受人摆布。这种双重矛盾的性格在大岛渚的电影中体现得异常明显。

他的早期作品《青春残酷物语》讲述的是大学生藤井清和高中生真琴之间的故事，以他们的恋爱为中心线索展开。在现实生活的境遇下，他们的感情也不断发生着变化，强暴、同居、敲诈等字眼充斥了两个年轻人的青春年华。影片反映出的人性上的双重矛盾主要体现为：追求理想的渴望却又不得不在现实面前无力地妥协。这里有曾经勇敢而最终怯懦的姐姐由纪，也有藤井清在爱情与理想面前的温柔与粗暴，还有真琴一面反抗挣扎却又渴望臣服的矛盾心理。通过故事的演绎，也将大岛渚对社会的矛盾心理表露无遗。在影片里，我们能看出大岛渚对于青春绚烂而残酷的表达。青春应该是有绚烂梦想的，但是战后的实际却割裂了梦想，将梦想抛弃了。所以年轻一代只能在心里悼念自己的梦想，在现实中不可避免地堕落下去。

电影里，姐姐由纪与妹妹真琴曾经用尽力量去反抗，但是在这个"已经被歪曲的社会中"败得一塌糊涂。姐姐由纪一面骄傲于自己曾经有过的梦想，膜拜曾经勇敢反抗的另一个自己，却也不得不放弃爱情、选择了安逸，甚至最后还是失去了爱情与家庭。当年意气风发，最终也只能给他人做情妇，偷偷在地下诊所帮别人堕胎来维持生计。或许，这就是导演的寓意——当姐姐在终结别人的生命时，自己的理想也被彻底地被扼杀了。

而妹妹真琴说：我们才没有梦想呢。她们迷惘甚至绝望，看不到出路与未来，只有靠简单而粗暴的放纵来麻醉自己。这是一种害怕梦想被毁灭才有的血性青春选择。所以在他们身上，心理与行为都是充满矛盾的。如藤井喜欢真琴，却用强奸这样残酷、粗暴的方式来践行；最后，又因为不愿背弃真琴，被小混混们殴打致死。真琴又何尝不是在短暂的青春中挣扎，貌似充满反抗，却又渴望被更强的暴力征服；这种力量一旦披上爱的外衣就成了一个毒苹果，一旦上瘾，所有抗争都是徒劳无功的。就像她在听到藤井最后的呼唤时不顾一切地从车上跳下，这份感情，从一开始的反抗到最后的付出生命来完结。

真琴、真琴的姐姐和父亲分别暗喻当时日本社会中三代普通人的形象和心态。他们就像是大岛渚向往的活在现实社会中的反抗力量，他们的愤怒是直接与纯粹的。大岛渚用赞许的态度审视着他们。真琴和姐姐是大岛渚回忆的自己的反抗年代，有过飞蛾扑火的勇气，最终却失败；对于父辈们，大岛渚认为他们不作为，给予了否定与批判。三代人最终都未能破茧成蝶，仿佛一切都注定是悲剧。这种悲观的情绪在影片故事的递进中逐渐到达顶点。真琴堕胎后，阿清守着熟睡的真琴，和门外的由纪及由纪的恋人交谈。从中，我们看到两个不同年龄段年轻人的反抗，却都是那么的苍白无力。这传达出大岛渚沮丧、失落但又不愿就此屈服的矛盾心理。影片中有一幕，一红一青两个苹果，阿清咬下去的青苹果既像在抗议又像是无力选择。电影中这对年轻恋人的结局有点类似《邦尼与克莱德》中的，再放荡不羁的青春，终有一天会消逝。这样的结局，不可否认的是导演的有意为之。大岛渚用伤感的镜头将他濒临绝望的心态表露无遗，青春的遗憾在一代又一代人身上上演，却无力改变。

二、耻感文化中的武士道精神的内化

日本的耻感文化，以《菊与刀》中的描述最为著名。本尼迪克特认为，日本的耻感文化是一种注重外部社会行为的规范，是以他人的评价来衡量自己的行为，这一点与西方罪感文化中的"自我意识"有着天壤之别。而1971年日本学者土居健郎的著作《日本人的心理结构》对于耻辱感的定义最为典型："日本人一般是在背叛了自己所属的集团利益，失去集团信赖时才会产生强烈的罪恶感。"而耻辱感"则是首先意识到外界的压力，最终化为个人灵魂深处的"。❶ 按照这样的理解，就不难发现在日本社会，集体与

---

❶ 冯雁．论新时期以来抗战文学中的日本人形象 [J]．韶关学院学报，2008（29）．

团队利益是永远凌驾于个人之上的。所以在日本，个人为团队或集团利益辞职甚至是以生命来谢罪都是理所当然的，而团队也是靠个人来承担责任、挽救荣誉的。武士精神中的剖腹自杀或同归于尽，都是耻感文化的极致体现。在大岛渚的电影《御法度》中，就通过"武士道精神"的演绎对耻感文化进行了思考，尤其是对其黑暗的一面进行了批判，并给出了一个"新的武士道精神"的理想答案。

《御法度》是大岛渚的晚年作品，故事诡谲奇异，拍摄风格清冷绝美，剧情变幻莫测。由于是以同性之爱为主要内容，所以很多人更倾向于将此片与他早年拍摄的《感官王国》归为一类，认为都是以人性的黑暗面所展现的欲望冲击。不可否认，大岛渚的作品始终充盈着人性的泛滥和私欲的可怕。但就《御法度》而言，其意义与价值决不止私欲的宣泄这么纯粹。日本新浪潮的另一巨匠今村昌平曾经把大岛渚喻为"日本真正的武士"，因为他在电影里始终都在探索日本大众的心理变化，始终都在思考日本文化的现实境遇，并为之惋惜，为之而觉醒。而这部《御法度》就是用一个同性之爱的表象，从导演的视角向我们讲述了对武士道文化逐渐衰落的深度反思。

影片改编自司马辽太郎的同名小说，以明治维新时期为背景，讲述了一位有着惊人美貌的武士在加入新撰组后，在整个组织掀起了情欲的旋风，让许多武士都深陷其中，无法自拔。整部影片没有任何一个女性的角色，女性视角的缺失也暗示出日本男权社会中女性的普遍地位。这个貌比潘安的武士加纳，浑身散发出致命的吸引力，让其他武士纷纷拜倒，甚至连新撰组的队长都对他青睐有加。加纳的出现，其实可以看作武士欲望的浮现。这些武士的爱慕，各有各的选择与追求。田代对加纳的欲望，是一种纯粹的情爱，是把加纳当成一种美好的想象以维护自己的情感欲望；汤泽对加纳的欲望，是一种自私的占有，是把加纳当成一件玩物来满足自己情感的欲望。加纳呢，他的欲望赤裸而血腥，他用自己来满足自己对周围人情感与生命的掌控欲望。这些欲望，对于武士精神是一种强烈的讽刺。因为在武士的世界里，只有绝对的服从与牺牲，小我永远是最卑微的。把自身完全置于他人的评价与生存之下，这是耻感文化的极致。这也是战争中日本士兵不惜与对手同归于尽的原因。而这种精神一旦沾染了欲望，就是对武士精神的亵渎。武士心中私欲的扩大，武士精神的日渐没落，必将带来日本传统文化根基的弱化，这种变化是让日本人感到恐慌和不知所措的。而这种反思，大岛渚也有着理性的表达。队长土方就充当了这样一个忧思者的角色。他想扭转这欲望之源，但是自己也难以自持地陷入其中，最终发现自己无法走出。这种欲望是耻感文化中的阴暗面，对人性的压抑一旦进入极端，衰落就不可避免。这正是旧有的武士文化带给日本的危害。

作为武士的后代，大岛渚曾深感自豪。他崇敬理想的武士道精神，在对武士道精神的信仰中，精致的荣誉法则所隐藏的病态的过激行为会通过宽容忍耐的教义得到强有力的平衡。❶ 而在当时的现实中，他已经觉察到武士道精神中残暴冷酷、猥琐的阴暗面。在这部影片中，大岛渚对武士文化进行反思与探求，并给出了理性答案。冲田在影片中就是一个理想的化身，既有旧武士的刚毅与忠贞精神，也有着善良与责任。他与加纳的自私、欲望形成了强烈的反差，代表了武士的新精神。土方说，不是你爱上了加纳，而是加纳爱上了你。这就是新的武士精神占据了主导地位，获得了精神上的胜利。

在影片的结尾，冲田结束了加纳的生命。这与土方砍倒樱花树的绝望与无能为力不一样，而是对旧有武士文化与精神的告别。导演正是通过这样的方式，来表达他对新的武士精神的追随。

三、情欲文化中的仪式化

"二战"后，日本的实际境遇让许多日本人陷入迷惘和压抑，日本影坛也发生了质的变化。20世纪50年代中后期，出现了"太阳族"电影，描述中产阶级青年的生活，充斥着大量的性与暴力，在当时获得了极大的商业成功。之后，日本电影中的情欲文化一直如影随形，用情欲来表达思想也成了许多导演的选择。

性与罪一直都是大岛渚电影中最主要的意识与命题，他选择用这样的方式来思考和控诉社会。大岛渚作品中对于性的表达，完全是男女之间异

---

❶ 新渡户稻造. 武士道：日本民族精神的哲学阐释 ［M］. 陈高华，译. 北京：群言出版社，2006.

化了的爱欲，被置于"畸形的"框架之中，通过独特的艺术形式赋予其绚烂的光辉，使其变得正当化和艺术化。❶ 而这种表现就是仪式化，即人们基于对某事或某人的好感与崇敬，通过一系列行为来表达自己内心最真实的感受，这一系列行为被不断地重复、打磨，以揭示、升华内心感受，达到主题深刻。

仪式化是大岛渚影片中"奇情怪性的特征"。在《感官王国》中，大岛渚就通过性与暴力、死亡等符号来凸显。就像许多影评家的崇高评价一样，《感官王国》是一部"在丧失自己当中遭遇自我，在忘却自己时感受高潮"的作品。❷

《感官王国》中性的极致展现是情欲仪式化的核心符号，这部惊世骇俗的作品让世界影坛再一次见识了大岛渚无可比拟的电影才华。他用最直观的暴露镜头，再现了日本历史上的阿部定事件。影片中关于性爱的赤裸裸描述，将扭曲与张扬之美表达到极致。大岛渚用一种高度的"入世"精神、用一种最直抒胸臆的方式来表达他面对外部世界和人性时的急切态度，用性仪式的反复不断地增强其思想的表达。

暴力与死亡同样是情欲仪式化的主要展现符号。在《感官王国》中，我们看到的是一种极端的人性。阿部定对于吉藏的爱专制到不容许有半点"瑕疵"，她用近乎窒息的方式来扼守这段感情。当两人私奔到旅馆后，沉溺在近乎疯狂的性爱欢愉中。最后，阿部定在变态、扭曲的性爱中杀死了吉藏，以疯狂之举割下了他的生殖器，以获得永久的占有。阿部定以一种可怕的自私欲望，将杀戮与感官崇拜进行了血腥的融合，通过最后的暴力一击诠释了爱到极致的疯狂。影片不断地以性的场景来证明，爱除了据为己有，就是把自己奉上祭坛。如同西班牙斗牛士一般，在无数次挑逗后，生命突然终结在牛角刺穿身体的那一刻，在鲜血喷涌中达到高潮和永恒。但是，这样的高潮过后只有万劫不复。

仪式符号的反复无疑推进了影片主题的升华。影片中，性与暴力之后，最终只有死亡。这也强烈地表现了大岛渚的反体制意识。在许多作品中，

---

❶ 费纳. 性之异化与死之悲悯——大岛渚故事电影中的性表露 [J]. 艺术评论，2004（2）.

❷ 陈颖. 行走在日本新浪潮风口浪尖的大岛渚——解读大岛渚"性"叙事主体电影的原欲性念与悲悯情怀 [D]. 上海：华东师范大学，2007.

他都特别擅长将人性极端的一面与社会环境联系起来，认为环境是必然的造成性因素。这种深层次的挖掘能更好地引导人们揭示人物性格、领会影片的主题。影片中这种看似壮烈实则悲剧的结果，有一定的合理性。阿部定之所以疯狂，不是因为她生来如此，而是在某些特定环境下，欲望的本质发生了变化。而引起这些变化的因，才是大岛渚真正想呈现给世人的。电影始终紧扣人在特定环境下的心理状态或种种被异化的行为，而日本当代的重大社会问题或文化往往是这些心态或行为的背景。❶ 这样的演绎，充分体现了大岛渚对当时日本文化与体制的思考和反抗。心理学家霭理士说：

> 只有对社会秩序的需求和人类的本能需求一致时，新世界才会到来。这一进步将毫不怀疑两者的一致性，也毫不怀疑承认其中的一个将必然推动人类去创造另一个。❷

这或许是对大岛渚电影性仪式升华的一种较好的注释。

四、结 语

大岛渚一直站在风口浪尖进行创作。他一直秉承着"作者"的态度，用镜头来描述人性与文化。好的电影，就是要通过光鲜亮丽的表演表达更深层次的寓意，给世人以警醒。大岛渚就是创作这样的好电影的"作者"。

【参考文献】

［1］佐藤忠男 . 大岛渚的世界 ［M］. 北京：中国电影出版社，1981.

［2］鲁思·本尼迪克特 . 菊与刀——日本文化的类型 ［M］. 吕万和，等译 . 北京：商务印书馆，1990.

---

❶ 王蓓 . 存在主义视域下的大岛渚电影 ［J］. 电影文学，2016（7）.

❷ 牧羊人 . Everything You Always Wanted to Know About Sex But Were Afraid to Ask ［EB/OL］. http：// i. mtime. com/dzfmac/blog/4615881，2010.

语言与文化

试析李白《与韩荆州书》一文的用典修辞

■ 杨荫冲*

【摘　要】本文以《与韩荆州书》一文为例分析李白的一些用典特点，认为正是多样化的用典技巧使得其作品具有独特的风格。

【关键词】李白　与韩荆州书　用典

唐代诗人李白的作品雄奇豪迈、辞情壮美，极富艺术感染力。其中一个重要因素，是作者善于对"陈言旧事"加以熔铸剪裁、灵活自如地运用，以抒发胸臆，表达感情。本文试就《与韩荆州书》❶一文的用典情况做一分析。

盛唐之际，干谒之风盛行。李白在首次晋京求仕碰壁后，"流落楚汉"，一边纵情山水，一边"遍干诸侯"，以图实现其远大的政治抱负。据《旧唐书·本纪第八》，开元二十三年春，唐玄宗下诏举贤："其才有霸王之略、学究天人之际，及堪将帅牧宰者，令五品已上清官及刺史各举一人。"❷ 在这种政治背景下，李白给时任襄州刺史兼任山南东道采访使的韩朝宗❸上书求官，写下了这篇脍炙人口的自荐信。文章骈散并用，长短错落，感情充沛，神采飞扬。以下以段落为单位，逐一分析其用典。

白闻天下谈士相聚而言曰：（1）"生不用封万户侯，但愿一识韩荆

---

* 杨荫冲（1973~），男，河南登封人，文学博士，贵州师范学院文学院教授，研究方向为古典文献学。

❶ 本文以《李白全集编年注释》（安旗主编，成都：巴蜀书社，1990）为底本。

❷ 按传统观点，《与韩荆州书》写于开元二十二年。实误，当为二十三年。参：吕华明. 李白《与韩荆州书》《赠孟浩然》著年考论［J］. 南京工业大学学报：社会科学版，2003：2.

❸ 《新唐书》卷一百九有传。"朝宗喜识拔后进，尝荐崔宗之、严武于朝，当时士咸归重之。"

州。"何令人之景慕，一至于此耶？（2）岂不以有周公之风，躬吐握之事，使海内豪俊，奔走而归之。（3）一登龙门，则声誉十倍，所以（4）龙盘凤逸之士，皆欲收名定价于君侯。愿君侯不以富贵而骄之，寒贱而忽之，则（5）三千宾中有毛遂，使白得颖脱而出，即其人焉。

（1）"生不用封万户侯，但愿一识韩荆州"一句能否称为用典还存在疑问。因为这样的原句或表达类似意义的典面并不见于同时或后代的作品中，可能为李白所杜撰。但他本意是通过引言以增强说服力。韩朝宗时任襄州刺史不久，曾任荆州长史，故以曾履职的地方代称其人，犹贾长沙、柳柳州也，为代名之一种。如把本句引言看作用典，则有两个层次，后者隶属于前者，可定性为叠引中的层叠，引言，明引，证言式。不同于一般用典的地方在于，引言中的中心词与作者述说的话题重合。

（2）事见汉韩婴《韩诗外传》卷三："吾，文王之子，武王之弟，成王之叔父也，又相天下，吾于天下亦不轻矣。然一沐三握发，一饭三吐哺，犹恐失天下之士。"司马迁《史记·鲁周公世家第三》也有相同记载。周公摄政，日理万机，求贤若渴，连洗头、吃饭的时间都没有。后多用这个故事比喻政治人物爱惜人才、勤于政事，而李白则直接把被比体"韩朝宗"当作比体"周公"。为略取语意的暗用，引事，同义式，代言式用典。

（3）见宋范晔《后汉书·党锢列传》："是时朝庭日乱，纲纪颓阤（疑当为弛），膺独持风裁，以声名自高。士有被其容接者，名为登龙门。"李贤注：以鱼为喻也。龙门，河水所下之口，在今绛州龙门县。辛氏《三秦记》曰"河津一名龙门，水险不通，鱼鳖之属莫能上，江海大鱼薄集龙门下数千，不得上，上则为龙"也。《世说新语·德行》也略记此事。可见龙门是身份质的变化的关节点，过此与否将决定地位的高下。李白把能得到韩荆州的赏识和荐引比作登龙门，准确、形象。属于用典中的引事，暗用，同义式，较同的衬言式类型。

（4）典出《三国志·魏志·杜袭传》：袭避乱荆州，刘表待以宾礼。同郡繁钦数见奇于表，袭喻之曰："吾所以与子俱来者，徒欲龙蟠幽薮，待时凤翔。""蟠"亦作"盘"。原意谓韬光养晦等待时机，为世所用。李白改造、暗用了这个语典，让两个主谓短语并列，在形式上采用了"超语段组合+之+表示义类的中心词"，通过比喻转义为才俊之士的代名。

（5）典出《史记·平原君列传》：有毛遂者，前，自赞于平原君曰："遂闻君将合从（纵）于楚，约与食客门下二十人偕，不外索。今少一人，愿君即以遂备员而行矣。"平原君曰："先生处胜之门下几年于此矣？"毛遂曰："三年于此矣。"平原君曰："夫贤士之处世也，譬若锥之处囊中，其末立见。今先生处胜之门下三年于此矣，左右未有所称诵，胜未有所闻，是先生无所有也。先生不能，先生留。"毛遂曰："臣乃今日请处囊中耳。使遂蚤得处囊中，乃颖脱而出，非特其末见而已。"此为同义式的引事，李白自比于毛遂，把自己编织在典故中，成为里面的一个角色；以典故代言，巧妙地表达了急于求售、迫不及待的心情。

白陇西（6）布衣，流落楚汉。十五好（7）剑术，遍干诸侯；三十成文章，历抵卿相。虽长不满七尺，而心雄万夫。王公大人，许与气义。此畴曩心迹，安敢不尽于君侯哉！

君侯制作侔神明，德行动天地，笔参造化，学究天人。❶ 幸愿开张心颜，不以（8）长揖见拒。必若接之以高宴，纵之以清谈，请日试万言，（9）倚马可待。今天下以君侯为（10）文章之司命，人物之权衡，一经品题，便作佳士。而君侯何惜阶前盈尺之地，不使白扬眉吐气，激昂青云耶？

（6）语出《大戴礼记·曾子制言中》："布衣不完，蔬食不饱，蓬户穴牖，日孜孜上仁。"原意为比较粗糙的麻枲之类做的衣服，进而布衣成了身份的标记，很早就转义为平民的代名，就像膏粱代指富贵、缁衣代指僧徒一样。如《荀子·大略》："古之贤人，贱为布衣，贫为匹夫。"到了后代成了平常词汇，一般都感觉不到是在用典。

（7）《史记·刺客列传》：鲁句践已闻荆轲之刺秦王，私曰："嗟乎，惜哉其不讲于刺剑之术也！"这里指击剑的技艺，后转义为侠客的行为或作风。为暗用转义式的代名用典。这个典故由具体的事项抽象为一般概念，在文中产生了歧义，即不容易辨别作者使用的是典故的具体义还是抽象义，

---

❶ 制作侔神明，德行动天地，笔参造化，学究天人：梁释僧祐《宏明集》卷四何承天《达性论》：妙思穷幽赜，制作侔造化。《后汉书·霍谞传》：明将军德盛位尊，人臣无二。言行动天地，举厝移阴阳。《梁书·钟嵘传》文丽日月，学究天人。此句为模仿古人观察和描写事物的角度组织句子，是仿拟，非用典。

两者出现了混淆。可能是指李白少年时喜欢击剑之术，也可能是指他崇尚行侠仗义的刺客精神。

（8）《史记·高祖本纪》：（郦食其）乃求见，说沛公。沛公方踞床，使两女子洗足。郦生不拜，长揖曰："足下必欲诛无道秦，不宜踞见长者。"《后汉书·文苑列传》：光和元年，举郡上计到京师。是时司徒袁逢受计，计吏数百人皆拜伏庭中，莫敢仰视，（赵）壹独长揖而已。逢望而异之，令左右往让之曰："下郡计吏，而揖三公，何也？"对曰："昔郦食其长揖汉王，今揖三公，何遽怪哉？"逢即敛衽下堂，执其手，延置上坐，因问西方事，大悦。在古人看来，揖而不拜是不敬。《说文解字·手部》：拜，手至地也。古代表示敬意的一种礼节。行礼时两足跪地，低头，下与腰平，两手至地。揖则拱手屈身而已，没有拜恭敬。李白在吹捧韩朝宗的同时，并没有忘记一个布衣的尊严——只揖不拜，以郦食其、赵壹自居，在暗用这个典故的同时，很自然地引进了当时的语境，提醒对方自己不可小觑，别因为不毕恭毕敬就等闲视之。这个同义式的事典用在这里非常贴切，属于更换原典主语的代言式用典。

（9）《世说新语·文学》：桓宣武北征，袁虎时从，被责免官。会须露布文，唤袁倚马前令作。手不辍笔，俄得七纸，殊可观。东亭在侧，极叹其才。倚马可待遂成才思敏捷之代名。为引事，暗用，转义式用典。

（10）《周礼注疏》卷十八：以禋祀祀昊天上帝，以实柴祀日、月、星、辰，以槱燎祀司中、司命、飌师、雨师。郑司农云："司命，文昌宫星。"《史记·天官书》："斗魁戴匡六星曰文昌宫……四曰司命。"司马贞《索隐》引《春秋元命包》："司命主老幼。"《礼记注疏·深衣》：故规矩取其无私，绳取其直，权衡取其平。权，秤锤；衡，秤杆。司命原为星名，权衡为器物名。两词词义在原义基础上分别引申发展为主宰或关系命运的事物和某种法度或准则，而且都加上了限定语"文章""人物"，提示读者这是一种非常规组合，为转义式代名。现在两词的引申义成了常用义项，一般人很难理解为是在用典了。

　　昔王子师为豫州，未下车即辟荀慈明，既下车又辟孔文举。山涛作冀州，甄拔三十余人，或为侍中、尚书，先代所美。❶而君侯亦荐一严协律，入为秘书郎。中间崔宗之、房习祖、黎昕、许莹之徒，或以才名见知，或以清白见赏。白每观其衔恩抚躬，忠义奋发，以此感激，知君侯推赤心于诸贤腹中，❷所以不归他人，而愿委身国士。倘急难有用，敢效微躯。

且（11）人非尧、舜，谁能尽善？白谟猷筹画，安能自矜。至于制作，积成卷轴，则欲尘秽视听，恐（12）雕虫小技，不合大人。若赐观（13）刍荛，请给纸墨，兼之书人。然后退扫闲轩，缮写呈上。庶（14）青萍、结绿，长价于薛、卞之门；幸惟下流，大开奖饰，惟君侯图之。

（11）"人非尧舜"当是习用语。运用了演绎推理：典故作为小前提，只有圣人才是完人，然而我们都不是尧舜一样的圣人，有缺点就不可避免了。为引言，暗用，同义证言式用典。

（12）典出汉扬雄《法言·吾子》："或问：'吾子少而好赋？'曰：'然。童子雕虫篆刻。'俄而曰：'壮夫不为也。'"按，"虫"指虫书，"刻"指刻符，各为一种字体。后以"雕虫篆刻"或"雕虫小技"喻不登大雅之堂的某种技巧。李白用来指诗文创作，为转义式代名用典，现已成为只用比喻义的一般词汇。

（13）《毛诗正义·大雅·板》：我言维服，勿以为笑。先民有言，询于刍荛。毛传："刍荛，薪采者。"《孟子·梁惠王下》："文王之囿方七十里，刍荛者往焉，雉兔者往焉，与民同之。"赵岐注："刍荛者，取刍薪之贱人也。"具体的砍樵打草的行为转义为从事这一活动的一类人，从而成为平民之代名。

（14）青萍亦作"青荓"。《文选·答东阿王笺》："君侯体高世之才，

---

❶ 《后汉书·王允传》：特选拜豫州刺史，辟荀爽、孔融等为从事。《晋书·江统传》：东海王越为兖州牧，以统为别驾，委以州事，与统书曰："昔王子师为豫州，未下车，辟荀慈明；下车，辟孔文举。贵州人士有堪应此者不？"《晋书·山涛传》：出为冀州刺史，加宁远将军。冀州俗薄，无相推毂。涛甄拔隐屈，搜访贤才，旌命三十余人，皆显名当时。人怀慕尚，风俗颇革。这里只是对历史上曾经发生的事加以追述，没有明确的言外之意，不能算用典。

❷ 《后汉书·光武帝纪》：降者更相语曰："萧王推赤心置人腹中，安得不投死乎！"由是皆服。此处为仿拟，非用典。

秉青萍、干将之器。"吕延济注："青萍、干将，皆剑名也。"古宝剑名。结绿语出《战国策·秦策》：臣闻周有砥厄，宋有结绿，梁有悬黎，楚有和璞。皆美玉名。薛指薛烛。汉袁康《越绝书·外传记·宝剑》：昔者，越王句践有宝剑五，闻于天下。客有能相剑者，名薛烛。王召而问之。卞指卞和，《韩非子·和氏》：楚人和氏得玉璞楚山中，奉而献之……王乃使玉人理其璞而得宝焉，遂命曰和氏之璧。李白在这里叠引两个典故，交错叙述。宝剑、美玉只有在善于识别的薛烛、卞和那里才能体现其价值，作者的才华则寄希望于韩朝宗的奖掖提拔。此为引事、暗用、转义、代言式用典。

就这篇文章用典的情况来看，我们发现一个问题，即一些比较简短的典面如果经常在新文本中以转义方式出现，这种表达被大家所接受，或者因为社会发展，或者因为人们思维方式、文化心理的影响，典故所从出的典源义逐渐变得陌生，后代人在说写它时不再意识到其来源的原生意义，这时就很难说是在用典，如"龙盘凤逸""布衣""司命""权衡""雕虫小技"。这样一来，判定是否用典，就需要结合文本本身的情况，以动态的观点来看待。当时可能是属于用典，现在演变为一般词汇，估计相反的情况也存在，更多的是处于两可状态。

《与韩荆州书》的用典特点也较明显，引言、引事皆有。除开篇首句明引外，基本全是暗用，这样避免了有碍文章气势的各种引用标志。因为暗用能更好地融合于述说的话题中，典故所从出的文本片段与新的文本衔接得非常自然，浑然一体，让人几乎感受不到刀斫斧削的痕迹。作者鲜明的自我形象、突兀的个人特征和强烈的感情色彩与其独特的用典技巧不无关系。或引事，或引典，或用其同义，或其转义，或单引，或叠引，不拘一端。我们发现，李白偏爱代言式用典，正面形象往往整合在典故当中，合而为一，象喜亦喜，象忧亦忧，似乎这个典故就是为他而设的。他杂糅古今，手法多样，力避僻典，虽典源甚广，却毫无堆积生硬之嫌。"天机云锦用在我，剪裁妙处非刀尺。"作者灵活多样、舒卷自如的用典技巧使得其作品风格别具一格。

泰语派生词探析

■ 史先建*

【摘　要】泰语主要是依靠词缀来构成派生词。采用前缀加词根的形式来构成派生词是主要途径，泰语中由后缀构成的派生词的数量不是很多。从来源看，泰语词缀主要来自梵语和巴利语。泰语词缀的语法功能有三个：改变词性，音乐修饰，凸显社会角色。

【关键词】词缀　泰语　派生词

一、引　言

派生是一种重要的创造新词的方法，是指运用语言中的原有材料和构词规则创造新词。具体说来，就是在词根上加构词附加成分构成新词语。一般认为，派生词是形态变化明显的语言特征，它大量地出现在屈折语当中，因此印欧语系的语言中，这种现象尤为突出。例如，英语仅常用的词缀就有100多个。世界语是以欧洲罗曼、日耳曼、斯拉夫三大语族的语言为基础的人造语言，有几十个词缀。像在英语中，后缀有-er、-ist、-ant等，前缀如un-、im-、in-等，它们构成了十分丰富的派生词。汉藏语系中虽然形态的变化不大，但是并不能因此而否认该语系语言没有词形的变化，只是数量不大罢了。本文主要研究泰语派生词的词缀语法意义、词缀的位置、词缀的组合情况。

---

* 史先建（1975~），男，山东邹城人，文学博士，贵州师范学院副教授，研究方向为汉语与亲属语言。

二、词缀的讨论

（一）词缀

词缀又称语缀、附加成分、接辞、记号，包括前缀、后缀和中缀。这些术语分属 6 个系列。如表 1 所示。

表 1　词缀术语

	—	S1	S2	S3	S4	S5	S6
0	Affixes	词缀、语缀	词　缀	接　辞	—	附加成分	记　号
1	Prefixes	前　缀	词　头	接头辞	接头字	前加成分	前附号
2	Infixes	中　缀	词　嵌	（插入辞）	—	中加成分	—
3	Suffixes	后　缀	词　尾	结尾辞	中加成分	后加成分	后附号

术语如此之多，要从中取舍，科学的指称是研究问题的第一步。我们可以从马庆株先生（1991）的研究中汲取经验。他认为：L0 = L1 + L2 + L3，在所列 6 个系列中，S4 和 S6 没有 L2 即相当于 infixes 的词，因而这两个术语系列是不完整的；S4 甚至连 L0 都没有，S3 中 L2 与总称 L0 都没有；S3、S4、S6 这三个系列不易被采用。在 S1、S2、S5 三个系列中，S1 和 S2 比 S5 简洁，S5 中的 L0"附加成分"还可以用来表示定语、状语、补语之类的句法成分。在 S1 和 S2 两个系列中，S2 中的 L3"词尾"一般用来表示构形成分，各个术语的共同语素是上一级语法成分单位的名称"词"；S1 系列个术语的共同语素"缀"，因为 L1、L2、L3 是 L0 的下位名称，只有 S1 系列个术语能够最明确地表示 L0、L1、L2、L3 之间的上下位关系，所以我们采用 S1 系列的术语。❶

（二）汉藏语的词缀研究

对于汉语词缀的研究，语言学家王力指出："中国语的大进化，乃是词类的记号大量增加"，规定"凡语法成分，附加于词或语或句子形式的前面

---

❶　马庆株．著名中年语言学家自选集·马庆株卷 [M]．合肥：安徽教育出版社，2002：43.

或后面，以表示它们的性质者，叫做记号"。他又说："我们所谓的记号是
不容易辨认的，只需要看它和实词黏附得紧不紧""'儿、子'等记号都是
和实词黏附得很紧的，因为它们就和实词合成一体，算是一个词。中国
'儿、子、第'等字的意义太虚了，若称为词尾，恐令人发生误会，所以还
是叫做记号的好。"❶ 王力先生实际上指出：（1）记号的黏附性；（2）定位
性；（3）意义虚化性；（4）记号的作用是标示词、词组的性质。但是"记
号"这个术语在学界的影响不是很大。郭良夫先生则认为词缀从结构上看
是定位的不成词的成分，确定词缀还要考虑意义的虚实，意义虚的是词
缀。❷ 胡附、文炼认为，不仅张志公提到的"家、者、员、性、度、化、
然、法"是词尾，"手"也是词尾。他们指出："派生词的构成形式是汉语
词汇中最普遍的形态学类型之一，也是现代汉语构词法中最能产的格式之
一"。❸ 这类词拥有形态学结构，标志着自己所属的词类，能够部分解决汉
语词的分类困难。虽然学者们对词缀的理解还有分歧，但是仍然可以看出：
词缀是指位置比较固定、意义比较虚的能够构词、标示新词的性质的语法
单位。

在汉藏语的语支中也普遍存在词缀，像"阿"前缀就分布在汉藏语系
许多语言和方言中。例如：

傈僳：ama 妈妈　　　atha 刀子　　　彝：aphu 祖父

哈尼：ada 父亲　　　axa 鸡　　　　拉祜：api 祖父❹

若要确定一个词是否有词缀，首先得确定这个词是合成词，而不是单
纯词；然后再分析语素的性质。这就需要判定所分析的对象是语素还是语
素中的一个音节，即分析和确定词的构造和词内语言单位的层级。我们根
据意义和语音形式来确定语素的同一性，拿相关的词来比较。具体到泰语
来看，泰语有一个 tsaaŋ^3（匠）的语素，它的合成功能极强，位置也固定，
而且还可以标示词性，似乎符合词缀的定义，但是我们并不认为它是词缀，
因为在每个合成词中它的基本意思是实在的，并不虚化。泰语的词缀在数

---

❶ 王力. 王力文集［M］. 济南：山东教育出版社，1984：187，189~200.

❷ 郭良夫. 现代汉语的前缀和后缀［J］. 中国语文，1983（4）.

❸ 胡附，文炼. 现代汉语语法探索［M］. 北京：商务印书馆，1990：64~65.

❹ 马学良. 汉藏语概论［M］. 北京：民族出版社，2003：298.

量上是很少的，从形式来看，多是外源性的，自源的不多。这和汉语派生词的特点十分相似。从构词位置来分，泰语词缀可以分为两大类即前缀和后缀。下面是以《泰汉词典》为语料的泰语派生词的总结。

三、泰语的词缀与派生词

（一）泰语的前缀与派生词

我们查阅了《泰汉词典》，发现泰语的前缀数量要比后缀多。下面是对泰语的前缀的分析。

（1）kl（r）a² -：❶

①用来加强语气。

kla²+tham¹（做）→kla²tham¹：做

kla²+ʔai¹（咳嗽）→kla²ʔai¹：咳嗽

kra²+tsɔɔi³（细小）→kra²tsɔɔi³：小，细小

②［诗歌］加在 K 开头的词前，原词意义不变。

kla²+kɔɔn¹：（光）→kra²kɔɔn¹：照射，放光。派生词的词性由名词变为动词

kla²+krɯɯk²（轰然）→kra²krɯɯk²：嘈杂，喧嚷，喧闹

kla²+krian²（传播）→kra²krian²：传播，远扬

kla²+kriiam¹（嘈杂）→kra²kriiam¹：喧闹声，嘈杂声

kla²+kɔɔŋ¹（拥抱）→kra²kɔɔŋ¹：［书］搂抱，拥抱

（2）ka² -：是 kra- 的变体，作用同上。

（3）kaan¹ -：

①是名词前缀，表示"事务，业务，工作"。

kaan¹+khrau¹（厨房）→kaan¹krau¹：炊事，烹调

kaan¹+ŋɯɯn¹（钱）→kaan¹+ŋɯɯn¹：金融，财务

---

❶ 泰文采用国际音标转写，上标数字为泰语声调。泰语共有 5 个声调，调值分别为 33、11、51、453、215。为行文方便，本文之上标数字依次代表这 5 个调，不同于我国传统语言学中调类表示方法，特此说明。

kaan¹+baan³（家）→kaan¹baan³：作业

kaan¹+muŋ⁴（蚊帐）→kaan¹muŋ⁴：房事

kaan¹+mɯɯaŋ¹（城市）→kaan¹mɯɯaŋ¹：政治，政务

②是动词前缀，接在动词前面，使其变为名词，表示较为具体的意义。

kaan¹+khaa⁴（卖）→kaan¹khaa⁴：贸易，生意

kaan¹+nam¹（带领）→kaan¹nam¹：传导，领导

（4）khii³-：表示爱好，嗜好。

khii³+tuu²（冒充）→khii³tuu²：喜欢冒充

khii³+pot²（撒谎）→khii³pot²：爱撒谎

khii³+jɛɛ¹（哭）→khii³jɛɛ¹：老哭的，爱哭

khii³+rɔɔn⁴（热）→khii³rɔɔn⁴：爱出汗的

（5）khra⁴-：诗歌放在开头的词前，使得音韵悦耳；原词义不变。

khra⁴+khrai¹（谁）→khra⁴khrai¹：谁

khra⁴+khroom¹（灯笼）→khra⁴kroom¹：灯笼

khra⁴+khrɯk⁴（做）→khra⁴khrɯk⁴：做

（6）khwaam¹-：

①接在形容词或副词前，使其变成抽象的名词。

khwaam¹+ŋaam¹（美丽，漂亮）→khwaam¹ŋaam¹：美丽

khwaam¹+tsiŋ¹（真实的）→khwaam¹tsiŋ¹：事实，真相

khwaam¹+tshua³（坏的）→khwaam¹tshua³：劣迹，恶行

khwaam¹+thii²（频繁）→khwaam¹thii²：密度，频率

②用于某些动词前，使其变成抽象的名词。

khwaam¹+khit⁴（想）→khwaam¹khit⁴：思想

khwaam¹+kot²（按）→khwaam¹kot²：压强

khwaam¹+tsam¹（记住）→khwaam¹tsam¹：记性

khwaam¹+ nam¹（带领）→khwaam¹nam¹：传导性

（7）kha⁴-：放在以 kh（低组）开头的词前，是音韵悦耳；原词义不变。这类例子就不再列举。

（8）dooi¹-：放在名词或形容词前，使其变为副词。

dooi¹+dii¹（善，好）→dooi¹dii¹：乖乖，好好地

dooi^1+th$\varepsilon\varepsilon^4$（真实）→dooi^{1}th$\varepsilon\varepsilon^4$：简直，确切

dooi^1+maak^3（多）→dooi^{1}maak^3：大多数

dooi^1+reu^1（快）→dooi^{1}reu^1：迅速，赶紧

（9）soη^1-：

①用在一般动词前，使其成为王室用语；原来的词义不变。

soη^1+saap^3（知晓）→soη^1saap^3：（王）洞悉

soη^1+ tak^2（舀）→soη^1tak^2：（王）舀水

②用于王室用语的名词前，使其变为动词。

soη^1+maa^4（马）→soη^1maa^4：（王）御驾

soη^1+wcc^1（轿子）→soη^1wcc^1：（王）乘轿

（10）saam^1-：表示"可以，值得"的意思。

saam^1+tshom^1（喜爱）→saam^{1}tshom^1：逗人喜欢

saam^1+ tsheei^1（喜欢）→saam^{1}tsheei^1：讨人欢心

（11）nak^4-：《泰汉词典》中标明这个词缀来自柬埔寨语，是一个外来的词缀。它可以用在名词和动词的前面，构成派生词，意为"家，人，者，人士"。

nak^4+khaau^2（消息）→nak^{4}khaau^2：记者

nak^4+tsii^3（抢，夺）→nak^{4}tsii^3：抢劫者

nak^4+te^2（踢）→nak^{4}te^2：足球运动员

nak^4+bin^1（飞）→nak^{4}bin^1：飞行员

（12）naa^3-：动词前缀，意为"可，好，令人，值得"，派生词变为形容词。

naa^3+rak^4（爱）→naa^{3}rak^4：可爱

naa^3+kin^1（吃）→naa^{3}kin^1：好吃，引人口馋

naa^3+duu^1（看）→naa^{3}duu^1：美观，好看

naa^3+tsh$\mathrm{w}\mathrm{w}$a^3（相信）→naa^{3}tsh$\mathrm{w}\mathrm{w}$a^3：可信

（13）naai^1-：前缀，表示"主，长，官"。

naai^1+ηaan^1（工作）→naai$^1\eta$aan^1：工头

naai^1+$\eta\mathrm{w}\mathrm{w}$n^1（钱）→naai$^1\eta\mathrm{w}\mathrm{w}$n^1：债主

naai^1+tsaaη^3（雇佣）→naai^{1}tsaaη^3：雇主

naai¹+tshaaŋ³（匠）→naai¹tshaaŋ³：技师

（14）bup²-：先，前，早，初。

bup²+kam¹（事物）→bup²lam¹：宿业

bup²+kaai¹（身体）→bup²kaai¹：上身

bup²+tsaat³（世界）→bup²tsaat³：前世

（15）phu³-：用在动词或形容词前面，表示"人，者，员"。

phu³+nam¹（带领）→phu³nam¹：领袖

phu³+raai⁴（坏）→phu³raai⁴：歹徒，暴徒

phu³+nɔɔi³（微小）→phu³nɔɔi³：晚辈，下属

phu³+dii¹（好）→phu³dii¹：君子，贵族

（16）fii⁵-：名词前缀，表示"技能"。

fii⁵+paak²（嘴）→fii⁵paak²：口才

fii⁵+mɯɯ¹（手）→fii⁵mɯɯ¹：手艺

（17）phra⁴-：加在帝王、神佛、崇敬之物等前面，表示尊称。

phra⁴+khun¹（好处）→phra⁴khun¹：恩泽

phra⁴+ tsau³（主人）→phra⁴tsau³：佛祖，上帝

（18）phɔɔ³-：表示"男性，从事某工作的男人"。

phɔɔ³+baan³（家）→phɔɔ³baan³：村长，家长

phɔɔ³+kha⁴（卖）→phɔɔ³khaa⁴：男商人

phɔɔ³+khrua¹（厨）→phɔɔ³khrua¹：男厨师

phɔɔ³+mɯɯan¹（城市）→phɔɔ³mɯɯan¹：郡主

（二）泰语的后缀与派生词

后缀部分：泰语的后缀较之前缀数量很少，有下列两个。

（1）-kon¹：表示"……工作者，制造者"。如：tsit²（美丽）+kon¹→tsit²kon¹：美术家。

（2）-phaaŋ³：

①接在名词后面，使之词义抽象化。

mit⁴（朋友）+phaap³→mit⁴phaap³：友谊

②接在谓词性的语素后，使它抽象，一般表示状况，情形。

suk²（健康）+phaap³→suka²phaap³：健康状况

四、结　语

从以上分析可以看出，泰语的词缀以前缀居多，后缀很少。泰语的词缀从语法功能来看，可分为修辞和社会功能。这主要表现在 kla^2 等加在根词的前边，使得音韵悦耳，但原词义不变；pra^4 加在帝王、神佛、崇敬之物等前面，表示尊称。这样的词缀在构词过程中，具有语音美感，大多出现在诗歌和书面语中，可以统称为修辞作用词缀。这种追求韵律的方法，可以看作是语言的和谐率。这可以从 kla 后接词根的语音形式看出来，kla 总是后接舌根音 k。像 pra^4 这一类词缀，则是泰语词语在凸显社会角色时的社会变体。pra^4 的本义是僧侣、高僧。在泰国社会中，僧侣的地位很高，民众普遍信奉佛教，国王本人也必须是佛教信徒，因此，pra^4 本身就被赋予了至高无上的含义。所以表示国王、僧侣的相关词语，经常加上该词缀，以显示地位的显赫、高贵。我们可以把这种作用看作是词缀的社会功能用法。某些泰语的词缀具有改变词性的语法作用，并且构词能力极强。这类词缀以 $khwaam^1$ 为代表，它加在根词的前面使之变成名词，好像是个开放的体系。这种强大的构词功能会源源不断地造出新的抽象名词。例如：

$khwaam^1$+ηaam^1（美丽，漂亮，adj）→$khwaam^1\eta aam^1$：美丽（n）

$khwaam^1$+$tsi\eta^1$（真实的，adj）→$khwaam^1 tsi\eta^1$：事实，真相（n）

$khwaam^1$+$tshua^3$（坏的，adj）→$khwaam^1 tshua^3$：劣迹，恶行（n）

$khwaam^1$+$thii^2$（频繁，adv）→$khwaam^1 thii^2$：密度，频率（n）

教育与文化传播

美学视野下的语文教学对策略论*

■ 杨道麟　杨慧琴**

【摘　要】美学视野下的语文教育客体的教学对策在语文教育研究中一直未能得到应有的重视。语文教育客体的教学对策是指施教者引导受教者遵循既定的教学计划而组织、表达、调控语文教学活动的一种实践能力。它主要体现为语文教学施教能力。这种能力所关涉的语文课堂教学的组织能力、语文课外活动的组织能力等语文教学活动的组织能力和有声语言的表达能力、无声语言的表达能力等语文教学活动的表达能力及善于应变的调控能力、巧于幽默的调控能力等语文教学活动的调控能力这三个方面是施教者教学水平的重要标志。因此，施教者只有而且应当从美学视野对语文教育客体的教学对策予以多维观照，才有可能呈现一个应然的状态。

【关键词】美学视野观照　语文教育客体　语文教学对策　语文教学施教能力

美学视野下的语文教育客体的教学对策在语文教在育研究中一直未能得到应有的重视。语文教育客体的教学对策是指施教者引导受教者遵循既定的教学计划而组织、表达、调控语文教学活动的一种实践能力。它主要

　* 本文系湖北省教育科学"十二五"规划 2014 年度立项课题"高师院校中文系必须注重学生从事语文教育的综合能力研究"（编号：2014B012）的终结性成果。

　** 杨道麟（1959~），男，湖北潜江人，博士，华中师范大学教授，山东师范大学兼职教授，贵州师范学院客座教授，喀什师范学院特聘教授，主要从事语文教育哲学和语文教育伦理学及语文教育美学的研究；杨慧琴（1975~），女，贵州天柱人，硕士，贵州师范学院文学院讲师，主要从事语文课程和语文教材及语文教学的研究。

体现为语文教学施教能力。这种能力是施教者在语文（语言、文章、文学）❶ 教学中指引受教者倾尽心力地完成智育的"真"、德育的"善"、美育的"美"❷ 等任务的行为方式和实践过程，更是施教者教学水平的重要标志，往往决定教学方案的实施、教学目标的达成、教学效果的优劣。因此，施教者只有而且应当从美学视野对语文教育客体的教学对策予以多维观照，才有可能呈现一个应然的状态。以下仅从美学视野下的语文教学活动的组织能力、美学视野下的语文教学活动的表达能力和美学视野下的语文教学活动的调控能力三个方面分别论述。

一、美学视野下的语文教学活动的组织能力

美学视野下的语文教育客体的教学对策之一的语文教学活动的组织能力，是指施教者在课内与课外的教学活动中引导受教者将语文的"真"（智育）、"善"（德育）、"美"（美育）等诸种关系达到和谐一致的一种教学实践能力。它事关教学任务的落实、教学质量的评估，在培养高素质的人才中具有举足轻重的地位。施教者具备了这种能力，就能较好地厘定教学内容、安排课堂结构、选择教学方法、设计课堂练习，从而保证教学过程的顺利进行，并真正使语文教育的效率得到明显提高。施教者的美学视野下的语文教育客体的教学对策之一的语文教学活动的组织能力大致可分为语文课堂教学的组织能力与语文课外活动的组织能力两个方面。下面依次予以展开。

（一）语文课堂教学的组织能力

语文课堂教学的组织能力是指施教者在语文教学中引导受教者将教学任务、教学环节、教学进度等有机地联系起来，并灵活、恰当地运用各种教学技巧，从而使语文课堂形成和谐的"教学共振"的能力。为此，施教者要仔细观察受教者在课堂教学中的各种反应，并运用无意注意与有意注

---

❶ 曾祥芹 . "一语双文"时代渐行渐近——全球化语境下语文内容结构改革的必然趋势［J］. 语文建设，2009（11）：4~8.

❷ 杨道麟 . 语文教育应探求真善美融合的新理念［J］. 贵州师范大学学报：社会科学版，2007（6）：130~132.

意相互转换或交替的规律，切实处理好各种矛盾。这种能力具体表现为：第一，控制语文课堂教学的目标。围绕目标组织语文课堂教学，是提高教学质量的有效途径。一个单元、一篇课文或一个课时的教学目标，对课堂教学的内容进程起着定向、定量、定度和定序的作用。施教者要把教学目标展示给受教者，使他们的注意力始终集中到教学目标上来，以避免漫无目的或节外生枝等偏离教学方向的现象。对语文中智育与德育及美育的量次、速度、难度、强度等均应以达到目标的程度为准进行合理控制，防止过于集中。考虑教学目标的操作性、层次性和可检测性，要求施教者在组织课堂教学时，必须把教学目标作为教学过程的起点和终点，坚持以智育的"真"、德育的"善"、美育的"美"为主线，按达标的序列进行，最后用目标来检测并及时补救。这样以教学目标为突破口，使施教者步步为达标而教，受教者步步为达标而学，既发挥目标的"导教"作用，又发挥目标的"导学"作用。

第二，把握语文课堂教学的节奏。节奏是世界万事万物（包括人的生命和社会生活）运动的重要属性，是一种合规律的周期变化的运动形式，是贯注于世间万事万物中的内在律动。施教者要从根本上调动受教者学习的积极性，发挥受教者学习的能动性，激励受教者学习的创造性，以期实现课堂教学的高效率，就必须把握好语文课堂教学的节奏。因此，施教者在教学实践中一定要加强总结和反思，不断提高业务水平，并力求使课堂教学的节奏由始至终地启发受教者的积极思维，牵动受教者的注意力，维系受教者的热情，从而愉快而轻松地完成课堂教学任务。语文课堂教学的节奏，是指施教者的课堂教学组织富有美感的规律性变化，是影响课堂教学效益的关键性因素。它主要体现在教学速度的行进要快慢得宜、教学信息的传递要疏密相间、教学环节的组织要跌宕有致、教学语言的运用要抑扬挫顿等内涵上。❶

第三，营造语文课堂教学的氛围。教学氛围是由多种因素构成的，它们之间互为因果，相互关联，因而要协同配合，和谐发展。施教者要使课堂教学变得高效，就应全力营造良好的课堂氛围，也就是既要给受教者营

---

❶ 韩继磊．语文课堂教学的节奏美［J］．当代教育科学，2003（11）：58~59.

造拥有生存尊严的氛围，又要给受教者营造洋溢生命活力的氛围，还要给受教者营造乐于自我管理的氛围，更要给受教者营造享有归属感的氛围。在这种和谐的课堂氛围中，施教者还要创设美好而快乐的学习情境，激发受教者高昂的学习情绪，始终让他们的思维处于主动积极的状态，这样必定会提高课堂教学的实效。这就要求施教者应根据自身的修养爱好和具体的教学条件，精心设计教学程序，不断改进教学方法，善于发挥教育机智，创造出富有个性特色的教学氛围，让受教者在语文中不但"求真"而且"向善"还能"崇美"，❶ 从而达到最优化的教学效果。

（二）语文课外活动的组织能力

语文课外活动的组织能力是指施教者在语文教学中有目的、有计划地引导受教者所进行的开智、立德、审美等活动的综合能力。它是语文课堂教学的补充和延伸，既包括组织校内的课外语文活动的能力，又包括组织家庭的语文活动的能力，还包括组织社会的语文活动的能力。这种能力要求施教者切实做到：第一，确立语文课外活动的地位。随着人类文明的不断进步与科学技术的高速发展，物质生活和精神生活越来越丰富多样，整个社会也发生了日新月异的变化。在这样的背景下，施教者必须把握时代的活性脉搏，紧跟时代的前进步伐，在语文教育中大力开展课外活动，使受教者的语文学习从课内的有限时空向课外的深广时空延伸，形成课内外结合的、开放的、富有弹性的体系，为语文教育早日走出"少""慢""差""费"的低谷，培养出社会迫切需要的既能"求真"又能"向善"还能"崇美"的新一代开辟出一片蔚蓝的天空。因此，施教者务必把课外活动列入语文教育的整体加以通盘安排，使它与课堂教学有机联系，有机结合，相互渗透，相互促进，辩证统一。同时，施教者要发挥大语文教育的优势，在组织课外活动时始终坚持实践性、独立性、习惯性的原则。此外，施教者在组织课外活动时还要培养受教者的良好的兴趣、爱好和特长，塑造受教者的健康的个性、品质和心灵，最大限度地发掘受教者的各种潜力，真正确立受教者在语文课外活动中的主体地位。

---

❶ 杨道麟. 试论语文教育中国化的方向 [J]. 山东师范大学学报：人文社会科学版，2009（1）：102~108.

第二，抓住语文课外活动的特点。语文课外活动的特点，一是自主性强，要求受教者积极地参与、投入。因此，施教者应将有关的语文课外活动计划与内容有机地整合到语文课程中，切实打破"两个课堂"之间的严格界限，逐渐增强课堂教学对课外活动的指导与辐射功能，从而使语文课外活动成为课堂教学的进一步深化和拓展的有机组成部分。二是渗透性强，要求受教者不断地去探求知识。因此，施教者既要引导受教者涉猎语文学科相关的社会科学知识，又要引导受教者涉猎语文学科相关的自然科学知识，还要引导受教者涉猎语文学科相关的思维科学知识，从而让语文课外活动更好地综合运用相关学科知识。三是活动性强，要求受教者不断地刻苦钻研。因此，施教者应有意识地充分培养受教者手脑并用的特殊本领，让他们的知识、智能、立德、审美等素质在课外活动中得到提高，从而真正实现既获得"真"的启迪又获得"善"的感悟还获得"美"的陶冶❶的发展目的。

第三，注重语文课外活动的形式。语文课外活动的形式是多种多样的，主要有以下几点．其一，是组织好阅读活动课，实现课内向课外的合理辐射。施教者应有计划地组织阅读活动课，抓住有利时机，向受教者推荐中外名著、童话寓言、科普文章、报纸杂志中合适的读物，引导他们"择真而读""择善而读""择美而读"，❷ 指导他们把课堂内学到的阅读方法运用到课外阅读中，训练他们"举一反三""学而致用"的能力。其二，是组织好听说活动课，提高口头语言的运用能力。施教者在组织听说活动课时要做好充分准备，精心选好贴近受教者的生活并让他们有话可说的主题，采用读书交流课、分组讨论课、朋友谈心课、专题辩论课等多种方式，力求把听、说与思、评等有机地结合起来，训练他们运用语言表情达意的能力。其三，是组织好习作活动课，提高书面语言的运用能力。施教者在组织习作活动课时，可以通过引导受教者观察自然、体验生活、认识社会等来激励他们学会广积素材；可以通过创设各种情境、刺激受教者的好奇心等来诱发他们的习作兴趣；可以通过习作方法的指导，焕发受教者的习作活力，

---

❶ 杨道麟．在语文教育的理论前沿探索——曹明海访谈录［J］．语文教学与研究，2008（12）：16~19．

❷ 曾祥芹．阅读改变人生［M］．青岛：中国海洋大学出版社，2003：126．

从而提高他们书面语言的运用能力。

总之，施教者在美学视野下的语文教育客体的教学对策之一的教学活动中的控制语文课堂教学的目标、把握语文课堂教学的节奏、营造语文课堂教学的氛围等语文课堂教学的组织能力和确立语文课外活动的地位、抓住语文课外活动的特点、注重语文课外活动的形式等语文课外活动的组织能力是其观察的敏锐性、全面性和思维的灵活性、创造性以及意志的坚决性、果断性的独特结合和特殊呈现。它既是施教者在实施教学时应具备的技巧，又是施教者的学识与经验融合的升华，更是施教者的良好师德和涵养的结晶。一句话，它是体现一个施教者的教学能力高低优劣的重要标志，因而施教者一定要努力加强这方面的修养。

二、美学视野下的语文教学活动的表达能力

美学视野下的语文教育客体的教学对策之二的语文教学活动的表达能力，是指施教者在教学活动中借助有声语言、无声语言向受教者传授知识、指导训练、启迪智慧、陶冶性情的一种教学实践能力，它是施教者最主要的基本功。作为既要教书又要育人的施教者，一时一刻也离不开言传身教，因而有计划地提高有声语言、无声语言的修养就显得特别重要。所以每一位施教者应坚持不懈地进行艰苦磨炼，从而有效地提高语文教学活动的表达能力。施教者的美学视野下的语文教育客体的教学对策之二的语文教学活动的表达能力一般涵盖有声语言的表达能力与无声语言的表达能力两个方面。下面依次予以展开。

（一）有声语言的表达能力

有声语言的表达能力是指施教者在语文教学活动中的诉诸听觉的范读（包括吟读、朗读、朗诵、背诵等）、演讲（包括课内和课外的背诵演讲、脱稿演讲、即席演讲和学术演讲等）、复述（包括详细复述、简要复述和创造性复述等）、问答（包括提问、反问、追问、曲问、答辩等）、评论（包括评是论非、说长道短、比高较低等）、谈话（包括对话、会话、独白等）等与受教者用思想、精神等交流的教学能力。这种能力是教学语言的主体和核心，要符合示范性、灵活性、启发性和感染性等要求。

第一，示范性。施教者作为运用语言的表率者，加之对推广普通话又有义不容辞的职责，所以，必须在一切教学场合说普通话——不仅会用普通话范读，而且会用普通话讲课，还会用普通话与受教者交谈、讨论，处处给他们做出示范。施教者的教学语言必须是规范化的语言：一要准确，能正确表情达意，做到发音标准、遣词规范、用语精当，避免语法、修辞、逻辑的错误；二要明白，善于把复杂的东西讲得简单，把抽象的东西讲得具体，把难懂的东西讲得通俗；三要纯洁，不允许羼入方言土语，不能结巴，不能拖泥带水，不能夹口头禅，不能带语言杂质和污秽，更不能使用"哇噻""OK"之类的词语。一句话，施教者的有声语言要体现出相当重要的示范性。

第二，灵活性。施教者作为知识的传授者，其教学语言的对象感是很强的，因此要受到他们的不同年龄特征和个别差异以及教学内容的制约，这就要求施教者的教学语言要恰当选用不同的形式：时而用细致入微的叙述式语言，给受教者以栩栩如生之感；时而用简洁朴实的说明式语言，给受教者以条理清晰之感；时而用条分缕析的论证式语言，给受教者以鞭辟入里之感；时而用摹态传神的描述式语言，给受教者以绘声绘色之感；时而用浓烈意味的抒情式语言，给受教者以情真意切之感。正如抚琴瑟琵琶的肆中商女弹奏技巧一样，变化万端而各臻其至妙，从而使整体语言有起承转合、声情并茂、波澜起伏的效果。一句话，施教者的有声语言要体现出极其充分的灵活性。

第三，启发性。施教者作为智力的开发者，其教学语言应是开启智慧闸门的钥匙。这种语言能调动受教者的积极思维，激发他们的学习活力，造就他们的进取精神，等等。这种语言不在全盘授予，而在相机诱导，如激发兴趣的导语、指点思路的提示、诱导深思的提问、点破机关的答问、揭示底蕴的总结、切中肯綮的评语，等等。这种语言不在滔滔讲说，而在言简意赅。如讲解分析，要精辟透彻，寥寥数语，使人茅塞顿开；概括要义，应凝练准确，收举一反三之效。这种语言不只是输送信息，而且要授人以法。如解疑释难，不直接给现成答案，而能教给思考方法；引路搭桥，让他们"自为研索，自求解决"。❶ 一句话，施教者的有声语言要体现出含而不露的启发性。

第四，感染性。施教者作为灵魂的雕塑者，其教学语言应建立在尊重、理解、信任和宽容的基础上，施教者要充分发挥这种语言感染有力的功能。时而用画龙点睛的语言，让受教者领略那人类文化的胜地奇境而流连忘返；时而用娓娓动听的语言，让受教者在心田中播下真理的种子，从而结出智慧的果实；时而用发人深省的语言，让受教者顿开茅塞，犹如哥伦布发现新大陆；时而用含蓄隽永的语言，让受教者如食橄榄久久回味，妙趣津然，甚或终身受益。他能发挥语言的直感、激兴和生情作用，把课文即文字作品（文章作品、文学作品）负载的意义变为情趣洋溢的语流，诱发受教者的情感共鸣，或发人深思，或催人泪下，或引人欢笑，或激人勃怒，或促人奋进。一句话，施教者的有声语言要体现出生动有趣的感染性。

（二）无声语言的表达能力

无声语言的表达能力是指施教者在语文教学活动中的诉诸视觉的面部语（包括平常的和蔼、亲切、热情、开朗的面部表情和随教学内容、教学情境而变化的面部表情等）、手势语（包括情意手势、指示手势、象形手势、说明手势、象征手势等）、眉目语（包括眼神所传达的喜怒哀乐、褒贬扬抑和爱憎亲疏的感情等）、体态语（包括体动和姿态等）、服饰语（包括衣着、衣饰、穿戴、仪表等）、时空语（包括施教者口头语言的突然停止或中止、板书字形所占空间位置大小的变化、施教者与受教者身体距离远近的处理等）等与受教者用形象、情感等交流的教学能力。这种能力在课堂教学中的作用不可忽视，要求举止从容、仪表优雅、态度和蔼、表情自然。

第一，举止从容。举止是指个体在生活空间中活动、变化的样式。施教者的举止的基本要求是稳重、从容、落落大方，坐、站、行等都要成为受教者效法的榜样。具体来说，施教者左摇右晃，会给受教者一种心神不宁的印象；施教者总站在一处，会给受教者一种呆板的视觉；施教者长时间手撑讲桌或靠在讲桌上讲课，会使受教者以为你疲惫不堪；施教者在讲台上左右频繁地走动或在教室里大步流星地行走，会使受教者分散学习的

---

❶ 中央教育科学研究所．叶圣陶语文教育论集［M］．北京：教育科学出版社，1980：721.

注意力……这些都是体态语言的大忌。俗话说，身教重于言教。面对模仿性强、可塑性大的受教者，施教者在举止上必须严于律己，严加自我规范，要特别注意举动不可轻浮，说笑不可放肆，作风不可散漫，行为不可粗俗。一句话，施教者的举止要体现出"秀外慧中的聪慧美"。

第二，仪表优雅。仪表常指人的外表，包括容貌、服饰、姿势等，这里主要指服饰仪表。施教者修饰"润色"自己的服饰，注重自身的仪表美，不仅是爱个人的问题，而且是爱他人、爱生活的一种表现，更是爱职业的特殊需要。在以智育的"求真"、德育的"向善"、美育的"崇美"等为中心的领域，施教者要像对待教案一样，精心设计自己的服饰仪表，给受教者一个适度、美好的印象。其基本要求是整洁得体、朴素大方、庄重协调。施教者的服饰要使人于整洁得体之中见丰富的涵养，于朴素大方之中见高雅的情趣，于庄重协调之中见高尚的品格，从而使服饰成为达成语文教育目标的有用工具之一。一句话，施教者的仪表要体现出"像真理一样的朴素美"。

第三，态度和蔼。态度是指个体对人或事的看法在其言行中的具体表现。在语文教育实践中，人们往往只注意强调施教者应有自己的尊严，对受教者要严格要求，即所谓"严师出高徒"，但严而失度，就不会得到受教者的欢迎，且有碍于教育目标的实现。语文教育的特殊性要求施教者须倾注满腔热情，和蔼可亲、笑口常开、宽容赏识、幽默善导，对受教者切忌神情严肃、苛刻责备。要从爱护他们出发，既严格要求他们，又友善对待他们，从而更好地走进他们的心灵世界。即使他们犯了错，也要真诚指教，善意帮助，切不可过于冷淡、讽刺挖苦、鄙视讥笑。否则，不仅会造成教学秩序的失控，而且会伤害他们的心灵，继而破坏彼此的良好关系。一句话，施教者的态度要体现出"恰到好处"的得体美。

第四，表情自然。表情是指人表现在面部或姿态上的思想感情。在教学过程中，施教者处于受教者"众目睽睽"的境地，其面部表情应力求不粉饰、少做作、勿卖弄，因而是否自然就具有特别重要的意义。如果施教者在引导受教者学习一篇文情并茂的课文即文字作品时，有声语言——口头语言是铿锵有力、掷地有声，而无声语言——面部表情却无动于衷、漠然置之，那么受教者就会在"听其言，观其行"中怀疑施教者口中所说的话是否发自内心，是否具有真理性和可信度。因此，施教者的表情要有真情实感，自然大方，或欣喜欢悦，如行云流水；或慷慨悲愤，似剑拔出鞘。这样做，不仅是为了保证教学信息传输过程的畅通，而且更是为了很好地育人。一句话，施教者的表情要体现出"清水出芙蓉，天然去雕饰"的自然美。

　　总之，施教者在美学视野下的语文教育客体的教学对策之二的教学活动中的诉诸听觉的示范性、灵活性、启发性、感染性等有声语言的表达能力和诉诸视觉的举止从容、仪表优雅、态度和蔼、表情自然等无声语言的表达能力是其必须具备的基本功之一。因而施教者既要以语言发展过程中产生的新词汇、新语义、新词义等来丰富自己，又要以社会上出现的新观念、新事物、新现象等来充实自己，从而使自己的教学语言如语言学家的用语准确、艺术家的情感丰富、数学家的逻辑严谨、演说家的论证雄辩、曲艺家的生动幽默等熔为一炉，以求得表达的"立体效果"和整体效应。

三、美学视野下的语文教学活动的调控能力

　　美学视野下的语文教育客体的教学对策之三的语文教学活动的调控能力，是指施教者在教学中引导受教者实现智育目标、德育目标、美育目标而解决特殊问题的一种教学实践能力。它在施教者的诸多教学能力中显得非常重要，对提高语文教育质量有着不可忽视的作用。学界熟知，语文教学活动是一个多变量的动态系统。它的复杂性和多变性，要求施教者对教学活动予以调节和控制，从而保证教学过程的正常进行，并有效达到既定的彼岸世界。施教者的美学视野下的语文教育客体的教学对策之三的语文教学活动的调控能力通常包括善于应变的调控能力与巧于幽默的调控能力两个方面。下面依次予以展开。

（一）善于应变的调控能力

　　善于应变的调控能力是指施教者在语文教学过程中面对意外发生的情况，能敏感地洞悉受教者思维活动的势态，迅速做出反应，及时采取恰当措施排除"险情"的教学能力。它对活跃课堂的气氛、和谐施教者与受教者的关系、激发受教者的求知欲、开启受教者的心智、优化受教者的个性

等起到一定的作用。那么，在语文教学中应怎样实施善于应变的调控能力呢？

第一，变通教学思路。所谓"教学思路"是指施教者对如何展开语文教学内容的"想法"，也就是在设计课堂教学时所规划的并着力引导受教者实施的教学流程。在语文教学活动中，施教者对受教者的心理活动要有高度的敏感性，随时捕捉新的反馈信息。当发现他们有独创性见解和模糊性认识时，察觉他们的思维有封闭与走神的情形时，以及他们心态出现厌倦和逆反时，施教者要随机应变，以灵活的教学方式处理这些问题。可以根据受教者的具体情况，如以他们的学习心情、学习态度、学习效果为依据，随时控制和调节教学进度，不死扣教学计划，对某些教学内容和教学环节做出适当的伸缩和取舍，对某些教学过程和教学方法做出必要的调整和改换；既要给他们以学习的主动权，激发他们的积极思维，又要把握教学的主动权，使他们的思维不游离教学目标，从而使课堂教学有序地向前推进，进而让他们学习起来事半功倍，更有兴趣，也更有效率。

第二，稳定教学情绪。所谓"教学情绪"是指施教者与受教者在语文教学活动开展时的一种内在动力准备，也叫"心向"。教学情绪是课堂教学气氛的重要组成部分。当教学情绪运用和具体教学内容及要求高度融合时，课堂教学就有了强烈的征服人心的气势和艺术感染力，教学全过程就会令受教者与施教者进入身心愉悦的境地。因而施教者必须因势利导，实行定势控制：一方面要启发受教者带着高昂、激越、蓬勃向上的情绪向着教学目标去学习和思考，如果遇到被动局面，不惊慌失措，更不能为掩饰自己的不足而不负责任地欺骗他们；另一方面要控制自己的教学情绪，在受教者面前既不能萎靡不振，也不能狂放不羁，要具有自制力和应变力，尽力引导他们寻求最佳途径以解决问题。在解决课堂骚动的时候，施教者尤其要善于将自己的教育要求隐藏在友好的气氛之中，从而使课堂教学化险为夷，出现柳暗花明的佳境。

第三，扫清教学障碍。所谓"教学障碍"是指施教者在语文教学活动中出现的教育观念陈旧、教育模式老化、教育手段落后、课堂气氛沉闷、问题答案统一、作业布置单调、缺乏实践操作等因素。对教学过程中出现的这些障碍，施教者是不能回避的，最好的办法是沿着受教者的思维路径加快引导，并把他们的思维引上正确的轨道。因此，施教者要正确地把握受教者想的是什么，是怎么想的，为什么这样想，继而帮助他们把问题想清楚、想明白、想通透。所以，施教者遇到教学中出现的各种障碍，一定要善于引导，巧于疏导，从而提高受教者的学习自信心，培养受教者的学习自主性，激发受教者的学习动机，满足受教者的学习需要。这样不仅可以迅速地解决受教者的问题，而且还可以艺术地把受教者的问题纳入自己讲课的"管轨"，以期使课堂教学顺畅自然地进行，有时还会收到意想不到的好效果。

（二）巧于幽默的调控能力

巧于幽默的调控能力是指施教者在语文教学过程中用富有情趣、意味深长的表现手段，灵活、巧妙地实现教学的意图，以期将教学引向成功的教学能力。它能有效地打破施教者与受教者之间的陌生感，缩小施教者与受教者之间在心理上的距离，促进施教者与受教者之间情感和智慧的交流，从而造成宽松的教学气氛，因而具有很高的教学审美情趣。那么，在语文教学中应如何运用巧于幽默的调控能力呢？

第一，着意发掘幽默源。语文教材是"思想内容好""语言文字好"的结晶，包含着极为丰富的幽默素材，蕴蓄着异常浓郁的幽默内容，是施教者运用幽默的"富矿"所在。因而施教者必须引导受教者对教材中的幽默素材和幽默内容予以发掘，并有意识地呈现给他们，从而增添教学的幽默感。如阿 Q 的"精神胜利法"、三仙姑的"浓妆"、堂吉诃德的与风车大战、奥楚蔑洛夫的"变色"、葛朗台的"守财"等，能让受教者忍俊不禁，并终生难忘；又如马克·吐温的《竞选州长》、欧·亨利的《警察与赞美诗》、莫泊桑的《项链》、吴敬梓的《范进中举》、李宝嘉的《制台见洋人》、褚少孙的《西门豹治邺》、单口相声《连升三级》以及鲁迅的杂感文、"郑人买履"和"刻舟求剑"等寓言，能使受教者在笑声中领悟到深刻的内涵。语文教材中的幽默素材和幽默内容需要施教者独具慧眼地发现，并倾注心力地引导受教者进行深层次的感受品味。

第二，注意培养幽默感。幽默感是理解别人幽默和表达自己幽默的能力。在语文教学中，富有幽默感的艺术效果是施教者与受教者双方共同参与创造的。一个施教者如果要提高教学幽默的艺术水平，就必须在提高自身教学幽默感的同时，也相应地注意培养受教者的幽默感，否则就会出现阳春白雪和者寡的局面。美国的保罗韦地博士曾向9万名受教者进行过调查，他根据收集到的来信，概括出好的施教者的12种品质，其中有一条就是要具有幽默感。由此可见，受教者是最喜欢具有幽默感的施教者的。施教者具有幽默感，能使语文教学活动更加轻松，更有乐趣，更富成效；能引发受教者的喜悦，并给他们带来欢乐；能以愉快的方式使受教者获得智慧、精神、美感的陶冶，等等。因此，施教者要借助受教者对教学幽默的反馈信息，来检验自己使用教学幽默感的艺术效果，从而不断总结经验，吸取教训，更好地提高教学幽默的艺术水平。

第三，准确把握幽默术。语文教学的幽默艺术，是指施教者将幽默运用于教学并以其独特的艺术魅力在受教者会心的微笑中提高教学效果和教学水平的活动。它的显著特点就是既要有幽默的一般特点即机智性和娱乐性，又要有幽默的特殊的规定性，即在教学中的教育性。可以说，它是寓庄于谐的——其外部表现是"谐"，指诙谐、有趣、逗人发笑，给人以愉悦感受，即语文教学中所采用的生动有趣的表现形式；其内核是"庄"，指庄重、严肃、健康，给人以教育收益，即语文教学内容的思想和它的教育价值。只有"庄"与"谐"二者的统一，才能造成引人发笑而又耐人寻味的教学境界。离开了"庄"，"谐"就会失去健康、优美的品质，甚至流于滑稽取闹或低级趣味；没有"谐"，"庄"就缺乏生动有趣的表现形式，幽默也就不存在了。因此，施教者在语文教学中要力求做到以"庄"为基准，寓"庄"于"谐"，"谐"为"庄"服务，即"善为笑言，然合于大道"。❶

总之，施教者在美学视野下的语文教育客体的教学对策之三的教学活动中的变通教学思路、稳定教学情绪、扫清教学障碍等善于应变的调控能力和着意发掘幽默源、注意培养幽默感、准确把握幽默术等巧于幽默的调控能力是其思想素质、学识修养和教学功力的精髓所在。它既可以促使施教者灵活巧妙地进行表情达意、教书育人的创造性活动，又可以引起受教者的注意并使之集中于言语所指向的内容，还可以活跃课堂气氛并让施教者与受教者的关系变得更加融洽、更加和谐。一句话，它是一个施教者长

---

❶ 司马迁．滑稽列传［M］//王伯祥．史记选．北京：人民文学出版社，1973：505.

期的精神培育和艰苦的实践锻造的体现，因而施教者务必要着力于这方面的磨炼。

四、结　语

笔者以上仅从施教者在美学视野下的语文教育客体的教学对策的语文教学中的"施教"能力所关涉的语文课堂教学的组织能力、语文课外活动的组织能力等语文教学活动的组织能力和有声语言的表达能力、无声语言的表达能力等语文教学活动的表达能力及善于应变的调控能力、巧于幽默的调控能力等语文教学活动的调控能力这三个方面分别展开了论述，足以表明美学视野下的语文教育客体的教学对策的语文教学的"施教"能力是施教者必须而且应当具备的基本功。因而施教者只有在提高语文教学的"施教"能力上下硬功夫，才能成竹在胸，应付裕如，并在教学过程中创设一个又一个充满激情而意味深长的教学意境，以期让特色鲜明的"真善美融合"❶ 的语文教育真正达到塑造"求真""向善""崇美"的创造性的人才和"健全的人格"❷ 的理想目标，从而有效进入"人的发展和完整性建构"❸ 的全新境域。

---

❶ 杨道麟．"真善美融合"的语文教育观摭谈［J］．焦作大学学报，2010（2）：4~6.
❷ 语文课程标准：实验稿［S］．北京：北京师范大学出版社，2001：2.
❸ 曹明海．让语文点亮生命［J］．中学语文教学参考，2007（9）：14~15.

在群文阅读中提升阅读品质

■ 张　嫣[*]

【摘　要】如何让学生"喜欢阅读，感受阅读的乐趣"，而且读有所得？这是值得每一位语文教师思考的问题。恰当地运用群文阅读教学，可以引导孩子完成课外阅读量，使孩子"具有独立阅读的能力，注重情感体验"。利用好"群文阅读"教学这一平台，可以使学生提高自身的阅读品质，也能更好地激发孩子的阅读兴趣。本文从自学、共学、"海量"阅读三个方面提出怎样在群文阅读中提升阅读品质。

【关键词】小学语文　群文阅读　阅读品质

培根说："凡有所读，皆成性格。"书是文化的传承，文明的记录。书中有着极其丰富的、哺育人类的文化养分，书读得越多，对人生、对社会、对自然的认识往往就变得越深刻。古语有云："腹有诗书气自华。"故《语文课程标准》（以下简称《课标》）对小学生课外阅读提出量的要求：6 年的课外阅读总量应在 145 万字以上。同时，《课标》实施建议中强调：遵循学生的身心发展规律和语文学习的规律，选择教学策略，培养学生广泛的阅读兴趣，扩大阅读面，增加阅读量。可见，对学生而言，多读书，读好书，就会增知识，长见识，优化气质，提高素质。

如何让学生"喜欢阅读，感受阅读的乐趣"，而且读有所得？这无疑是值得每一位语文教师思考的问题。《课标》对阅读提出了总体实施建议："具有独立阅读的能力，注重情感体验，有较丰富的积累，形成良好的语

---

* 张嫣（1976~），女，陕西三原人，贵阳市省府路小学语文高级教师。

感。学会运用多种阅读方法。能初步理解、鉴赏文学作品，受到高尚情操与趣味的熏陶，发展个性，丰富自己的精神世界。"如何落实上述两点？笔者认为，不妨试试群文阅读。恰当地运用群文阅读教学，可以引导孩子完成课外阅读量，使孩子"具有独立阅读的能力，注重情感体验"，同时做到"初步理解、鉴赏文学作品，受到高尚情操与趣味的熏陶，发展个性，丰富自己的精神世界"。

群文阅读中的"群文"是由一组文本群（至少三篇/本以上）构成，这组文本应具有相同的主题，即有聚焦性，从广义讲是类，如爱；从狭义讲是别，如母爱、友爱等。"阅读"则是阅读群（4~6 名学生）围绕文本群进行阅读和讨论，最终达成共识的过程。群文阅读是由个体学习走向集体建构，由知识灌输走向寻求共识，对于学生语文素养、阅读兴趣和教师教学效能的提高都有极其重要的影响。在群文阅读过程中，阅读群中的每一个学生须边读边想，通过对比、分析、整合、判断等方法发现文本中的异同，提取阅读信息；在群文阅读过程中，孩子们在经过独立思考形成自己的观点后，与阅读群中的伙伴进行交流、讨论、探索，学习品质不断提高；在群文阅读过程中，当学生逐步形成较强的独立阅读能力时，思维能力也随之提高；在群文阅读过程中，学生须不断探索，小组的成员要相互提问、回应。这样的阅读模式，无疑激活了学生的思想，营造出一个鲜活的阅读课堂。

群文阅读是一种极简主义。利用好"群文阅读"教学这一平台，可以使学生提高自身的阅读品质，也能更好地激发孩子的阅读兴趣。我们可以从下述三个方面来看群文阅读与阅读品质。

一、借群文阅读中的自学提升学生的阅读品质

《课标》中明确指出："阅读是学生的个性化行为，应引导学生钻研文本，在主动积极的思维和情感活动中，加深理解和体验，有所感悟和思考，受到情感熏陶，获得思想启迪，享受审美乐趣。要珍视学生独特的感受、体验和理解。不应完全以教师的分析来代替学生的阅读实践，也要防止用集体讨论代替个人阅读，或远离文本过度发挥。"妥善运用群文阅读教学，

就可以落实《课标》提出的这一目标。

在群文阅读教学中，属于学生的自学时间是相当充分的。学生通过自主学习，在开放的学习环境中，生成多元的答案。这一过程这无疑是个性化行为。群文阅读教学初始，教师可以采用以一篇带多篇的模式，引导学生由集体感受到自我感悟。这样一来，既可以让学生在自学时有所依仗，又使学生自读时不受人的干扰，形成自己的阅读体验。如群文阅读《连锁调》的教学，内容包括《需要什么》《下雨下雪》《扁嘴嘎嘎》《野牵牛》《生了白胡子》。一开课，我以《需要什么》来带动学生的学习，引导他们发现连锁调的特点。然后，把学的权利还给孩子们，让他们在静静的阅读中通过分析、对比、整理等方法，巩固对连锁调的认识；让他们自己在阅读、思考中，明了连锁调的意义、作用等。

由于群文阅读的教学模式、策略中更多地提倡给孩子独立阅读的时间，让其自读自悟，所以在自学的过程中就需要每一位学生静下心来，慢慢品读。他们可以边读边思考在阅读中遇到的问题，也可以根据阅读中对群文的共性所产生的问题进行思考，还可以根据工作表格的提示思考与之相关的问题……所以，学生在群文阅读的自学中，通过自己的阅读获取信息、独立思考、提出问题，然后再尝试解决。对学生而言，这是一个潜心阅读、边读边想的过程。他们在不受任何干扰的情况下，可以认真地钻研文本，以自己的生活经验为读有所得奠定基础；通过对比、分析、整合、判断等方法，提升自己的阅读能力，养成良好的阅读习惯。

良好的阅读习惯，是完成阅读目标的根本保证，有利于提高学生的阅读质量，有利于提升学生的阅读品质，有利于学生高效地学习，使学生终身受益。正如培根所说："习惯真是一种顽强而巨大的力量，它可以主宰人生。因此，人自幼就应该通过完美的教育，去建立一种好的习惯。"

二、借群文阅读中的共学提升学生的阅读品质

好的交流讨论、有效能的讨论，可以构建共学。在群文阅读教学中，特别注重孩子们的共学培养。在这个环节中，每一位学生根据自己的阅读体验，畅所欲言地把自己的阅读感受和同学们交流。这样的交流过程，符

合《课标》提出的"逐步培养学生探究性阅读和创造性阅读的能力，提倡多角度的、有创意的阅读，利用阅读期待、阅读反思和批判等环节，拓展思维空间，提高阅读质量"。

在群文阅读教学中，学生在自学之后可以形成互学小组，一起进行阅读学习，相互探讨自己的思考和问题。在这样的交流互动过程中，每一位学生须学会倾听、思考，然后就自己的所得发表观点，和组内同学进行交流。合作小组内的同学通过互学交流，最终达成共识。这样的阅读过程，无疑为孩子们提供了一个阅读、反思的平台。在这个平台上，孩子的探究性阅读得以落实，而不再是老师牵着走，学生被迫学。同时，由于有自学在先，孩子们的共学往往是多角度、有创意的交流。在这种个性化的交流中，孩子们的阅读火花在碰撞。通过阅读、反思和批判等环节，他们的阅读感受、理解、欣赏和评价能力，就在与同学的交流中不知不觉地提高了。如在"故事情节的反复"这组群文阅读教学中，我以《小蝌蚪找妈妈》《小壁虎借尾巴》《渔夫和金鱼的故事》《犟龟》《爱心树》为教学内容，采用集体共学前两篇、学生自学后三篇然后交流阅读所得的方法来引领学生学习。在共学中，通过孩子们的交流不难发现，他们对"故事情节的反复"认识深刻，理解透彻。

可见，这样的阅读共学过程不仅拓展了学生的思维空间，使其思维能力得以培养，也提高了阅读质量，保障了阅读品质。这样的阅读共学过程，使学生的合作学习能力也随着群文阅读教学的展开而增强。他们在与同学交流时会逐步养成分享自己思考所得的习惯，同时形成乐于接受建议的心理，主动学习的能力得以提高。假以时日，孩子们的阅读品质能不提升吗？

三、借群文阅读的"海量"提升学生的阅读品质

群文阅读教学由三篇以上的文本构成，这些文本可以围绕相同的主题、体裁和作家等来选择。在一节课中，孩子们既要完成三篇以上的文本阅读，又要边读边思考，再通过分析、对比、整理等方法，形成自己对一组文本的认识。这样的"海量"群文阅读，对于学生的信息处理能力无疑是一个挑战。同时，通过这样的阅读模式，孩子们接触的文本量将大大增加，阅

读的范围也随之扩大，自然就落实了《课标》提出的"培养学生广泛的阅读兴趣，扩大阅读面，增加阅读量"。如我班学生在上过与儿歌有关的两组群文阅读《连锁调》和《颠倒歌》之后，对儿歌的兴趣特别浓厚。课后，通过自己的收集、借阅等形式，孩子们阅读了大量儿歌。在独立阅读儿歌时，他们通过对比、分析、整理，发现儿歌还有"问答歌""数字歌""谜语歌"等形式。这样有的放矢的阅读教学，激发了孩子们的阅读兴趣，让他们爱上了阅读。至于在"海量"的阅读中孩子们的阅读品质能否得以提升，我想，答案是肯定的。

　　总之，群文阅读的课堂是：学生有共同的目标，自由、快乐、没有压力地去阅读，自发点就是爱阅读。在这样的教学模式中，学生的阅读量大大增加，阅读能力、阅读习惯得以培养，其阅读品质也在"润物细无声"中得以提高。

有效地落实"会思考"的思考

——以群文阅读的方式促进学生提高语文阅读能力

■ 龚　芸*

【摘　要】在小学阶段,群文阅读能有效调动孩子们的阅读兴趣和阅读热情,培养他们养成"会思考"的阅读方式。围绕一个主题,选取一组有共性的文章,从作者的写作意图或某种文学体裁的特征入手,甚至可以是有争议的话题,结合生活实际给孩子们一定的启发,引起他们的共鸣,让他们发现阅读的乐趣,忍不住去交流、反驳、阐述,从而落实"会思考"的思考。作为师者,我们要做一个有心人,从孩子们感兴趣的议题和材料入手,抓住每一个契机,引导他们在求同存异中学会阅读,尝试阅读不同类型的文章,感受多角度思考的乐趣。

【关键词】小学语文　群文阅读　阅读能力　会思考

一、群文阅读——小学阶段培养孩子阅读兴趣的有效途径

在小学阶段,语文学习究竟要培养孩子哪些能力呢? 一直以来,我的理解是善阅读、能习作。要做到这两点,光靠学习每个学期一本的语文书,不论是从量还是从质上说都是远远不够的。所以,作为一名语文教师一定要鼓励孩子们多读书、读好书,毕竟,广泛有效的课外阅读是写好文章的基础。而阅读活动要"有效",就要求孩子们能在阅读中积极地思考,消化吸收文本的精妙之处。而这些恰恰是现在的很多孩子所不具备的。

---

* 龚芸(1978~),女,江西黎川人,贵阳市省府路小学语文一级教师。

有些孩子，课余时间喜欢漫画更甚于文字，喜欢杂志、小短篇更甚于"大部头"。前者不用动脑，读起来轻松，后者需要边读边思考，甚至还要查阅资料、了解背景，才能明白作者的意思。那么，在小学阶段，怎样才能有效地调动孩子们的阅读兴趣和热情，培养他们养成"会思考"的阅读方式呢？

笔者选择了群文阅读的方式，即围绕一个主题选取一组有共性的文章设计议题。也可以说，是寻找能激发孩子们开动脑筋、乐于思考的趣味点，从作者的写作意图或某种文学体裁的特征入手，甚至可以是有争议的话题，结合生活实际给孩子们一定的启发，引起他们的共鸣，让他们发现阅读的乐趣，忍不住去交流、反驳、阐述，从而落实"会思考"的思考。

二、以群文阅读方式促进学生提高语文阅读能力

怎样选择恰当的阅读材料、有效地引导阅读经验还比较有限的孩子们在阅读中进行思考，达到有效阅读，真正落实"会思考"的思考呢？

（一）找出孩子们感兴趣的议题

只有孩子们喜欢的议题才能激发起他们主动阅读的兴趣。在阅读后，可以引导他们围绕相关话题进行交流，形成自己的见解。如侦探类的小说，精彩的情节设置和破解谜题时的趣味是孩子们所喜好的。他们一说起自己最喜欢的人物，就如数家珍，从日本动漫中的名侦探柯南到家喻户晓的福尔摩斯，从狄仁杰到侦探小说女王阿加莎笔下的马普尔小姐，再到波洛神探……

但这些故事都篇幅较长，很多孩子在阅读时更在意谁是凶手。怎样才能让他们感受到推理的乐趣呢？笔者选择了德国作家舍弗勒创作的科学探案集《闪电球探长系列》，故事的内容更贴近孩子们的生活，还渗透了许多趣味盎然的科学知识。故事的谜底在最后才揭晓，这有利于引导孩子们进行科学推理，让他们更主动地思考，在潜移默化中提高学习效率。

那么，如何来引导呢？我们先提出了几个问题：作者给我们提供了哪些线索？哪些线索是干扰性的"假信息"，哪些是有助于破案的"真线索"？为了找出答案，他们一遍又一遍地阅读，检查遗漏的每一个细节。例如，

《橙色的面具》中的那个嫌疑犯洗劫了一家银行，闪电球探长虽然很快地抓住了他，但是他的面具和抢来的钱藏在哪儿了？作者加入了一些迷惑性的信息。孩子们边读边思考，无形中就概括出了故事大意，记住了重点内容，抓住了真实信息。他们的思维能力、观察能力、想象力都得到了训练，甚至注意力也能得到了提高，有效地提升了他们的阅读能力。

《闪电球探长系列》多由一个个趣味横生的小故事组成，看上去有些浅显，但作为引导，这样的篇幅再合适不过。孩子们在解开重重谜团的过程中找到了细读侦探小说和推理的乐趣，也感受到了人物形象的魅力。

（二）抓住每一个契机引导学生在求同存异中学会阅读

除了孩子们感兴趣的议题外，还可以利用教科书进行群文阅读，引导他们将一篇文章读"厚"，在求同存异中思考，掌握某一类文章的特征。

"六上"苏教版教材中有一篇课文《牛郎织女》，改写自同名民间故事。对于六年级的孩子来说，故事并不陌生，文字也较浅显，再加上已经学过的《嫦娥奔月》《大禹治水》等课文，就可以组织一次群文阅读。我引导学生利用求同存异的方式对比他们感兴趣的同类故事，如《孟姜女哭长城》《白蛇传》《梁山伯与祝英台》等。孩子们很快就总结出民间故事的一些共性，如女主人公勤劳善良、男主人公吃苦耐劳，有好人有坏人，配角很重要、推动了情节的发展，坏人一出场故事就往往进入高潮……他们还能根据读过的相关故事来证明自己的观点，畅所欲言中表现出浓厚的学习兴趣，将老故事读出了新鲜感。有了新鲜感，孩子们思考、学习的主动性也更强了。这样的学习方式就属于群文阅读。孩子们立足于故事本身，再联系到同类的其他故事，对比阅读，读出了新意，读厚了文本！

在学习苏教版"六下"课文《最大的麦穗》时，孩子们折服于苏格拉底的教育智慧，也引发了我的思考——这篇文章不是和《孔子游春》一文有着异曲同工之妙吗？他们都是思想家、教育家，都擅长"情景教学"，都是在生活中启发学生感悟人生……这些特点，不正符合群文阅读的要求吗？

这样的课文在语文教材中比比皆是，作为一线语文教师，我们更应该做一个有心人，抓住每一个契机教会孩子阅读。在阅读、思考中进行有趣的课外延伸，这也是最有效的群文阅读方式。

（三）尝试阅读不同类型的文章，感受多角度思考的乐趣

语文教科书中的文章都是精心挑选的，目的是引导学生树立正确的人生观、价值观，让他们在阅读中感受真善美。除此之外，还要鼓励学生多阅读一些课外读物，从不同角度感受多元文化和不同见解。

如关于"说谎"这一话题，孩子最熟悉的莫过于《狼来了》，它告诉人们不要撒谎、不能撒谎。但在意大利著名儿童文学作家姜尼·罗大里的《狡猾的皮诺乔》中，皮诺乔却借助善意的谎言在不伤害他人的情况下为自己赢得了利益。在英国作家安吉拉·卡特的《鸟妈妈和小鸟的寓言》中，前两只小鸟对妈妈说了"违心的实话"，被鸟妈妈淹死了。而法国作家皮埃尔·格里帕里笔下的主人公，只要一说谎就必定能成真。这些故事都比较新奇，与中国的叙事方式不一样。学生们在看惯了中国式的叙事后，读些不一样的故事，换一个角度来思考，既能感受到不同文化的特点，还能在阅读中求同存异、主动思考，找到"会思考"的乐趣。

只要我们做一个有心人，一定能在各种类型的群文阅读中落实"会思考"的思考，真正以群文阅读的方式促进学生语文阅读能力的提高。

现代传媒与文化传播

传统媒体在媒介融合中的困境与对策

■ 骆　雪*

【摘　要】数字技术和网络技术的兴起，使得传统媒体与新媒体之间的界限日益模糊，媒介融合成为大势所趋。在"互联网+"时代，传统媒体处于"内忧外患"的困苦局面，一方面其生产的消息内容渐渐失去市场和受众，另一方面尚未真正实现媒介融合，面临着诸多困境。为了走出困境，传统媒体必须不断探索、大胆改革、勇于创新，找对媒介融合的路径。

【关键词】媒介融合　传统媒体　困境　对策

对于媒介融合具体指什么，存在诸多争议。美国麻省理工学院的浦尔教授最早提出"媒介融合"这一概念。同是麻省理工学院的尼葛洛庞帝教授则对"媒介融合"进行了一番描绘，认为它是在计算机技术和网络技术相融合的基础上用一种终端和网络来传输数字形态的信息，由此带来不同媒体之间的互换性和互联性。相关概念和描绘的本义都是指各种媒介呈现出多功能一体化的趋势。2003年，美国西北大学的李奇·高登教授把媒介融合分成媒体科技融合、媒体所有权合并、媒体战术性联合、媒介组织结构性融合、新闻采访技能融合以及新闻叙事形式融合六大类。因此，媒介融合实质上就是依托数字技术和网络技术，以用户需求为导向，由组织融合、资本融合、传播手段融合以及媒介形态融合所构成的媒介形态的演化过程。这样一个演化过程，会深深地影响和改变人们的生活方式和思维方式。这一方面使传统媒体面临严峻挑战，一方面也可以使传统媒体通过媒

---

* 骆雪（1985~），女，贵州正安人，文学硕士，贵州师范学院文学院讲师，上海大学电影学院博士研究生，研究方向为新闻传播。

介融合走出困境，找到更广阔的发展途径。面对媒介融合所带来的挑战和机遇，传统媒体必须进行一系列改革，采取一系列措施，从内到外重塑自身，方能在媒介融合的浪潮下涅槃重生。

一、传统媒体在媒介融合中的困境

在媒介融合的大趋势下，虽然各种传统媒体都在大刀阔斧地进行融合，如报纸网站、广播网站、电视网站的纷纷设立，但目前尚未有一家真正实现严格意义上的媒介融合，大部分依旧处在探索阶段，处于困境之中。

1. 传统媒体在媒介融合中面临亏损和丧失市场及用户的局面

传统媒体在媒介融合中采用的常见做法就是将内容在线化，如报纸网站、广播及电视的在线节目。而网络新闻的长期免费模式，使得这些传统媒体很难在新媒体市场中盈利。由于广告收入的有限性、体制的限制性以及信息或服务的非独占性，新媒体所具有的免费+网络广告、电子商务以及收费三种盈利模式都不适用于传统媒体的新媒体。同时，受众在长期的免费使用中已经习以为常，不仅没有支付的意愿，甚至回避或抵触收费的网络新闻。独占性或排他性新闻的缺失，难以培养受众对某一传统媒体的新媒体的忠诚度，也就难以让潜在用户转化为忠实用户。而自身盈利模式未建立以及受众群体数量的不稳定和减少，都使得传统媒体在媒介融合中难以盈利甚至是难以生存，更谈不上实现良性循环和发展了。

2. 渠道的弱化使得传统媒体在媒介融合中成为弱势群体

受国家体制和政策的保护，许多内容特别是国家政策或重大信息必须首先由一些传统主流媒体来发布；其他媒体的随后报道，也多是原文转载。但对于其他传统媒体来说，没有国家或政府部门的保护，就仅仅是内容的提供者，其所开办的新媒体也不例外。由于网络复制的便捷、迅速、广泛以及零成本，使得传统媒体的网络媒体维权非常困难。除了网站，传统媒体采用的其他一些媒介融合形式如彩信报、手机 APP、微博账号、微信公共平台等，其运行都要依赖于电信运营商、腾讯等渠道和平台，收益的大部分都给了这些渠道和平台。因此，没有强劲的渠道支撑，仅仅作为内容生产者的传统媒体在媒介融合中就处于弱势地位。

3. 传统媒体在融合过程中，只是对经营模式进行简单移植，尚未建立起匹配的市场营销机制

纵观传统媒体常见的媒介融合形式，很容易给人这样的印象，媒介融合就是"传统媒体+网站"，但实际上并不是这么简单。传统媒体主要是通过售卖内容和登载广告来进行营销，但互联网的营销模式完全不同。一旦传统媒体与互联网相结合，互联网自身的消费模式就会打乱原有的媒介资源并对其进行重新分配，而原来的传统媒体也会发生分化和重组。如果传统媒体依然只是信息提供者，而不能根据不同的服务对象和市场类型对媒介进行重新定位，就不能满足受众及社会的需要，更不能完成社会服务者的转型。因此，目前众多传统媒体在融合过程中的最大困惑就是没有建立起与融合环境相匹配的市场营销机制，难以找到自己的新商业模式。

4. 传统媒体在媒介融合中面临采编流程重构、新型复合型人才缺乏的困境

传统媒体与各种新媒体平台的结合，只是媒介融合的初级形式，要想实现更深层次的融合，对原有采编流程的再造是一道必须跨越的鸿沟。在媒介融合以前，传统媒体的采编流程是线性的。记者只需要采集文字和图片作为新闻素材，编辑只需要对记者写好的新闻稿进行筛选和再加工。在这个"线性"的工作流程中，采编部门分工合作，各司其职。但是在当今媒介融合的大背景下，新闻采编流程要实现一体化，提高媒体采、编、发的快速反应能力。这就要求媒体从业人员既要了解传统媒体，又要熟悉各类新兴媒体。然而现实情况是，绝大部分传统媒体的工作人员不会对视频、音频等资料进行编辑，更谈不上网络系统的维护及网页制作了。因此，传统媒体在媒介融合中重构采编流程的同时，还面临缺少复合型人才的难题。

5. 不同媒体之间存在的文化隔阂

不同媒介之间存在的文化隔阂主要是由不同媒介平台的旧有产业流程和管理模式造成的。不同媒体有各自的报道风格，并在长期实践中形成了自己特有的文化价值观。单独发展时，这些独特的文化价值观既能吸收并稳定相当数量的用户，又是区别于其他媒体的标签。但一旦进入媒介融合后，不同的文化价值观就会在不同程度上相互冲突，有些能够被慢慢地磨合掉，有些则很难消除。这样，就难免产生媒体之间的文化隔阂。文化隔

阂的存在会成为不同媒体间的一道坚固的精神壁垒，使得各类媒体在媒介融合中貌合神离，进而给媒介融合带来巨大的挑战。

二、传统媒体在媒介融合困境中的对策

1. 更新内容制造模式，使生产的内容适应新环境下受众的需求

现在，几乎每家传统媒体都创办了网络版以及各类账号和手机APP应用，但大多是将无任何创新及改变的内容简单地移植到新媒体上，这已经不能满足快速化、碎片化阅读的需求，不能吸引并留住受众。所以，传统媒体要想在媒介融合中赢得受众，就必须根据新兴的信息传播平台制作符合其特点的内容。传统媒体必须对以文字为主的内容制造模式进行改革，充分利用现有的"大数据+信息可视化"技术，用清晰的数据以及图标方便用户在任何地方，以最短的时间获取最重要的信息。这样，方能在今天以"内容为王"的媒体时代满足受众"轻阅读"的阅读需求。

2. 构建完整的产业收益链条，创新盈利模式

主要依靠广告的收益模式无法建构完整的产业收益链条，因此很多传统媒体在媒介融合中一直处于亏损状态。在媒介融合的时代，可以根据不同受众的喜好将同一广告以不同的方式传送。因此，在数字化的背景下，传统媒体一方面要利用和完善其广泛的信息获取渠道和深度处理信息的专业能力，一方面要融合其他媒介的传播优势，主动打造和构建基于互联网的综合性信息服务平台。通过这一平台，向受众提供信息以及相关服务，丰富、创新媒体的盈利模式。

3. 经营要实现平台化和自主化

制作出信息，再传送给用户，这是传统媒体惯有的经营模式。但在媒介融合的背景下，传统的传受关系被打破，受众也具有了新的特征，他们不再仅仅是简单的接受者，而是更强调个性化和自主性。因此，在媒介融合中，传统媒体要重视受众亲身参与创造传播内容的渴望，积极调动他们的能动性和热情，真正满足他们的自主性的需求。此外，传统媒体还应积极利用网络媒介，为受众参与传播提供技术和空间上的支持。只有在媒介融合中实现平台化和自主化的生产机制，传统媒体才能建立并完善与新时

代相匹配的市场营销机制。

4. 从组织结构、队伍建设、管理方式等诸多方面进行改革

面对各类新媒体的崛起，传统媒体基本上采取了应对措施。但大多是设立新的媒体部门，传统业务和新媒体业务各自为政、互不相干，而这样的局面在互联网时代是难以为继的。在"互联网+"时代，传统媒体必须调整现有的媒体组织结构，合并、打通采编的各个流程，整合各部门的信息及人力物力资源，从而将优势资源集中在综合信息终端的打造上，实现新闻内容采集、编辑、发布的一体化。这也对媒体从业者的素质提出了更高的要求。在信息采编过程中，媒体从业者不仅要具备处理文字、图片的技能，还要具备音频制作、视频制作及网页制作等技能，从专业媒体工作者向全能媒体工作者转型。因此，传统媒体要加强队伍建设，促进媒体从业者思维观念的转变，全面提升媒体从业者的专业素养。此外，还应加快转变管理方式，改变垂直化的科层管理方式，建立并实现扁平化的管理体制。

5. 传统媒体在媒介融合中要注意消除文化隔阂

在媒介融合中，传统媒体+网站只是融合的初级形式。要想进一步推进媒介融合，必须要消除媒体之间的文化隔阂。传统媒体在继承发扬优良传统的同时，也要果断抛弃不适宜媒介融合的旧观念、旧思想，多多学习和借鉴其他媒体的优势，积极推进不同文化价值观的融合。只有这样，才能破除旧有的精神壁垒。当然，消除文化隔阂并不是一朝一夕的事，这就要求媒体从业者主动调整心态，转变思维，积极地投入到文化融合中去。

三、结　语

在如今的"互联网+"时代，媒介融合已是大势所趋。在其不断深化的过程中，许多变革已然给传统媒体带来了深远的影响。对于传统媒体来说，媒介融合的道路是曲折而漫长的。到目前为止，尚未出现真正的媒介融合。传统媒体还面临着诸多困难，如经营机制、盈利模式、采编流程、管理体制、文化隔阂等。而唯一的出路，就是不断探索、不断改革、不断创新。这样，才能脱掉旧的"外衣"，打造出适应潮流的新一代媒介形态。

【参考文献】

［1］匡文波．传统主流媒体在媒介融合中存在的问题及对策［J］．对外传播，2015（9）．

［2］尹宏伟．媒介融合对传统媒体的重塑［J］．新闻世界，2015（5）．

［3］任立春．传统媒体与网络媒介融合困境的突破［J］．编辑之友，2013（10）．

［4］蔡雯．媒介融合背景下新闻传播变革——试论"融合新闻"及其挑战［J］．国际新闻界，2006（5）．

［5］蔡雯．试论"融合新闻"的特点与运作［J］．新闻战线，2007（1）．

［6］巢乃鹏，刘欣．媒介融合时代采编业务流程重组研究——以南京某报媒人员的深度访谈来展开［J］．新闻记者，2012（5）．

［7］彭兰．融合趋势下的传媒变局［J］．新闻战线，2008（7）．

［8］杨溟．媒介融合导论［M］．北京：北京大学出版社，2013．

论微信对新闻传播方式的影响

■ 刘姿麟*

【摘　要】随着信息技术的发展，受众的传播需求、表达需求、内容需求也在不断提高。信息技术推动了新闻发展，比如说日本的 Line、韩国的 KaKao Talk、美国的 Facebook、中国的微信等，这些微媒介已经成为我们获取新闻资讯的重要工具。随着 4G 网络和智能手机的普及，人们获取信息的途径已经不再局限于传统媒体，微信成为移动智能手机用户主动获取新闻资讯的一种方式。在全媒体时代下，传统媒体与新媒体之间的新闻传播合作已经成为大势所趋。本文拟以微信为例，从三个方面研究其对新闻传播的影响并提出全媒体时代下新闻传播方式的多样化和多渠道化。

【关键词】新媒体　微信　新闻传播

一、新媒体与传统媒体传播模式的异同

传统媒体是相对于近几年兴起的网络媒体而言的。传统的大众传播方式，即通过某种机械装置定期向社会公众发布信息或提供教育、娱乐平台的媒体，主要包括报刊、户外、通信、广播、电视及自媒体以外的网络等传统意义上的媒体。❶

相对于传统媒体而言，新媒体的传播途径不再局限于报纸、电视和广

---

* 刘姿麟（1988~），女，重庆人，传播学硕士，贵州师范学院文学院讲师，研究方向为综合传播管理。

❶ 吴杨.传统媒体提高舆论引导能力的本体研究［J］.西部广播电视，2014（6）.

播。手机媒体、网络媒体等新媒体的兴起使得信息的传播途径越来越宽，传播的内容也越来越丰富。受众可以主动搜寻、阅读和浏览信息，信息的获取也不再局限于特定的时间和地点。

在这种背景下，新媒体逐渐发展、壮大，其受众群体甚至已经超过广播媒体的受众。因此，传统媒体应与新媒体相结合，充分借助新媒体的技术平台，整合资源，做出调整，才能够适应时代的潮流，得到更好的发展。

微信是腾讯公司推出的一款即时语音通信软件，用户可以通过手机、平板和网页快速发送语音、视频、图片和文字。微信提供公众平台、朋友圈和消息推送等功能，用户可以通过摇一摇、搜索号码、附近的人、扫二维码等方式添加好友，关注微信公众平台。同时，还可以通过微信将具体内容分享给好友，将用户看到的精彩内容分享到朋友圈。微信作为时下最热门的社交信息平台，以其信息传播的时效性和精准度成为当前新闻传播的最佳渠道之一。

二、微信的新闻传播分析

（一）传播方式

随着信息技术的不断发展，新媒体的新闻传播方式在不断地发生变化。微信支持文字和视频发送、视频和语音对讲四种信息传播方式。微信的新闻传播方式主要有三种：朋友圈，微信公众号，点对点传播。

1. 朋友圈

随着微信的普及，微信朋友圈展示出用户的强社会关系和社交媒体话题多元化的魅力，在亲友、同学、同事和好友之间迅速流行。但涉及的敏感话题、政治类不实传言和偏激议论的数量，不比微博上少。所以，微信的传播内容，特别是微信公众号和跨微信群的传播，成为互联网治理的新目标。虽然微信在表面上还缺少微博用户粉丝众多的鲜明媒体属性，但更多地表现出人际私密交往的特征，每一个用户在微信上看似都是平等的。微信庞大的用户量和与手机等移动媒体的紧密关系，使其潜在的影响力不容忽视。

朋友圈里传播的新闻都是朋友间喜闻乐见的新鲜事，但也有一些热点新闻在朋友圈中迅速转发。例如，2016 年 2 月 18 日 21 时许，红花岗区长征派出所民警及辅警在外环路沃尔玛超市楼上抓捕七名涉毒犯罪嫌疑人时，遭嫌疑人持刀暴力反抗，造成两名民警和三名辅警受伤。其中，两名民警伤势较重，三名辅警为轻微伤。受伤民警陆某、周某经初步手术后在遵义医学院附属医院 ICU 病房救治；七名犯罪嫌疑人已被全部抓获，缴获毒品疑似物 13.12 克。一名重伤民警由于失血过多，需要大量 A 型血，但市中心血站该血型库存不足，恳请圈内 A 型血的朋友们勇敢地伸出手臂，去市内各献血点献血，挽救警官年轻的生命。这条求助 A 型血的信息在微信朋友圈中不断转发，许多 A 型血的热心市民纷纷赶到献血点献血。

　　微信朋友圈已经是我们了解新闻信息的一个重要渠道。朋友圈传播的内容，多为心灵鸡汤、养生秘方、孩子照片、个人生活，还有上文提到的求助等信息。但与此同时，朋友圈这一强关系、高封闭的信息传播平台上，也夹杂着不少会给人造成严重误导的谣言。这些谣言往往危言耸听，语不惊人死不休，主题多涉及与民众息息相关的生命安全、身体健康及衣食住行等，必须要杜绝此类谣言在朋友圈中传播，避免被谣言误导。

　　2. 微信公众号

　　微信公众号是开发者或商家在微信公众平台上申请的应用账号，该账号与 QQ 账号互通。通过公众号，商家可在微信平台上实现特定群体的文字、图片、语音、视频的全方位沟通、互动，形成了一种主流的线上线下互动营销模式。特别是在新闻的精准推送、弥补传统媒体的互动性不足，以及在突发事件中争取新闻报道的时效性等方面体现出优越性。公众号作为一种新的信息传播工具和信息推介平台，以其强大的移动性吸引了很多受众。所以，不少报纸、电视、广播都推出了微信公众号，开始尝试微信新闻报道，进行移动即时通信和信息推送。

　　2013 年 4 月 1 日，中央电视台新闻频道正式推出"央视新闻"微信公众号，这是国内第一个用户量超过百万的媒体微信公众账号。央视新闻公众账号的发展，体现出新媒体与传统媒体之间的互利合作，为新闻产品的制作、传播提供了无限可能。各大电视台新闻栏目争相效仿，纷纷推出自己的微信公众平台。不仅如此，《人民日报》《贵州日报》、中国之声等报社和广播电台也都有了自己的微信公众平台，希望能给广大用户传递更新鲜的资讯，同时，获取更多的用户资源。央视新闻微信公众号在早中晚三个时段推送优质图文新闻专题，并随时推送重大突发新闻事件。除了主动推送外，微信的自动回复功能能让用户通过关键词主动获取最新的新闻资讯，这样，用户就可以自主选择感兴趣的新闻资讯。以上功能，让微信成为传统媒体拓展用户的利器，也促进了传统媒体与新媒体的结合。

3. 点对点传播

从传播学的角度来说，微信的传播模式是基于人际关系的点对点传播。这种以人际传播为主要机制的传播形式，使得微信具有一定的私密性，更容易让使用者进行准实名认证。在这种情况下，微信传播的主要范围就锁定在使用者的朋友圈或者是微信好友中，形成了一个以使用者个人的微信账号为中心的、封闭式的圈子。如果其他用户没有被添加为好友，就没有办法共享微信内容，所以说微信传播在一定程度上是一个封闭性的传播。

马歇尔·麦克卢汉认为，"媒介即讯息"告诉我们，对于社会来说，真正有意义、有价值的"讯息"不是各个时代的媒体所传播的内容，而是这个时代所使用的传播工具的性质、它所开创的可能性以及带来的社会变革。这个观点一经提出，就得到高度认可。媒介在信息传播的过程中起着不可忽视的作用。

（二）传播效果

微信的新闻传播效果主要体现在三个方面。

第一，突出了新闻的时效性。随着时间的推移，时效性已经成为网络媒体竞争力中的一个重要元素。从最开始的"及时性"到后来的"实时性"，再到现在的"全时性"，微信新闻传播的时效性已经发生了质的改变。

第二，信息存储的全时性。由于网络新闻存储在网络数据库中，所以从理论上讲具有永久性。这些新闻通过各种链接得到了更好的利用，同时，也告别了因不可抗力造成的新闻传播延误。

第三，信息接收的全时性。微信不仅可以在第一时间发布，也可以轻松获取。因此，不同于报纸、电视、广播等媒体的另一特点是，微信信息存储的全时性为受众提供了全时接收的可能，错过的新闻也可以在微信中找到。通过微信，用户可以随时随地与人交流，传播也更具时效性。

（三）传播影响

微信对用户的网络人际关系和现实人际关系都会产生影响，但总体来说，对网络人际关系的影响更明显。很多人通过微信维持并深化了熟人关系，也结识了新朋友，但大多数用户选择将与新朋友的联系保持在网络中。

首先，受众可以自主地去关注喜欢的公众号。其次，借助腾讯 QQ 的强关系链，微信传播具有很高的到达率与转发率，传播速度快，效果明显。微信可以对不同用户群体进行后台细分，从而提高传播的针对性与可控性，提升传播的精准度与效果。最后，微信的交流形式更加多元化。基于庞大的用户数量和日益成熟的社交应用，微信公众账号自 2012 年推出以来，注册数量一路飙升。公众账号主要面向政府、媒体、企业等组织和个人，为用户与特定群体进行全方位的沟通提供了渠道。媒体类的公众账号则提供了互动性更强、目标更精准的信息传播方式，交流的形式更加多元化。

（四）微信是突发事件中信息传递的重要渠道

美国学者德弗勒的媒介依赖理论指出，媒介信息的不及时会增加突发性事件的未知因素和不确定因素，使群众产生恐慌、畏惧甚至其他难以控制的非理性因素。因此，灾难初期的信息传递就显得尤为迫切。只有及时、充分地将信息传递出去，才能保障灾区的救援和社会的稳定，不至于引起群众恐慌、损害政府的公信力。

例如，四川芦山地震后，供电中断，道路损毁严重，这给传统媒体的到达和报道带来了严峻挑战。而在震后几分钟，不少用户就通过微信来传递信息、发布灾区的最新消息。两小时后，一批微信公众账号迅速上线启用；6 小时后，腾讯就推出"芦山地震救助"公众微信账号，发布震区的最新状况、救援信息、寻人启事和报平安的消息。许多用户把自己的地理位置、救助内容、现场照片等发给"芦山地震救助"等官方微信平台。而四川卫视雅安热线、央视评论等公众账号与四川卫视、央视新闻频道等也进行信息联动，全天滚动播报救灾、寻人消息。

在芦山地震报道中，急剧增加的语音通话导致通信通道堵塞，灾区与外界的电话联系受到影响。而微信则凭借比电话占用通信资源少的优势，迅速地将灾区的信息传递了出去，有效地缓解了信息传递的困难。微信以其独特的信息传播方式为灾后的信息传递和救援贡献了力量，展现了新生代媒体的独特魅力。

三、微信新闻传播存在的问题

微信新闻传播主要存在以下问题。

第一，微信新闻报道缺乏深度思考。网络时代，新闻阅读趋向快餐化，由微信引领的碎片化阅读模式更强调对新闻的快速阅读。这种浏览一方面有助于信息的快速传播和知识的普及，但同时也会使人懒于思考、无暇研究，对信息的摄取变得量化、平面、肤浅，缺少深度。

第二，微信新闻同质化问题严重。微信上的新闻报道，大多给人似曾相识的感觉，这是因为大多数媒体在编排手法和文风上都趋同，甚至有一些媒体是直接照搬，或是炒别家的剩饭。而更深层次的原因则在于，媒体对于微信新闻目标受众的特点缺乏细分，以点带面盲目传播，自然就造成了千篇一律的现象。

第三，垃圾新闻泛滥。自从公众平台和朋友圈功能推出后，以营销、炒作、传谣、恶搞等为目的的垃圾新闻也应运而生。对此，腾讯方面曾指出，新闻谣言已经成为影响社会发展的毒瘤，生活、工作的方方面面都被它渗透。但是微信以及腾讯公司都不会坐视不管，不会放任其对用户、对整个平台的负面影响。

四、结　语

综上所述，媒体传播新闻的方式正在发生翻天覆地的变化，电视、广播和报纸也在微信上传播新闻信息。人们可以从多种渠道了解所需的信息，朋友圈、微信公众平台等都能满足人们日常的新闻资讯要求。新媒体的用户群体甚至超过了广播。可以说，微信的信息传播模式代表了未来社交平台发展的方向。随着手机互联网的发展和智能手机的进一步推广，便携式移动媒体在未来一定大有可为。但同时，微信的普及所带来的新闻传播中的系列问题有必要引起重视，必须加强立法和监督，让新闻回归其本质。

【参考文献】

［1］郭庆光．传播学教程［M］．北京：中国人民大学出版社，1999．

［2］马歇尔·麦克卢汉．理解媒介：人体的延伸［M］．何道宽，译．北京：商务印书馆，2000．

［3］拉里·A．萨默瓦，等．文化模式与传播方式［M］．麻争旗，等译．北京：北京广播学院出版，2003．

［4］叶朗．美学原理［M］．北京：北京大学出版社，2009．

［5］邱道勇．微信改变世界［M］．北京：中国财富出版社，2013．

［6］李启文．手机微信对生活与工作的影响及对策［J］．考试周刊，2011（9）．

［7］陈立冬．微信对信息传播工作的影响［J］．科技管理研究，2011（2）．

［8］刘晓林，邓利平．传统媒体的传统优势［J］．青年记者，2012（7）．

［9］张晓霞．论微媒介在新闻传播中的作用——以微信为例［J］．今传媒，2014（4）．

［10］芦山地震微信微博寻人平台［EB/OL］．http：//news．qq．com/xunren．htm．

浅谈中国动画叙事的几点误区

■ 洪桂云*

【摘　要】中国动画长期受"教育功能"和"保护儿童"观念的影响，很多作品自创作伊始就备受限制。这些作品往往违背了影视的叙事规律，也失去了动画的灵性特征。本文试从三个方面指出我国动画叙事的表达误区，希望对当前和今后的动画创作提供一些帮助。

【关键词】动画形象　本体叙事　心理表达策略

一直以来，美日动画在全世界范围内广泛流行，以不可阻挡之势席卷全球。近年来，我国动画有渐兴之势，涌现出《神笔马良》《小门神》《大鱼海棠》等一批动画电影和电视剧作品。这些作品试图通过动画传播中国文化，打造民族文化品牌。但总体来看，这些努力并未改变美日动画的强势现状，中国动画的影响力依然微弱，5千多年的优秀文化在动画这一现代重要商品和艺术创作中依然处于边缘地位。

早在20世纪20年代初，美国动画就传入中国。1926年，万氏兄弟制作了中国第一部动画片《大闹画室》。第一代中国动画人抱着创造有中国民族特色动画的信念，开始了本土动画的创作，成为中国动画的开山者。上海美术电影制片厂是我国动画创作的摇篮，20世纪五六十年代到八十年代处于动画创作的辉煌期，被认为是中国动画的"梦工场"，形成了当时世界上公认的"中国动画学派"。本文试从中国传统动画电影叙事中找寻经验，并结合当下热门动画电影电视剧，找到中国动画叙事的不足，并通过与国

---

* 洪桂云，女，山东聊城人，文学硕士，贵州师范学院文学院助教，研究方向为儿童影视。

外优秀动画电影叙事的比较，提出几点建设性建议。

一、动画形象单一、呆板

（一）动画角色造型设计的一成不变

动画角色的形象设计与其内心世界是紧密相关的。动画角色的造型不仅要有与众不同的特点和让人印象深刻的记忆点，同时也要体现动画角色的性格。一个好的动画角色造型是塑造一个动画角色性格魅力的前提和重要保障。所以，角色造型设计对动画的角色性格塑造有着非常重要的作用。典型的例子是，当我们提及一部美国动画时，观众脑海里就会浮现出具体的动画形象。如《蓝精灵》中的格格巫，他有着尖而长的鹰钩鼻，大眼袋上一双圆圆的小眼睛，尖下巴、鹰爪手指、尖顶帽子和黑风衣都成为他的标志性符号；蓝精灵们则都拥有大而清澈的眼睛，与格格巫形成鲜明的对比。反观中国过去和当下的动画实践，人物形象在造型上都过于传统，从《小猫钓鱼》到《黑猫警长》，几乎所有的人物造型都是从"圆脸的中国娃娃"这一历史的想象出发，雷同且相似。到2012年，上海美影厂创作的动画片《乌龙小子》中的人物形象也没有脱离这一历史想象，唯一的变化是受日本动漫中"大眼睛"造型的影响，这个"圆脸的中国娃娃"变成了"圆脸的大眼睛的中国娃娃"。这种在中国传统儿童形象下的补充，在笔者看来，却有不伦不类之嫌。

《蓝精灵》格格巫

《乌龙小子》乌龙小子

（二）动画形象形式美感的单一

美国心理学家范茨曾经做过一个试验，用视觉偏爱的方法研究婴儿对形状的辨别和偏爱。他给1~15周的婴儿看几对模式图：线条图和靶心图，棋盘图和正方形图，交叉十字和圆形。研究发现，婴儿对各对模式图的注视时间有显著差异。他们对靶心图和线条图注视的时间最长，对后几对简单图形注视的时间较短；婴儿最喜欢看靶心图，对棋盘图的注视时间又超过正方形图。由此可以设想，婴儿是带着观察复杂的模式超过简单的偏爱出生的。试验还表明，婴儿还喜欢看活动的图形。❶ 从范茨的试验可以得知，从人类最初的直觉出发，复杂和运动更能激活人的潜在心理诉求。所以，由形象的丰满和动作的灵活衍生的夸张和变形，是动画形象造型的重要手段和美学特征之一。

夸张与变形，不仅是艺术创作中"陌生化"的法则，也是契合动画媒介技术特点和动画接受心理学的依据。然而，中国动画长期以来忽视了这一重要的创作规律，在很大程度上造成了动画普遍存在的形式美感单一、呆板的硬伤，致使动画缺乏审美的张力。

以中国电视动画《喜羊羊和灰太狼》中灰太狼形象和美国电视动画《猫和老鼠》中的猫的形象为例进行比较。《喜羊羊和灰太狼》中把灰太狼的本事都体现在它找到的各种稀奇古怪的对付羊的"武器"上，于是武器是使人物强大的根本原因，一旦丢了武器，灰太狼的威力就会大减甚至失去战斗力。在与羊的博弈中，灰太狼可以飞上天空、身体可以变小，但其自身却没有变化。即使享誉中外的动画《大闹天宫》亦是如此，孙悟空本事的最大极限也来源于他手中的金箍棒。而在《猫和老鼠》中，猫的所有"威力"和招式却是来自身体的各种变化：圆圆的身体可以变细长钻过一道钢管，肚子也可以胀成大气球……于是一只普普通通的猫便有了无数令人不可思议的本领。在高度的夸张与变形中，这只可爱的猫给观众留下了深刻的印象。显然，将人的能力体现在一件武器或具有超能量的宝物上，远不如将这种能力体现在自身生理和形体的变化上，因为后者更符合人试图冲破自身生理局限的原始欲望。

动画本身具有和观众约定俗成的、假定的、非真实的生活情景，这实际上为动画的表达提供了无界限的、不拘泥于现实生活逻辑的想象空间。

❶ 刘金花.儿童发展心理学［M］.上海：华东师范大学出版社，2013：13.

我国的动画长期以来忽略人自身的变化，没能充分发挥动画这一特殊媒介的特点和优势，这是国产动画长期以来的痼疾。所以，不论是 1999 年的《宝莲灯》还是 2009 年的《马兰花》，在动画形象的造型方面都存在这种缺陷。因此，对于动画美学规律的忽视，很可能是中国动画长期疲软的更重要的根源。

二、模糊"成长"这一动画叙事的本体特征

在各种类型的影视作品不断涌现的今天，动画之所以能够独当一面，最根本的原因不在于它天马行空的想象力和无拘无束的自由表达，而在于它立足于我们都曾经拥有的对成长的渴望。美国动画电视剧《狮子王》和动画电影《功夫熊猫》《疯狂动物城》都是很好的佐证，它们从根本上满足了人类对于"成长"的渴望这一原始心理。成长是动画叙事的本体特征。

《狮子王》讲述了主人公辛巴从一只柔弱的、需要帮助的小狮子——经过若干年的生活历练——终于长成英勇无比的森林之王；《功夫熊猫》讲述了一只笨拙的熊猫成为武林高手的故事；《疯狂动物城》则是一个看似不可能的故事——一只母兔子成了警察。在每一次的演绎过程中，人物的心理不断地发生变化，人物的能力也在一天天增强。由此，动画中的人物形象在纵向发展中丰富起来，故事的内涵也更加深刻。对于儿童来说，经历了一次有益的成长教育；对于成人来说，则重新接受了一次成长的洗礼。这个洗礼，令人精神振奋。然而，以近年来在我国荧屏上火热的《喜羊羊与灰太狼》为例，差距就自然显现：自始至终，喜羊羊都是领头羊，他的聪明才智都是与生俱来的，永远可以赢；懒羊羊永远是那么懒，即使今天知道错了，明天也照旧不改；美羊羊永远都只是在照镜子，或是充当一个被拯救的工具。尤其是灰太狼，就好像是一个不长记性的狼脑袋，抓羊的本领"几年"都不见长。这样，不仅人物性格不够立体、真实，而且对于整个故事的叙事来讲，都是没有变化的来回往复。不得不说，这是个败笔。

黑格尔曾以"学徒期"指称从儿童到成人这段成长期，认为这是人逐渐接受社会规范、约束自己行为和思想的过程，并最终变得思想迟钝、碌

碌无为。然而，一部优秀的动画作品所要表达的成长决不是黑格尔所说的
"学徒期"，而是充满着喜悦和希望的、在长成中不断完善的过程。只有这
一主题，才是基于现实生活逻辑的艺术真实。成长是每个人从童年走向成
熟所面临的一件大事，也是个体与个体联系、交流，并与成人社会对抗的
过程。在这一过程中，必然会产生种种矛盾，而产生—解决矛盾的过程正
是动画所要表达的成长主题。在动画中，成长意味着什么、成长需要什么、
成长的关键是什么，往往构成了故事的每一个细节，进而完成整个故事的
叙事。而在2016年，被称为"史上最令人失望的动画电影"——《大鱼海
棠》的叙事失误就在于，每一个人物的性格、好恶乃至行动的目标等都没
有合理的解释：灵婆为什么要帮助椿解救鲲？鼠婆为什么一定要回到人间？
湫为何拼尽全力帮助椿对鲲的付出？所有的角色刻画都浮于表面，所有的
人物行动都没有一个完全合理的解释，他们行动的目的总是以谜的形式不
断出现，缺乏基本的叙事动机。简单地说，就是为了所谓的"情怀"而胡
乱"任性"，没有章法可依。

三、将"童真"这一动画叙事的心理表达 策略处理为"幼稚"

"当代电影剧本创作是一个发现的过程，创作者能不能发现当代观众心
理上的集体潜意识，与观众产生共鸣，这决定了所创作的故事能否开创出
一种新的类型。"❶动画具有其他文化形态所不具备的"返璞归真"的审美
特性。这种特性应该为全世界不同民族、不同语言和不同时代的人所共有，
它就是"童真"——动画叙事的心理表达策略，也是动画叙事的灵魂。

从动画的角度解析儿童，不只是在探索儿童，而是在解析所有人。然
而，反观中国的动画实践，真正从这种心理认知的角度看待动画并进行创
作的却少之又少。绝大多数的动画片以"保护儿童"和"动画的教育功能"
为由，将"童真心理"片面地理解为"幼稚心理"。于是，动画叙事中的
"幼稚"病就出现了。

❶ 周鲒.动画电影分析［M］.广州：暨南大学出版社，2007：178.

在中国的动画片里，这种"幼稚"病由来已久，且久治不愈。受传统制作观念的影响，许多人认为动画只是儿童的专利，所以我国的动画作品一直呈低龄化倾向，致使动画人物形象简单，缺乏变化和灵气。再则，早在新中国成立初期，文化部就对动画行业做出规定，明确提出"美术片要为儿童服务"，于是动画片肩负起教化儿童的重要使命。这一思想影响了半个多世纪，直到今天仍然是国产动画片的重要指导原则。回顾20世纪50～70年代的动画片，不难发现，它们与当时的电影、与红色经典一样：小朋友和小动物们做好事、打坏人，故事的结局是坏人受到惩罚，小朋友认识到了错误并从此改正。然而，也就是在这受惩罚和好好改正中，中国动画走向了一条与动画叙事应有的心理表达完全相反的道路。

动画叙事心理表达的关键是童真而非幼稚。从内容表达的角度看，"幼稚"不是从成年人的角度看到的内容，它只属于部分儿童；"童真"虽然同样出自儿童的世界观，但也包含着成年人认可的思想成分，并成为成年人反思现状的出发点。从影像表达的角度看，"幼稚"只是在儿童思想的能指层面，是独立于成人世界之外的影像元素；"童真"则是通过儿童式的思维、行动，表达出能够和成人进行沟通的深层所指，它同时处于儿童世界和成人世界。

在动画叙事中，一个普遍的叙事模式就是：小主人公在面对挫折时，得到年长的导师的指引，逐渐成长为一个具有优秀品格的人。这个战胜困难的过程，不只意味主人公听懂了成人的教诲、完善个体，还意味着对邪恶势力进行打击，构建一个新的秩序，并且形成自己对事物的看法。显然，这样的成长才是有意义的，这种"童真"的力量才能够打动人。但如果成人导师对于小主人公的教导只是加固了儿童原本幼稚的简单想法，那么，这种教导就是无意义的，因为儿童并没有在心智上成长，因而无法与成人的心理世界达成共鸣。

经典之所以成为经典，是因为它所拥有的精神是可以跨越时代的。中国动画普遍的"幼稚"病不仅使自身的受众仅限于儿童，而且缺乏儿童与成人双重世界的"童真"情感，从本质上违背了动画的艺术规律，忽视了动画独特的审美魅力。因此，在很大程度上，认识到"童真"与"幼稚"之间的巨大差异，认识到"童真"所包含的跨越年龄、跨越时代的深刻的艺术心理，是中国动画艺术精品诞生的起点。

　　动画作为一种大众娱乐的文化产业，作为一门最能体现人的创造力和想象力的艺术形式，应该得到很好的保护和挖掘。我国的动画创作者们应从动画本身出发，在寻求自己的文化个性和创意的同时，寻求正确的叙事策略和方式，真正创造出有自主成长模式的优秀的中国动画。

【参考文献】

　　[1] 李朝阳. 中国动画的民族性研究 [M]. 北京：中国传媒大学出版社，2011.

　　[2] 威廉·M·埃克斯. 你的剧本逊毙了 [M]. 周舟，译. 北京：北京联合出版公司，2016.

数据新闻：信息时代的新闻报道方式

■ 沈成菊*

【摘　要】自 1998 年起，网络媒体开始在国内蓬勃发展。数据新闻具有呈现传播和数据挖掘的技术特点，而网络媒体的互联网技术、海量用户生产的内容、数据的采集和分析等，基本上满足了数据新闻需求，具有传统媒体难以比拟的优势。本文对数据新闻的内涵和特征、产生的背景、发展现状进行概述，以信息加工理论、交互理论和视觉叙事理论为框架，分析与传统新闻报道相比，数据新闻所呈现出的特点及其意义。

【关键词】数据可视化　数据新闻　视觉叙事　信息加工

一、引　言

（一）大数据概述

"大数据"概念于 20 世纪 90 年代提出，最初只是对一些在一定时间内无法用传统方法进行抓取、管理和处理的数据的统称。"大数据"这个术语最早可追溯到开源软件组织网站 apache.org 的开源搜索引擎项目 Nutch。当时，大数据用来描述更新网络搜索索引需要同时进行批量处理或分析的大量数据集。❶ 目前，维基百科对大数据的定义是：所涉及的数据量规模巨大，无法通过人工在合理时间内达到截取、管理、处理并整理为人类所能解读的信息。

---

* 沈成菊（1989~），女，贵州人，文学硕士，贵州师范学院文学院助教。

❶ 赵勇，林辉，沈寓实. 大数据革命——理论、模式与技术创新 [M]. 北京：电子工业出版社，2014：3.

关于传统数据和大数据的区别，赵勇等人在《大数据革命——理论、模式与技术创新》一书中用4个大"V"来表示（见表1）。❶ 而这四个大"V"也正体现了大数据的显著特点。

表1　传统数据与大数据的区别

	传统数据	大数据
数据体量（Volume）	GB　TB	TB—PB 以上
速度（Velocity）	数据量相对稳定，增长不快	持续、实时产生数据，增长量高
多样性（Variety）	结构化数据为主，数据源不多	结构化、半结构化、音频视频、多维多源数据
价值（Value）	统计和报表	数据挖掘、分析预测、决策

麻省理工学院的教授布伦乔尔森（Erik Brynjolfsson）曾形象地说过，大数据的影响，就像4世纪之前人类发明的显微镜一样。大数据，将成为下一个观察人类自身行为的"显微镜"，能够更加清晰、全面地观察、研究人类社会生活的方方面面。

（二）国外对数据新闻的研究

数据新闻是以数据为中心，密切围绕数据来组织报道。具体言之，就是以数据、图表等为主，加上少量的文字描述。在实际操作中，需要通过具体的数据统计、数据分析、数据挖掘等技术手段来发现新闻线索，然后抓取大量数据来拓展该新闻的主题，最后依靠数据可视化技术将数据进行融合，以形象化和艺术化的方式加以呈现，为用户提供"轻量化的阅读体验"。数据新闻的多种复杂呈现形态得以实现，并在实践中得以应用，取决于数据可视化的技术支持。数据可视化技术借助图形化手段，对信息进行清晰的传达，给人们提供一种直觉式、交互式、对数据反应灵敏的环境。

英国人维克托·迈尔-舍恩伯格（Viktor Mayer-Schönberger）2011年出版的《大数据时代》成为众多学者认识大数据、理解大数据的重要来源，也是数据新闻领域最有影响力的著作之一。《数据新闻手册》（*The Data Journalism Handbook*）诞生于2011年，之后，来自《卫报》《纽约时报》

---

❶ 赵勇，林辉，沈寓实. 大数据革命——理论、模式与技术创新［M］. 北京：电子工业出版社，2014：4.

《华盛顿邮报》《金融时报》、BBC、独立新闻机构以及澳大利亚、芬兰、阿根廷等媒体的诸多数据新闻领域的倡导者、记者与资深专家积极协作，继续参与编撰，在学界和业界引起了巨大反响。《数据新闻手册》是数据新闻的开山之作，它不仅解答了数据新闻是什么、为什么要做数据新闻的问题，更讲述了如何去做以及各大主流媒体如何运营，如何获取数据、理解数据、展现数据。2011 年，全球编辑网（Global Editors Network，GEN）发起、举办了全球"数据新闻奖"，旨在鼓励新闻记者更加注重数据的挖掘和报道，研究和推动数据新闻的发展。

（三）国内对数据新闻的研究

笔者在中国知网上以"数据新闻"为关键词进行检索，共找到 112 篇相关文献，其中 2014 年以 74 篇排名第一，位居第二的是 2013 年的 14 篇。总体而言，可以分为三大类，即数据新闻理论论述、数据新闻实践分析、大数据时代的媒体转型。

关于数据新闻理论的研究，主要是对相关概念进行辨析，从不同角度解读其内涵与基本特征，理清其与精确新闻、计算机辅助新闻报道之间的关系。对于数据新闻的实践分析，主要是以具体媒体的相关实践为研究对象，分析其技术构成、要素特点以及对制作团队的技术要求。关于大数据时代的媒体转型研究，主要探讨如何转变新闻理念及新闻生产才能更好地适应时代需求、适应读者需求等一系列问题。

在新媒体时代，数据新闻是值得关注的新焦点。从央视的新闻联播到百度的春运迁徙图，随着大数据的广泛应用，数据新闻以其特有的叙事方式越来越引起大家的关注。数据新闻的发展迎来了新的机遇，这一机遇不仅在于商业层面，更在于对传统新闻观念的改造和更新。

（四）理论依据

本文选取信息加工理论、信息可视化交互理论以及视觉叙事理论作为研究的学理支撑点，涉及网络新闻的生产者、数据可视化技术以及数据如何完成新闻叙事三个方面。新闻素材或信息加工过程，是新闻工作者的思维活动过程；新闻数据的可视化呈现，是各类型数据信息融合交互的结果；利用可视化数据完成新闻视觉叙事，则凸显了新闻真实性这一最本质、最基本的要求。基于互联网络而存在的网络新闻平台较之数字媒体和平面媒体，有更加综合、丰富的新闻呈现。其中，充当重要角色的当属技术创新，但更为重要的是新闻数据化和可视化的新闻理念的转变。不同于以往简单的图像视觉化表达，新闻数据的可视化正在成为一种趋势。

二、新闻数据的内涵特征

目前，数据新闻在不断发展，不仅在电视和纸媒等传统媒体上有很多应用范例，在网络及移动互联网上更是处处可见。学界对数据新闻的运用研究比较多，但是对其内涵属性的研究较少。《数据新闻手册》中指出，数据新闻与其他新闻类型的区别在于，它具有将传统的新闻敏感与使用数据讲述一则好故事相结合的可能性；电脑程序自动处理来自政府等公共机构的信息，并将它们收集、组合，使得这一可能性能够出现在新闻报道的任何阶段。

本文认为，数据新闻是通过对海量数据的收集、挖掘、分析，在发现新闻的同时提高新闻的可信度，并采用可视化技术对数据进行利于大众理解的展示和呈现的一种新闻报道方式。

与传统报道相比，数据新闻具有以下几个特点。

（1）对大数据的运用能力。该能力指的是对数据的使用和处理能力，并不是必须使用大规模的海量数据才可以称得上是数据新闻。大数据的数据基础量巨大，处理速度非常快，并且数据源广泛多样，包括图像、视频、语音文本信息，等等。数据新闻可以是数据的清晰呈现，也可是海量数据背后的价值挖掘，进而将有用的信息呈现在受众面前。由此，人们能够更加清晰、全面地观察、研究自己的生活行为。

（2）数据进入新闻生产流程。传统的新闻生产流程是记者获得新闻线索，然后按照新闻线索的指向，前往事件发生地进行探访，通过第一手的采访核实信息真假，最后撰写成文。而数据新闻的生产方式，有的研究者认为，数据是新闻线索，即通过对数据的收集、分析、研究，进行可视化处理，呈现在读者面前；有些学者则不认同，认为数据新闻是计算机辅助报道的另一种形式，而数据只是为新闻提供素材，增加新闻的准确性和可信度。

在数据新闻的生产中，数据为新闻提供线索、素材，已经成为新闻生产流程中不可缺少的一环。数据新闻制作的核心，是将数据及数据技术应用于新闻挖掘分析、撰写成文、可视化呈现的过程中。在大数据时代，传统新闻理念与数据及数据技术融合的生产过程，是传统新闻业的一大变革。

（3）新闻呈现方式多样化。数据新闻的多样化呈现方式包括两个方面，一是可视化呈现方式多样化，二是信息类型呈现多样化。可视化呈现包括数据漫画、数据地图、数据图表以及数据应用，等等；信息类型呈现包括文字、图片、视频、音频等信息。数据新闻借助这些多样化的手段，对信息进行清晰的传达，给人们提供一种直觉式的、交互式的、对数据反应灵敏的环境，服务读者。

（4）数据源开放。数据源开放是数据新闻的一大特性。数据新闻使用的数据基本上都来自政府、科研院所、企业、公益团体等机构的公开数据。这些公开的数据，普通使用者可以充分利用，挖掘出想要的信息，这使得新闻的生产由记者的"专利"逐渐变成大众的"事业"。目前，国外很多媒体把制作数据新闻的数据公开放在网站上，受众可以在下载之后制作数据新闻，再上传到网上，吸引他人点击。这样一来，每个人都可以说是数据新闻的制作者。

三、交互功能对数据新闻发展的意义

从报纸、广播到电视，再到互联网，每一种新型媒体的出现都增加了人们在信息传播过程中的参与性。报纸和广播只需调动人的眼睛和耳朵，电视则需要耳朵和眼睛同时参与。与传统媒体不同的是，互联网、移动互联网媒体能让用户全方位地参与信息的制作和传播，充分实现新闻报道与用户的互动，从而达到更好的信息传播效果。

（一）新闻数据的交互方式解析

交互性是网络新闻数据可视化的重要特征之一，也是可视化新闻受到业界和网友一致欢迎的重要因素。在网络新闻数据可视化的过程中，交互性可以在两个阶段进行精心设计：一是在信息的采集整理过程中对用户参与性的设计；二是在信息接收过程中互动性的设计。

1. 可视化信息采集过程中用户的参与性

在人人都是记者、人人都是评论员的新媒体时代，用户不再满足于以往单向的信息接收方式，而是更希望参与到信息制作与传播过程中。与传统媒体相比，网络媒体最大的优势就是为用户提供了平等的信息传播和接收平台，并为用户提供实时有效的互动方式。国内外各大网站正是利用用户主动参与新闻信息传播的心理，在信息采集整理过程中充分调动用户的积极性，让用户提供新闻报道所需的必要信息。这既是信息采集的便捷方式，同时也能培养用户作为信息传播者的主人翁心态，从而提高新闻信息的受关注度和影响力。2014 年"两会"报道中，腾讯网邀请网友票选过去一年 25 项民生领域中哪些制度更人性化、服务更亲民，哪些领域变化最显著、出台的改革举措最具诚意等，并据此推出"中国点赞地图"。国外各大新闻网站更注重信息采集整理过程中用户的参与性。阿根廷的公民记者培训、BBC Iplayer 鼓励公民上传自己制作的新闻信息等，都充分说明新媒体时代在信息采集过程中对用户参与性的依赖程度不断加强。

2. 可视化信息接收过程中的交互性

互联网媒体最典型的特征是交互性。以互联网作为传播平台的网络新闻在数据可视化过程中，要对用户接收信息的交互性环节进行精心设计。2014 年"两会"报道中，人民网推出的两会专题首页以时间轴的方式将"两会"举办期间每一天的重点内容进行整理归类，用户点击不同日期就可了解到当天最重要的新闻信息。BBC 推出的"1999～2010 英国每一条道路上的每一起死亡"、《预算计算器：2013 年财政预算将如何影响你？》等报道都需要用户填写相应信息，从而获取与信息相匹配的详细解析。这些典型案例都通过与用户的互动完成信息的传播、思想的传递。

（二）新闻数据交互性特征解析

网络新闻数据可视化交互性的表现形式主要有三种：第一，时间轴。时间轴是指通过互联网技术，依据时间顺序，把一方面或多方面的事件串联起来，形成相对完整的记录体系，再运用图文的形式呈现给用户。其最大的特点是把事物系统化、完整化、精确化。第二，交互动画。交互动画是指在动画作品播放时支持事件响应和交互功能，也就是说，动画播放时可以接受某种控制。这种控制可以是动画播放者的某种操作，也可以是预先准备的操作。如人民网 2014 年"两会"专题报道中制作的"地方领导留言板""政府常务会议大数据""2013 十大民生新政"等专题，在首页的形式都是动态式图表；用户未点击时以动态形式存在，当用户点击某个选项时，就可以跳转到相应的页面。交互动画更强调数据可视化的交互性。第三，信息地图。在实际的新闻报道中，有些信息和数据完全可以以静态图表的形式展现，但某些与地名有关的信息如果能与地图结合，会收到更好的传播效果。运用地图分析和展现新闻信息，比单一的图表更清晰、直观。如 2010 年 10 月 23 日《卫报》刊登的一则伊拉克战争的数据新闻，用来自维基解密的数据制作了一幅点图，数据多达 39.1 万条；地图上的一个红点便代表一次死伤事件，密布的红点显得格外触目惊心。

四、数据新闻中视觉叙事的类型和特点

数据新闻不仅指在新闻实践中引入数据分析技术和可视化设计，其更核心的内容是数据背后的新闻叙事。《数据新闻手册》称，数据新闻为把传统的新闻敏感性和有说服力的叙事能力与海量的数字信息相结合创造了新的可能。为了将抽象数据具体而直观地展现出来从而通过数据表达其背后的概念和内涵，可视化是数据新闻叙事的一种主要表达手段。

（一）数据新闻的视觉叙事类型

本文将数据新闻的叙事类型分为地图、时间线、视频、表格、社会网络关系图、数值形象呈现、词频分析统计图、坐标系图 8 个类型。

（1）地图。地图是将数据信息与地理位置相结合的数据新闻形式。这样的新闻类型主要是按照数据的地理位置分类汇总后，将其比较形象地呈现在地图上。这种呈现方式比较生动、形象，还可与读者产生一定的互动，增加新闻的趣味性，比较受大众欢迎。它的缺点是无法区分细微的差别，只能做大概的比较和了解。国内外比较有名的数据地图制作网站有地图汇、数据地图网等。使用者通过上传相关的位置信息数据，经过简单的操作，便可以制作各种专业级的地图图表。

（2）表格。很多数据新闻会使用静态的表格来展现数据特征，从而解释、说明新闻信息。虽然表格的形式比较单一，但是客观、直白，使用者不在少数。并且静态的数据表格制作比较简单、快捷，有些表格在数据库里可以自动生成。表格类型的数据新闻是目前数据新闻中制作技术最简单、最易实现的一种。

（3）社会网络关系图。网络指各种相互的关联，而社会网络可称为社会关系所构成的关联结构。社会网络的结构关系可以反映人或物的社会关系。通过真实的整体结构的分析，可以更清楚地认识个体的多维空间。通过网络关系结构图，可以了解事件的过程和结果。在现实生活中，人与人、人与团体、团体与团体之间的关系纷繁复杂，像网一样交织在一起。社会网络关系图不仅能将有联系的两者之间的关系呈现出来，还能把联系数值形象化，即通过线条的粗细来展现联系关系的紧密程度。社会网络关系图在数据新闻中比较适合人物繁多、关系复杂，并且领域跨度较大、没有特别明显规律可循的新闻事件报道。

（4）数据数值形象呈现。数据数值的形象呈现指的是漫画等图形所代表的数值形象，通过这样的形象来展现数据的含义。很多时候，数据数值形象呈现都是在静态的新闻中，通过简单的图案设计就能够做出来，简单、直观。

（5）视频。数据并不单单是指数值型的信息，也可以指文本、图片、音视频等其他类型的信息。

（6）词频分析统计图。目前的词频分析统计图主要是通过分析文本中一些词组出现的频率，针对文本数据的可视化形式，做成文字云或者词频分析统计图。词频图通过对特定范围或类型文本中重要词汇的出现次数进行统计和可视化呈现，使用户对文本的特征有更直接、更全面的把握。除了帮助用户了解文本数据中词汇出现的频率外，词频图更重要的作用是让我们读到背后的意义，挖掘到一些关键点，甚至是时代背景。

（7）坐标系图。坐标系图用于数据新闻报道中对数据的呈现，通常以 X 轴表示时间顺序，以 Y 轴表示某个事物量的大小；坐标系中的趋势线是该事物的数值随着时间的变化而形成的高低走向。此外，坐标系图还可以用圆点面积的大小来展示数据的集中度。

（8）时间线。在数据新闻报道中，时间线适合对时间跨度大、涉及信息数据类型较多的事件进行呈现。这样，一方面能将数量比较庞大的数据信息按时间顺序排列、编辑，另一方面也可以按照时间顺序来了解事件的发展脉络和变化过程。时间线作为数据新闻可视化的呈现类型，可以使叙事简单明了，更加方便用户阅读使用。

（二）数据新闻的视觉叙事特点

1. 叙事素材：信息高度压缩

一条新闻之所以选择以数据新闻的方式来呈现，通常是因为包含了大量的信息。数据新闻的长处在于，可以将极长时间段、极大范围、逻辑极为复杂、涉及诸多因素的事件高度压缩，实现多角度、多层次的较为全面的叙事。2013 年数据新闻奖的获得者是法国的数据新闻记者让·阿比亚特西（Jean Abbiateci）。他的获奖作品《"傻瓜"的艺术品市场》对 2008～2012 年拍卖的最昂贵的 320 件艺术品进行了统计分析，可以按主题进行查看，如"毕加索：超级巨星""男性主导的行业"。在第一个主题中，读者可以找到不同年代、不同艺术流派的知名艺术家；从第二个主题——根据年份、作品畅销度、艺术家的性别、国籍、诞生年代、拍卖城市等指标对320 件艺术品进行梳理的图表中，读者可以获得丰富的信息。

2. 叙事主体：叙事主动权在一定程度上由记者转交给读者

《卫报》是英国的第二大全国性日报，是业界公认的较早投身于数据新闻的媒体。2009 年 1 月 14 日，它开通了"数据博客"，这是数据新闻发展的一个里程碑。该栏目制作的数据新闻涵盖政治、经济、体育、灾难、环境、文化、科技等不同领域，采用的新闻可视化方式多样，有图表、地图以及各种互动效果图。在其实际操作中，使用最多的是数据地图、时间线和交互图表；数据类型不仅有量化数据，还有质性数据。它的数据新闻团队由少数全职记者组成，其他的成员并非全职，而是隶属于《卫报》的不同部门，从事采编工作。《卫报》数据新闻最为显著的特点是向用户开放评论、数据和应用工具。这样做的目的主要是吸引更多用户参与，对新闻事件做出更加全面和深入的解读。此外，还通过举办竞赛等方式来提升用户的参与兴趣。这些方式的运用，有助于更加多样化、更有创造性的数据解读和呈现。

3. 叙事视角：善于宏观叙事和微观叙事

数据新闻的视觉叙事不同于日常生活中的叙事，而是将用户无法体验和认知的规律和联系——因时间、空间、事件的抽象程度、地理因素等的限制——视觉化，将用户只能通过想象来认识的抽象概念呈现出来，引起异于平常的好奇或震撼。从传统叙事学角度讲，数据新闻的视觉叙事所营造的故事的起承转合影响受众情绪的能力不如文字、视频等叙事手段。因此，新闻中不贴近日常生活的宏观叙事和微观叙事常常利用数据可视化的手段进行呈现。例如，在《纽约时报》的专题《亡者面容》中，单独一位或几位去世士兵的照片、去世地点和日期等信息并不构成叙事，而使这则新闻完成叙事、产生意义并在用户头脑中留下印象的，是长时间跨度内大量信息汇总形成的全貌。这一全貌是用户在日常生活中无法在几分钟内体验到的。假如这则新闻在传统平面媒体中由文字叙述来完成，或者在电视媒体中以画面剪辑配合解说词的形式来完成，一方面受众认知的时间会更长，另一方面产生的直观视觉冲击力则会更弱。

五、结　语

"大数据时代"的到来，使得人们更需要展示数据、理解数据、演绎数据的工具，于是可视化技术进入新闻领域。数据新闻在互联网技术和数据可视化技术的发展、支持下以一种全新的表现形式呈现在受众面前，数据新闻的很多设想都成为可能，并在实践中得以应用。数据可视化能够有效地传达数据背后的知识和思想，刺激视觉神经，调动视觉的叙事功能，帮助人们完成叙事想象。新闻素材的加工过程是新闻工作者思维活动的过程，新闻的数据可视化呈现是各类型数据信息融合交互的结果。基于互联网络而存在的网络新闻平台较之数字媒体和平面媒体，呈现的新闻更加丰富。其中，充当重要角色的当属技术创新，但更为重要的是新闻数据化和可视化的理念转变。不同于以往简单的图像视觉化表达，新闻的数据可视化正在成为一种趋势。

高校广告审美教育路径探索[*]

■ 吕 菁^{**}

【摘 要】广告作为消费社会的重要媒介内容，以其普遍性和累积效应潜移默化地影响着受众的价值观和审美趣味。高校在培养未来广告从业者的过程中，应全面拓展和提升广告教育的视野和目标，并积极探索将审美教育融入广告教育体系的路径。

【关键词】消费社会 广告 审美教育

一、背 景

20 世纪以来，人类社会从生产型社会向消费型社会转型。在消费社会中，人们对产品的使用价值的追求让位于产品的交换价值，尤其重视商品中所传达的复杂的文化含义。同时，消费社会中"日常生活审美化"已成大势，人们对美的追求不再是旷然物外，而是融入普通人的日常生活。德国哲学家威尔什认为："日常生活审美化"首先反映在"表层的审美化"，即物质层面的装饰和美化成为普遍潮流，服务于人的"体验需求"。第二个方面是"深层的审美化"，意味着"审美化"的重要性并不在于"美"，而在于其"可塑性和虚拟性"。在这一过程中，一个特殊的文化中产阶层起着关键作用。英国社会学家费瑟斯通把这部分人概括为"新的文化媒介人"，也就是中产阶层中专门从事象征生产和传播的专业人士，他们从事的工作包括营销、广告、公共关系、广播和电视的生产，等等。这些人不再追求

---

* 基金项目：贵州省级本科质量工程项目"卓越新闻传播人才教育培养计划"阶段性成果（项目批准号：黔高教发［2014］378）。

** 吕菁，贵州师范学院文学院副教授，研究方向为广告传播。

高雅文化，而是以一种有利于自己的方式来模糊大众文化和精英文化、先锋派与庸俗艺术等过去不能相容的文化形式和现象。他们在自己所从事的工作中，以特定的审美标准诱导、创造独特的趣味和追求，同时又以这种趣味来影响其他社会阶层。这样做的目的在于，为普通社会公众提供消费趋向和审美趣味，塑造他们的消费眼光和判断力，从而不断翻新消费的目的和意义，以维持和巩固消费行为在社会生活中的核心地位。从宏观上来说，这些"新的文化媒介人"通过掌握大众传媒和营销环境中的话语权，合谋了一场以消费为核心的审美文化活动。这场审美活动，随着广告、公关、营销的遍在与普及，轰轰烈烈又润物无声地融入民众的日常生活，迎合消费社会的主题。

二、广告审美教学的必要性

（一）广告审美及其社会影响

作为消费社会中的重要影像构成，广告被称为艺术与科学的结合——艺术为广告勾勒诱人的外形，科学的内核发挥促销等实际作用。然而，艺术若仅仅沦为形式的附庸，广告则难逃外形美丽、内涵空虚的窠臼。虽然任何一条广告的首要目的要么是促销商品，要么是提升品牌知名度或美誉度，都是具体而功利的，似乎并不是为提升受众的审美水平而服务的，但作为充斥在大众传媒中数量最为庞大的内容构成，广告的汇集效应所带来的后果也是深远而长久的。美，作为重要的劝服手段，不断地为广告这样或那样的目标服务。大量看似精美华丽，实则停留于"表层的审美化"的广告作品充斥在大众媒体上，长此以往，必然导致受众审美水平的粗浅化。鉴于此，广告制作者们，也就是我们的"新的文化媒介人"就不能用事不关己的态度，冷漠地旁观这种审美水平下滑的趋势，而应该主动地承担起相应的责任，切实地为提高广告审美水平做出努力。这种努力应该从培养"新的文化传媒人"的学校教育阶段就开始。

既然消费已经成为社会主题，那么围绕消费展开的各种活动及专门人才的培养也日益显达。高校的传媒类专业所开设的大量课程，特别是广告和营销等涉及消费的课程，目的皆是培养更好的"新的文化媒介人"。他们的审美文化素质和品位会融入将来的工作中，成为影响普通社会公众的重要来源。这使得我们的教育工作任重而道远。

（二）现有广告教学中存在的问题

具体而言，目前高校广告教学中存在的问题主要体现在以下几个方面。

（1）课程设置功利化，教学内容欠高度。在现有的广告相关专业课程设置中，《广告学概论》《广告策划》《广告文案》《广告设计与包装》等均为常规课程，这些课程涵盖广告素养的不同方面，着力于建立起学生的广告意识，培养多方面的广告能力。在这些课程的教学中，对学生艺术性的培养、训练不在少数，但大多偏重于美感刺激的判断、辨别和创造能力培养。比如，让学生学会判断画面色彩搭配、音乐风格与广告主题的适切性；懂得在广告中搭配符合产品定位和调性的各种元素，如高档产品广告中应该搭配红酒、马球或是游艇等元素以彰显和烘托优质生活方式；学会根据广告的风格创作具有煽动性或是具备文艺性的广告语等。这种训练是以技能精湛的广告传媒人为范本，使学生尽快理解作为"新的文化媒介人"所具备的、创造消费景象和引领消费趣味的使命，对于提高学生的广告实践能力、奠定将来的广告业务素养有积极的意义。但如果将广告的艺术性训练仅停留在这一层面，广告的审美教学实际只完成了一半。这一半也许非常务实，但高度不足，功利性太强，培养出的准广告人不具备改变现有广告浮躁、粗浅的意识和能力，同时也不足以体现高校广告教育的高度。这种培养方式的主要问题在于，学界对广告行业现状的认可和服从。以现有的广告惯性逻辑和趣味来引领和培养学生的审美品位，却想要学生青出于蓝、展现出改善现有广告环境的意识和能力，几乎是一件不可能完成的任务。

（2）广告实践评价标准单一。实务水平是学生走入广告相关行业的敲门砖，在教学中，重视广告实践业已成为共识。学生要真正将审美意识融入广告的创意和制作过程中，就必须在实践中锻炼。在传统的教学中，广告实践的范畴相对局限，仅限于学生能用所学知识完成广告策划或是广告创意。对这些实践成果的评价大多从项目的完整性、可操作性、创意思维体现等角度入手，而对学生的审美水平考量有限。学生的广告实践成果往往局限于模仿现成的广告作品，难有更高的突破和更佳的创意。

（3）缺乏对学生系统的美育指导。除了课程设置、教学内容和广告实践等方面的局限之外，学生在专业课外以及业余时间，也缺乏系统的美育指导和提升渠道。在实用主义的影响下，高校广告教育呈现出职业化的倾向，造成在课程设置方面对通识类、人文素养类课程的忽视，课后也缺乏专业人士在美育方面的引导。学生在课堂内外都缺少人文素养提升的渠道。

三、深化广告审美教学的路径

要将广告审美教学中缺失的另一半补上，应遵循以下原则：美育，由易到难，先培养审美能力，再培养创造美的能力。在形式美方面，广告的制作者和接受者都能较为容易地进行审美辨别，吸引眼球的元素、精良的制作和独特的创意能在第一时间抓住受众的注意力。但如何辨别广告的立意高低、是否具备高尚的价值观念，是广告审美更高层面的追求，也是广告意蕴美的体现。同时，在开展广告审美教学的过程中，应该与广告业界保持若即若离的关系，不应唯业界观念是尊，而应该更广泛地吸纳营养。从课程案例的选取、逻辑的梳理到观念的探讨，都应该更广泛地借鉴其他学科或艺术形式。具体而言，在教学中提高学生的审美能力应从多个方面入手。

（一）在课程设置和教学内容中凸显美育特色

要提升广告审美教学的高度和广度，首要任务是开拓学生的视野，打破广告教学"术"的导向，将美育融入教学内容，用优秀的文学、艺术等作品丰富学生的审美体验。这种美育的大框架建构，不能仅局限于在广告学课程中完成，而应该普遍出现在人才培养方案中，在各类相关课程中凸显美育的目标。比如，除了广告学课程本身，应开设更多的美学、美育方面的课程，突破审美表层化的培养趋势。又如，结合本地的民族、地域文化特色，开发具有当地特点的美育课程。贵州师范学院的广播电视学专业就设置了一门《民族艺术与审美文化研究》课程，有机地整合了优质教育资源，融入了审美教育，有利于提升学生的综合素质。

此外，将美育的内容有机地融入课堂教学体系，也是至关重要的举措。在教学中，充分展开广告审美讨论，就特定案例请学生从审美的角度提出自己的观点，在辩论中深入发掘广告作品的形式美和意蕴美。比如，在讲到冒犯广告时，除了介绍该类型广告所具有的挑战世人接受习惯的特点外，还应进一步从审美甚至是广告伦理的角度来探讨。低档次的冒犯广告纯粹是为了哗众取宠，如韩后的"小三广告"，以小三公开叫板原配的姿态，呼吁女性"搞好自己"，引发恶评如潮。而另一些追求品质的冒犯广告，如贝纳通的各系列广告，包括修女与绅士的亲吻篇、黑人母亲哺育白人婴儿篇等，乍一看让人惊诧，然而无论是宗教还是种族元素，各种敏感元素以冒犯的形式呈现在广告中，其终极的用意是希望用超越世俗的画面传达普世大爱，表达人类无差别相亲相爱的主题。所以，贝纳通的作品才能成为广告中的经典案例。而韩后的作品在技巧上虽属于同一类型，但由于审美的高度不同，带来的心灵震撼也截然不同。

又如，近年来随着国人生活水平的提升，奢侈品不再是少数人的专利，炫耀性消费成为国人消费的新特点。以奢侈品广告为例，许多广告在形式美的层面上不断地翻新着美的概念，大多喜欢用美丽的模特、裸露的皮肤、高傲的神情、炙热的气息等元素为特定的产品营造一种诱惑的氛围。在广告中，人体的美感和价值都是为凸显产品而存在的，物是第一位的，而人是次要的，甚至人的价值与美感不能独立于物而存在。这种广告逻辑并不鲜见，也成为拜物主义最重要的佐证和支撑。在这样的逻辑下，广告的形式美体现得越突出，带来的负面影响也越大。而在另一些奢侈品广告中，则重新构建了人与物的关系。如路易威登在2009年推出的致敬登月40周年的广告采用的就是不同的劝服路线。在广告中，衣着朴素的宇航员们在清冷的月光下回顾他们当年登上月球的壮举，产品则在画面的角落出现，以默默而忠诚的陪伴，宣告在人与物的关系中永远是以人的价值为核心的，人与物共同为崇高的目标而努力奋斗。在这则广告中，没有靓装华服，更没有纸醉金迷，却体现出一种崇高的仪式感。产品之所以高贵，是因为使用它的人高贵，而人的价值则是由他的成就与作为决定的。遗憾的是，对比两种类型的广告，后者的构思与逻辑并不如前者常见且易于理解。人们在媒体中看到的依然是满屏的"用了××产品，生活更美好""××产品，带给你自信与吸引力"的广告语，人们就在一个个期待与梦境中掉入广告编织好的陷阱。

在教学中，教师可以引入上述广告案例，提出问题，引导学生思考，充分展开讨论，让学生总结出两种奢侈品广告的逻辑和价值观的差异，并得出后者的价值观才是正确而值得敬佩的，而这样的广告则更好地证明了广告的意蕴美之重要性远大于形式美。这样的案例讨论对于提升学生审美素养、洞悉广告背后的深层含义有非常积极的意义。

（二）在广告实践中融入美育内容

为改变广告实践教学评价标准单一的现状，同时确保实践训练与现实接轨、丰富实践内涵，广告课程可以与其他课程一起协同建立跨课程综合实践体系，扩大实验内容的覆盖面，多维度模拟真实市场环境。比如，广告学概论课程，可以与公共关系、新媒体研究、广播节目制作、电视节目制作、美学原理等课程协同开设综合实验，通过参加各类比赛如"大学生广告大赛"，或是参与项目如拍摄专业招生宣传片等方式，锻炼学生的综合实践能力。同时，实践任务的完成要充分体现美育特色。在任务评价阶段，邀请美育相关课程教师对学生作品的审美水平进行评价，让学生就自己作品的立意高度、广告伦理、广告审美等方面进行阐述和探讨，最终将评价结论体现在学生的综合实践成绩中。

（三）以讲座、阅读、学生活动等方式开拓学生视野，巩固美育成果

美育作为人文教育的重要组成部分，对于提升学生的综合素质、视野层次乃至人格修养都有积极的作用。人文精神的塑造是多渠道、长时间的，并不拘泥于特定的形式。这也说明，要想提升学生的广告审美水平，许多功夫是在课外完成的。具体而言，可以通过美育讲座、针对性阅读以及各类学生活动等拓展学生的视野，激发学生对美的兴趣与追求，进而提升审美水平。比如，贵州师范学院广播电视学和广播电视编导专业为帮助学生更好地参加大学生广告艺术大赛，专门邀请了贵州赛区的负责人开设专题讲座，以解决学生在参赛过程中遇到的困惑。这类讲座对学生巩固广告实践能力有直接的促进作用。除此之外，还为学生开设了作家论坛，鼓励学生积极参与博士论坛等。同时，还邀请教师为学生制定阅读书目，并定期召开读书会，与学生交流阅读心得。

通由以上路径，可以相辅相成地深化广告审美教学，在坚持常规广告

教学培养学生初级艺术修养的基础上，以更高的要求和标准培养学生的审美水平，并系统地体现在课程教学、实践教学和课外活动当中，把传统广告教学中缺失的部分即体现高度和深度的美育内容补充进来。

四、结　语

广告以其遍在效应充斥于各大媒体，成为消费社会的重要表征。培养高素质的广告从业人才，对于改善广告环境、深化广告审美意涵，为日常生活提供更丰富的审美资源，提升和影响受众的审美品位、欣赏方式甚至是价值观都有积极的意义。

新时期的广告审美教育，要全面提升人才培养的高度和水平。通过调整课程设置，改进教学内容，丰富广告实践，以及课外阅读、讲座等形式，深化广告审美教学，提升广告传媒人才的人文素养，培养真正具有较高综合素质和审美水平的"新的文化媒介人"。从培养优秀的广告从业者入手，对广告行业进行渐进式的改革。我们有理由相信，经过广告审美教学改革培养出来的一批批具有较高审美水平和综合素质的广告从业者，会认识到他们作为社会审美文化活动引领者的重要身份，并以更高的要求和标准看待他们所从事的工作。在大家的共同努力下，逐渐改变广告行业中浮夸肤浅、过于功利的审美倾向，进而全面影响和改善消费社会中的媒介环境，维护社会审美水平的健康、良性发展。

【参考文献】

[1] 周宪 . 视觉文化的转向 [M]. 北京：北京大学出版社，2010.

[2] 卢焱 . 论消费社会大众传媒美育作用 [J]. 郑州大学学报，2013（6）.

[3] 刘晓静 . 现代广告的审美感觉与美育研究 [J]. 艺术教育，2012（9）.

[4] 岳友熙 . 追寻诗意的栖居：现代性与审美教育 [M]. 北京：人民出版社，2009.

学 生 专 栏

"内圣外王"与大学生人格教育浅议
——基于中国传统文化视角

■ 丁　蛟　丁　羽*

【摘　要】当代大学生的人格教育主要在于建构其高尚的精神境界与健康的"三观"。中华传统的"内圣外王"之修身养性学说，对大学生真善美人格的塑造有着重要作用。本文拟在新的时代环境下，结合"内圣外王"之说，探讨大学生健康人格建构和完善的路径。

【关键词】内圣外王　大学生　人格教育

人格健康是对当代大学生提出的基本要求，也是大学实施人格教育的重要目标，更是大学生实现人生目标的基石。正如著名教育家蔡元培说："教育者，齐人格之事业也。"所谓人格，一指人之智慧、性格、气质、能力和思想、道德、情感、素质等较为稳定的心理特征的总和，以及在社会生活中所呈现出来的精神状态；二指人在社会中做人的尊严、责任意识、人生价值以及地位与作用的统一。大学生作为未来社会的栋梁，肩负着振兴中华的历史使命，理应博学审慎、明辨笃行以培育格物致知、齐家治国的实践能力，使内圣与外王精神浑然统一；努力建构和完善健康人格，以达至"为天地立心，为生民立命，为往圣继绝学，为万世开太平"的人生境界。

* 丁蛟（1992~），男，贵州师范学院经政学院2015级学生；丁羽（1987~），男，贵州遵义人，文学学士，孔学堂书局学术编辑，研究方向为中国传统文化。

一、内圣外王的价值旨趣

"内圣外王"之说源自《庄子·天下》："天下大乱，圣贤不明，道德不一，天下多得一察焉以自好。……是故内圣外王之道……"经过后期道家的初步论述，到被儒家所认同、吸纳后，"内圣外王"最终成为中国哲学的核心价值、精神内涵、理想架构和实践追求。"内圣外王"的提出是以特定的历史文化为背景，其思想具有"作为学问形态""作为帝王统治术"和"作为独立个体的人格精神境界"三种形态，而"独立个体的人格精神境界"尤为庄子思想特色之所在。因此，"内圣外王"涵盖两种文化追求：一是心性修养的至境追求，二是理想君主、理想政治的社会追求。这恰是中国传统文化、伦理和社会政治的最高价值体现。

（一）"内圣"的内涵

"内圣外王"虽源自道家，但系统地论述并推动其发展与演变的却是儒家，而《礼记·大学》之"三纲领""八条目"正是先秦儒家对"内圣外王"的阶段性总结。因为《大学》到了修身齐家阶段即是"内圣（明）"的学养转为"外王（用）"的发挥。

何为内圣？庄子有天人、神人、至人、圣人、君子的划分。圣人"以天为宗，以德为本，以道为门，兆于变化"。牟宗三在《道德理想主义》《心体与性体》等著作中借助康德的先验论，认为可以通过道德进入形而上的境界，完成个人的人格修养，然后再来实现"外王"的事功。"圣"之本意即聪明睿智，如《尚书·洪范》所说："聪作谋，睿作圣。"而"内圣"的"圣"已含有动词倾向，意即像圣哲那样涵养我们的内心。因此，就"内圣"而言，孔子主张"为仁由己"。一个人贤与不肖，关键在自己，所谓"我欲仁，斯仁至也"。再如孟子明确主张"性善"，认为恻隐、羞恶、辞让、是非之心与生俱来，只要以"仁义礼智"四端统帅之，把握好这"四端"，就能扩充本然善性。又如荀子云："圣也者，尽伦者也；王也者，尽制者也。两者足以为天下极，故学者为圣王师。"❶ 从伦理学角度说，

---

❶ 王先谦. 荀子集解［M］. 北京：中华书局，1988：179.

"圣" 是一种自觉履行道德的人格典范，也是个体道德修养和理想人格的最高境界。因此，"内圣" 作为理想人格的重要组成部分，包含两方面的含义——为圣之本和内圣功夫。"尽伦尽制" 要求统治者推行仁政、以民为本并端正品行，用人格魅力垂范天下。而当代大学生作为未来社会的接班人，在建构和健全人格方面应拥有仁义之心、恻隐之心、济世之心，拥有渊博的学识和高尚的情操，汲取中华优秀传统文化，吸纳诸子百家精华，培养特立独行的优良品质和谦恭慎独的求学态度，不断充实和发展自我，力求达到智者不惑、仁者不忧、勇者不惧，以仁为思、以义为理、醺然慈仁、求真知、做真人的君子风度。

那么，何为君子？"躬行忠信，其心不买；仁义在己，而不害不志；闻志广博而色不伐，思虑明达而辞不争。君子犹然如将可及也，而不可及也。如此可谓君子。"❶ "君子" 是儒家表达其人格理想的常用范式，代表着具有普世性的政治和社会形象的人格境界。而作为规范人行为举止的 "内圣" 之德，正是君子人格的核心要义。正如王夫之所说："德以凝道，而行道之几在焉。故知德为道本，君子与圣人合德者道也，实德合也。而圣人之合天，又岂不以其德哉！"❷ 王夫之认为拥有德性乃是君子的基本价值和尊严，因此人格成为人之所以为人的重要标尺。故德性人格的存在，使君子成为世人参照的对象，并确立了其应有的尊严和地位。

（二）"外王" 的功用

《说文》认为 "王" 乃是贯穿天、地、人之谓，实开宋儒 "内圣外王" 之滥觞。孔子 "修己以安人" "修己以安百姓" 就是 "内圣外王之道"，其中 "修己" 即是 "内圣"，即通过心性修养，增进德治，以达圣贤境界；"安百姓" 是 "外王"，即身任天下，利济群生，以实现美好的社会理想。牟宗三将 "外王" 的含义分为三层："一是政治方面的王道治国平天下，二是事功层面各个行业业务制度的建立，三是知识层面的实际知识的研究与获得。" 但其理论存在难以疏解的困境。"外王" 的功用是把人的主体修养推广到自身以外的社会领域，即格物致知、齐家治国而后天下平的经世济

---

❶ 王聘珍. 大戴礼记解诂 ［M］. 北京：中华书局，1983：180.
❷ 王船山. 四书训义：第七册 ［M］. 长沙：岳麓书社，1996：211.

民之政治理想与不断实现自我价值和社会价值的过程。

"格物致知"语出《大学》，有"穷究万物的原理法则而总结为理性的知识"之意。格，至也；物，犹事也；致，推及也；知，犹识也。格物是即物穷理，凡事弄个明白、探个究竟；致知即做个真正的明白人，为人处世不糊涂。故朱熹阐释"格物致知"为"致知在格物者，言欲尽吾之知，在即物穷理也"。且格物致知是正心诚意的前提，而正心诚意又是修身的前提，亦即做人先要修身，使自己符合"理"的要求，治家能使家庭和睦，治国能够天下太平。"明德正心，诚意修身"是内心境界的修养，强调理论符合实践，以此来提升认知水平和道德修养，从而达到至圣境界，方能更好地为"外王"服务。格物致知、家齐国治天下平强调通过修身认识世界，用能力改变世界，由小到大、由浅入深，通过从政入世实现政治理想和社会理想，此即外王。孟子说："如欲平治天下，当今之世舍我其谁"；范仲淹说："先天下之忧而忧，后天下之乐而乐"；顾炎武说："天下豪杰，必有所任……今日拯斯人于涂炭，为万世开太平，此吾辈之人也"。这些都表达了儒家自觉担负起天下使命的强烈愿望。

（三）"内圣外王"的价值

提倡"内圣外王"最典型的是程朱理学和陆王心学。朱熹首次提出"四书"之说，实际上是以《大学》为纲，把"格、致、诚、正、修"看成"内圣"，将"齐、治、平"看成"外王"；"内圣"是体，"外王"是用，二者的关系是由体到用。"内圣外王"意味着内具圣人之德，外施王者之政，即人格理想与政治理想的有机结合。圣人境界必然高于普通君子的道德境界，圣人人格又是君子人格追求、发展的目标。所谓圣人者：

> 知通乎大道，应变而不穷，能测万物之情性者也。大道者，所以变化而凝成万物者也。情性也者，所以理然；不然，取舍者也。故其事大，配乎天地，参乎日月……百姓淡然，不知其善。若此，则可谓圣人矣。❶

圣人不同于君子，圣人掌握了天地大道，在性情上与万物融为一体，达到了大道至善的程度。圣人具有完善的人格，实现了天地人的合一。圣

---

❶ 王聘珍. 大戴礼记解诂 ［M］. 北京：中华书局，1983：10~11.

人人格是"善"，即宇宙之善和与人为善，二者尽善尽美。君子人格以圣人人格为参照对象，力求达到圣人境界。《大戴礼记》云：

> 知仁合，则天地成，天地成则庶物时，庶物时则民财敬，民财敬以时作，时作则节事，节事以动众……有功则无怨，无怨则嗣世久，唯圣人。❶

圣人做到了天地人相和合，达到了天人合一的境界。是故"内圣"是人格理想，"外王"是政治理想。诚然，"内圣外王"理想人格模式并非十全十美，而是存在内在的矛盾：在道德理想上要求"内圣"与"外王"的统一，而在现实生活中二者又往往相互分离，即"内圣"不一定"外王"，"外王"也未必就是"内圣"。但无论是"内圣"还是"外王"都强调发挥主体的能动作用，主要表现在以下几方面：一是"内圣外王"人格体现和培养了自强不息、积极有为的奋斗精神；二是"内圣外王"理想人格的价值取向体现并铸造了中华民族自觉担当的主体精神；三是"内圣外王"的人格展示和孕育了"民胞物与"的仁爱精神和"天下一家"的博大精神。故当代大学生须将"内圣（人格理想）"与"外王（政治理想）"有机地结合起来，耐住寂寞，博闻强志，明理究义，成为真正的"大人"。同时，还要多参加必要的社会实践活动，培养动手能力和执行力。只有将实践与理论有机结合，方能建构和完善理想人格，最终达到"内圣外王"的境界。

二、大学生人格缺陷的成因及表现

当前，教育的功利化、模式化、封闭化等倾向导致现代人格教育存在缺憾，影响教育社会价值的提高。而日益功利化的环境是大学生功利思想产生的客观条件，也是大学生人格缺陷的重要成因之一。"功利"已在无形中成为近年来社会对大学生批判和关注的出发点和落脚点。由于高校扩招、高等教育由精英教育转向大众化教育以及高校的企业化和市场化等因素，虽然高校为社会输送了大批人才，但大学生的人生观、世界观和价值观发生了微妙的变化。学生的功利思想日益凸显，所以大学生的人格教育已成

---

❶ 王聘珍. 大戴礼记解诂［M］. 北京：中华书局，1983：10~11.

为高校思想政治教育的重要内容之一。

（一）教育的功利性导致人格教育的失落

以考试、升学为主要办学目标的"应试教育"在人才选拔、教育评估方面多以机械化、教条化的标准来衡量，不够重视学生主动创造能力的培养，致使学生成为记忆、模仿、应付考试的工具。目前普遍采用的统一的教学内容、教学方法、教学标准等教育模式，在一定程度上抑制了大学生的个性发展，不利于其人格的完善。加之以教师、大纲和学校规范等为中心，一些学校在德育过程中依靠强制性、外力诱导性甚至是量化性的标准，使学生形成了谨慎、服从甚至是伪装、奴性的人格。

（二）道德教育忽视人格关怀致使学生"三观"失衡

虽然道德教育历来是党和国家高度重视的重要内容之一，但在社会生活中往往被忽视。社会所关注的多是实际效益，少有人思考人生的诸多精神问题，忽视了道德习惯的培养，将"明明德，求真知，做真人，止于至善"抛诸脑后。不少大学生受各种因素的影响，社会责任感、尊重他人、关注、合作等现代观念并未与个人意识同时确立，容易陷入急功近利、舍义取利甚至是废弃道德伦理的深渊。

（三）道德信仰的缺失和道德行为失范

市场经济大潮的冲击，价值观念的多元化发展，将大学这座"象牙塔"推向社会竞争的舞台，也将大学生人格教育推向风口浪尖。道德情感与标准的缺位，导致部分大学生道德失范，逐步世俗化，不再仰慕崇高的道德人格，不再谴责和批判非道德的行为。在人与人的关系方面，存有戒备之心，缺少人情味，以利益为核心进行选择，导致人际关系庸俗化、实惠化。在社会公德方面，当代大学生的公德意识与公德行为之间还存在矛盾，主要表现为知行不一。

（四）心理发展不成熟

大学生的年龄多在18~24岁，处于青年早期，与一般的青年有许多共同的心理特点和行为特征。但是，大学生在校期间主要是学习知识、掌握技能、发展智力和形成良好的行为习惯，人格心理成熟度还处于较低水平，心理素质跟不上时代要求，心理发展滞后于生理发展。加之多数大学生在远离父母、脱离家庭的情况下，尚未形成完全独立的人格品质，缺乏应对危机的经验，情绪不够稳定，缺乏分析和决策能力。这些因素导致他们在危机面前焦虑、紧张甚至恐慌，引发负面心理。

三、当代大学生健康人格的建构路径

对于大学生的修身养性问题，说法不一。比如，《大学生人格教育与修身》主要涉及"中华传统美德和大学生人格教育与修身"，但未体现大学生修身的核心意义；《大学生文化修养》较为系统地阐述了大学生的文化修养问题，但尚未上升到灵魂高度——寻找失落的精神家园，追寻安身立命的终极归宿。而这正是当代大学生修身问题的核心要义。

（一）将修身与养性有机结合

首先，《中庸》说："天命之谓性，率性之谓道，修道之谓教。道也者，不可须臾离也，可离非道也。是故君子戒慎乎其所不睹，恐惧乎其所不闻。莫显乎微。故君子慎其独也。"可见君子"修身"之要便是"慎独"。"慎独"既是实现"内圣外王"的方法，又是达到这一境界的过程，是君子在自律、节制过程中追求内心的完善和人格的超越。其主要路径有二：一是约之以礼，即独处时强调自律，时刻注重言行是否符合道德标准，正如《论语·颜渊》说："非礼勿视，非礼勿听，非礼勿言，非礼勿动。"儒家以"礼"来规范道德的养成，坚决抵制越矩出"礼"的行为。二是反求诸己的内省。慎独作为修身养性的过程，注重"内自省"，即在独处、无人监督时的反应，是主体自我省察的过程。通过反思自己的言行与道德标准或与贤人君子的差距来弥补不足，以突出道德行为主体的责任感和主体性。正如《论语·里仁》说："见贤思齐焉，见不贤而内自省也"，即是通过自主省察而达到慎独境界，反求诸己而"身正而天下归"。

其次，《大学》云："古之欲明明德于天下者，先治其国；欲治其国，先齐其家；而齐其家者，先修其身……""格物而后知至，知至而后意诚，意诚而后心正，心正而后身修，身修而后家齐，家齐而后国治，国治而后天下平。"格物、致知、诚意是向内心世界的挖掘，而齐家、治国、平天下是向外用力。修身是内心和外部世界的临界点，也是内心通向外界、外界转向内心的轴心，是人格的自我健全和完善。正如王阳明说："破山中贼易，破心中贼难。"故大学生从事"修身"之学，要从"心"入手；欲想见心、知心、明心，就该从"知性"开始，由"知耻而定"达到"安静虑得"的目标。

最后，国学大师南怀瑾说："人和一切生命的存在，是由身、心两部分组合而成的。精神和心，众生天下在用的活动。"❶ 其实，"身"是生命活动的有机载体，是在现实中所表达的每一个"自我"存在的作用。而修身的关键在正心，即心不在焉，视而不见，听而不闻，食而不知其味。故正其心者，心诚则灵。只要我们意识到培养健康人格的重要性，且用心去感受并付诸实践，以适合的路径不断增强人文素养、道德内涵、为仁由己的担当意识，构建纯真的心灵，终能客观辩证地认识自己，从而达到修身养性的目的。

（二）找寻失落的精神家园

"内圣外王"的人格理想所包含的极为丰富的积极因素和普遍价值，既影响了我国的大传统又渗透到小传统，既介入了观念文化又嵌入了行为文化，因而从不同层面塑造了中华民族的精神。故当代大学生良好道德人格构建的关键在于挖掘优秀的传统文化和伟大的民族精神，寻找失落的精神家园，追寻安身立命的终极归宿。其主要方法有二：一是努力培育开拓创新、自强不息的进取精神。中华传统文化注重自强不息、刚健有为的道德人格的塑造，因为自强不息的进取精神是中华民族朝气蓬勃、奋发向上的顽强生命力的内在动力，表现了中华民族百折不挠的开拓精神和完善自我的刚健有为。在这伟大的变革时代，大学生要将开拓创新精神与自强不息、刚健有为紧密结合，努力培养创新意识，开发创新潜力，培育创新品格，发展自主创新能力。二是在追求道德人格的自由境界时强化自律意识。个体道德人格发展的最高阶段，是从自身出发穷究社会道德规范对人生的意义，并把它作为人生追求的目标和自我完善的手段，超脱功利，创造性地内化为个体的生命本能，达至"从心所欲不逾矩"。故当代大学生只有树立追求道德人格自由境界的意识，才能积极地发展和完善个体道德人格，提

---

❶ 南怀瑾：原本大学微言［M］．上海：复旦大学出版社，2003：199．

升道德修养境界，培养自主的道德批判与选择能力，追求真善美的和谐统一和人的全面发展。

（三）培养健康的心理人格

心理与人格是一对相连的因子，健全的人格必有健康的心理，健康的心理必有助于健全人格的形成。大学生的心理问题是其人格缺陷的重要表现之一，故健康的心理教育与咨询十分必要。这有利于消除不良的人格品质，强化优良的心理素质，提高文化教养。心理学家认为："在当今时代，情商的重要性绝不逊于智商，它是理性与感性的平衡器。徒有智商而心灵贫乏，则无法适应这个纷繁多变的社会。归根结底，心灵与头脑缺一不可。"❶ 是故当代大学生心理健康教育应全面贯彻促进学生人格健康发展的理念，在整个大学教育系统中全面地组织实施，将心理健康教育的理念和要求转变为大学教育者与大学生的内在需要。

总之，新时代的大学生应该是身心俱全、知识丰富的，更重要的是成为拥有健全人格的社会人。就当代大学生而言，修身立德是建构和完善健康人格的核心要义，而"内圣外王"既是实现自我价值和社会理想的最佳路径，也标志着大学生心理健康和人格理想的最终形成。

---

❶ 丹尼尔·戈尔曼. 情感智商 [M]. 耿文秀，查波，译. 上海：上海科学技术出版社，1997：2.

论《遵大路》中的弃女形象

■ 杨梦婕*

【摘 要】《遵大路》是《郑风》中的一首爱情悲剧诗。经过仔细对比、分析后，可以对弃女形象有一个全新的认识。悲剧的产生，不只是因为负心的男子，还有女子自身及社会的原因。在女子而言，是性格的缺陷；在社会而言，是郑国所倡导的自由恋爱等原因。

【关键词】弃女 悲剧 自由恋爱 原因

一、《遵大路》浅析

《遵大路》一诗在《郑风》中略显特殊，是一首弃女诗、悲剧诗。弃女诗在揭露社会本质方面比欢爱诗更加有力度。其中，女子大胆主动的形象与人们印象中的窈窕淑女、温柔保守截然不同，也从侧面反映出当时郑国的风俗文化。该诗的独特性在于其悲剧性和包容性。它不同于《诗经》中其他的弃妇诗，因为女主人公可能并没有嫁为人妻，因此后人颇有争议。对此，本文不加讨论，主要分析女主人公对待情感的态度。其诗曰：

遵大路兮，掺执子之祛去。无我恶兮，不寁故也！遵大路兮，掺执子之手兮。无我丑兮，不寁好也！❶

意思是说：沿着大路走啊，拉着你的袖啊。莫要嫌我把气怄啊，不念旧情轻分手呀！沿着大路走啊，抓紧你的手啊。莫要嫌弃把我丢啊，抛却恩爱不肯留呀！

---

* 杨梦婕（1995~），女，浙江湖州人，本科，湖州师范学院求真学院，研究方向为古代文学。

❶ 高亨．诗经今注 ［M］．上海：古籍出版社，1980：114. 下引同，不另注。

女子苦苦哀求的场景展现在眼前，似是一个穿着整洁、长相俊美的男子，一脸厌恶地看着那卑微地伏在脚边痛哭不已的女人。她穿着葛布粗衣，头发乱糟糟的，脸上手上都有了皱纹，但依稀可见从前的秀美。她此刻处于崩溃的边缘，只因眼前的这个男人，这个她曾为之劳心劳力、付出一切的人，抛弃了她。

二、《遵大路》与《郑风》中其他诗歌的对比

（一）不同的男子形象——《出其东门》

《遵大路》的感情基调在一开篇就被定格：悲怆而无奈，凄惨而悲凉。诗里的男子是一个负情的人，对女子的苦苦哀求视若无睹。他没有丝毫的内疚与不安，只是心安理得地离开。喜欢时浓情蜜意，厌恶时弃如草芥，这样的感情是不忠贞、不纯粹的。

但在《郑风》中也不乏真正的痴心男儿，《出其东门》中的男子便是这样："虽则如云，匪我思存""虽则如荼，匪我思且。"男子漫步在东门外，有众多美女围绕在身边，但美则美矣，却没有一个是他所爱之人。"缟衣綦巾，聊乐我员。"纵使是穿着锦衣华服的绝美女子也比不上那个只着素衣绿巾的她。

相比之下，《出其东门》中的男子更加令人钦佩，是一个君子的形象，而《遵大路》中的形象则令人嫌恶，是小人的形象。

（二）与《女曰鸡鸣》中男女角色的对比

这两首都是描写生活小场景的诗，像是两幕不同的情境小剧。其描写的是夫妻、情侣间的平常生活，活灵活现，能让人跟自己的生活做一番联系。这两首诗最大的不同在于情感的基调：《遵大路》是弃女诗，情感低沉哀怨；《女曰鸡鸣》是和乐诗，情感自然而然、高昂且喜悦。这就形成了鲜明的对比。两首诗都是通过对话语的描写来完成的，但不同之处在于：《遵大路》是女主角的独白，而《女曰鸡鸣》则是两人的对话，即由对话完成了一个温婉贤淑的女子叫丈夫起床的温馨特写镜头。整首诗的基调从一开始就确定了下来："女曰鸡鸣，士曰昧旦。"女子催促丈夫起床，男子却故

意躲懒赖床。女子好像习惯了丈夫的行为，两人又将话题延续到了美好的生活："弋言加之，与子宜之。宜言饮酒，与子偕老。琴瑟在御，莫不静好。"这是妻子的想象，想必《遵大路》中的女子以往也以为自己可以跟心爱之人在一起，过上"岁月静好"的生活，未曾想山盟海誓终是抵不过色衰爱弛。《女曰鸡鸣》的末尾是整首诗的高潮：男子对妻子的话颇为感动，知道妻子的爱，因此直白地表达了愿与女子同心同德创造未来。二人家庭和谐，夫妻之间的感情热烈而深厚，令人羡慕不已。

再对比《遵大路》，诗的第一句就让人产生不一样的感觉。在宗法社会，女子不要求男子能够情系一人，却也要在道德上加以约束。

（三）与《将仲子》中女性角色的对比

在《将仲子》中，掌握主动权的变成了女子，男子被挡在了门外，失去了主动权只能干着急，但意蕴却与《遵大路》相去甚远。《将仲子》中女子的独白像是对男子的谴责，责怪他不顾礼俗翻墙入户招来流言蜚语，令自己名誉受损，处境尴尬。诗中的大多数语句从表面上看都是责怪与怨怒的意思，但每段的中间都有一句"仲可怀也"，这才是诗的主旨所在。女子对仲子的思念溢于言表，言语中的责怪大约是娇嗔与提醒。"父母之言可畏""诸兄之言可畏""人之多言可畏"，意思再明白不过：你不能再翻越我家的院墙，毁坏我的门户、植物；父母兄长之言不可违逆，与你不当的来往实属难事，再加上邻人的流言蜚语，我的名誉已不复存在。女子在言语中将自己的难处表明，又诉说着无尽的相思，就是想要仲子快些来提亲迎娶。

与《遵大路》中的女子相比，一个哀怨凄惨，一个娇俏可人。而《郑风》中多是以后一类女子为主角的甜蜜情诗，不论是相思诗、表白诗，还是嗔怪诗、责备诗，表现的都是相同的情感——爱情的浓烈。

（四）《遵大路》在《郑风》中的独特性

与《郑风》中的其他诗进行对比，更能凸显《遵大路》的独特性。李山先生认为，《郑风》是反映野性婚恋习俗的典型。❶ 很明显，我们能从以上几首诗中体会到原始天性的复苏，人们不再刻板地遵从礼制，渴望自由

---

❶ 李山. 诗经的文化精神［M］. 上海：东方出版社，1997：122~144.

恋爱和自主的婚姻。虽然《遵大路》一诗也是对礼制的反叛，但并不意味着可以忘却"厚别附远"的要求。蔑视缔结婚姻的重要性和贬低女性的地位，都是消极反抗礼制的表现。

三、《遵大路》与《诗经》中其他弃妇诗的对比

《诗经》中有数十首弃妇诗。❶ 有几首典型的、来自不同地域的民歌，反映了不同女性对同一件事的不同反应与态度。在封建社会，许多评论家都将其视为"淫诗"，虽然多少有些封建礼教的影子，但也部分地揭示了其本质。

（一）与《氓》的比较

《氓》是一首比《遵大路》主旨更加明确的弃妇诗。相同的地方在于，两位女主人公都被曾经深爱的男子无情抛弃，成为男权社会的陪葬品。

不同的地方在于，首先，她们对待被弃这件事的态度截然不同。《遵大路》中的女子选择了挽留，而《氓》中的女子则较为理性："士之耽兮，犹可说也。女之耽兮，不可说也""女也不爽，士贰其行。士也罔极，二三其德。"《氓》之最可贵的是女主人公敢于自省、敢于谴责：我自问没有任何过错，是你这个狠心的男人反复无常、变心背德。最后一段更加出彩：回想过往的甜蜜，似是要哭诉委屈，但笔锋一转，决绝而狠厉——既然我们已经背道而驰，那我就与你再无干系！这也是与《遵大路》中的女子不同而令人赞叹的地方。

其次，是两首诗的呈现内容不同。《氓》以二人的相遇相识、相知相爱、嫁娶到分开为线索，将故事的整个过程完整地呈现出来，《遵大路》则直接描写女子被抛弃后的状态和行为。

最后，是女主角的身份不同。《氓》中的女子已经成婚，因为诗的前面明确提到，而《遵大路》中则无法确定，这其中的差别还是存在的。因此《氓》一直被视作弃妇诗的典型之作，而《遵大路》则很少被提及。原因有二，一是身份不能确定故难以归类。这也是本文将其称为"弃女诗"的原

❶ 张亚权. 试论《诗经》中的弃妇诗［J］. 镇江师专学报，1986（4）.

因。二是《遵大路》中女子的表现不如《氓》中的令人振奋、鼓舞，让人觉得无奈、可怜和可悲。

（二）与《谷风》的比较

这两首诗的主题比较类似，情感也很相像，但《谷风》将感情表达得更为具体，是一首明确的弃妇诗，其中的女主人公虽然哀怨，但已经对男子无所依恋。

首先，两诗的叙述方式不同。《谷风》的叙述较为完整，通过女子的自述交代了二人从贫穷时期的相恋到婚后的富裕；本以为可以白头偕老，却不想男子另娶他人，抛弃糟糠。"德音莫违，及尔同死""既生既育，比予于毒"，形象地描绘了男子态度的急转直下。《谷风》用直白的叙述将一个悲切、善良的女子形象勾勒出来，而《遵大路》则是截取了故事的片段，用对话的方式勾勒出人物形象。

其次，两诗中的女子形象和性格特点不同。从《谷风》开篇可以看出，女主人公是一个贤良淑德的妻子形象："何有何亡，黾勉求之。凡民有丧，匍匐救之。"她勤俭持家，对邻里也是有忙必帮。这样一位好妻子却在男子另觅新欢之后被抛弃了。她一再忍让，换来的还是被赶出家门的结果。整首诗以回忆美好时光和描绘现状为线索，表现了女子对甜蜜过往的不舍、对丈夫喜新厌旧的不满和对现状的深深叹息。但这仅仅是怨，并没有恨，也没有怒。而《遵大路》的女主人公则给人一种"哀其不幸，怒其不争"的感觉，代表了历史上这一类女性形象。

但两诗中的女子在性格上还是有相似之处的。例如，《遵大路》中的女子以卑微的姿态恳求男子留下来，《谷风》中的女子虽然满腔怨言但仍规劝丈夫回心转意："黾勉同心，不宜有怒""采葑采菲，无以下体。德音莫违，及尔同死。"二人性格中的共同点就是懦弱和依恋，同样的不敢抗争，同样的不肯醒悟，只能生活在自己的悲伤哀怨中。

四、弃女诗形成的原因

（一）郑国的自由恋爱之风

郑国处于"中原"地带，是诸侯国商贾的必经之路，经济发达。繁荣的商业为郑国的文化发展开拓了空间，人们的思想也更加开放。同时，由于当时战争频繁，对人口的需求旺盛，郑国颁布的相关法令也在一定程度上为自由恋爱提供了空间。对此，从《郑风·溱洧》中可以看出，在传统的"上巳节"，男男女女在水边林间欢会、野合。再加上殷商文化中对性的质朴追求的影响，逐渐形成自由开放的恋爱之风。自由恋爱的好的一面和坏的一面都在《郑风》中得到了展现，坏的一面就表现为弃女诗、弃妇诗了。

（二）尊重感情

由于上述经济、文化和思想等原因，郑国人非常尊重自己的感情。一旦确定了所爱的人，就会用最原始、最质朴、最大胆热烈的方式去追求。他们对感情非常忠贞，《郑风·出其东门》中的男子和《郑风·叔于田》中的女子就是代表。但总会有少数人破坏这民风，所以在《郑风》的 21 首诗中只有《遵大路》一首是写弃女的，而在《小雅》和《国风》中则所在多有，就是因为这种现象在郑国并不多见。

（三）家庭和社会的影响

在郑国，虽然是以自由恋爱为主的，但周礼的影响依然存在，社会和家庭对女性的制约只是相对较少。朱熹在《诗集传》中评论《遵大路》说："淫妇为人所弃，故于其去也，制其去而留之曰，子无恶我而不留。故旧不可以拒绝也。宋玉赋有遵大路兮揽子袪之句，亦男女相说之词也。"❶ 可以看出，后世的理学、礼制对这样的行为是反对的、不能接受的，对类似的行为做出了明确的规范，试图将人性掩埋得一丝不露。

---

❶ 朱熹. 诗集传［M］. 北京：中华书局，1983：51.

稼轩词三国意象析论

■ 刘佳依*

【摘　要】辛弃疾把他在军旅生涯中积累的丰富经验与自己所熟悉的三国意象进行结合，在词中运用了大量的军事意象和由三国典故构建而成的三国意象群，造就了稼轩词雄奇壮阔的审美境界。辛弃疾三国情结形成的原因主要包括社会现实基础、思想基础，以及他从戎为官的经历。稼轩词中的三国情结主要体现在三国人物形象的塑造，其中以指点天下的主公形象和羽扇纶巾的谋士形象最为突出。稼轩词的三国情结不仅体现了辛弃疾对词境的开拓，也是他心灵世界的拓展，蕴含了辛弃疾慷慨报国的人生理想、忧国忧民的政治诉求以及雄豪壮大的审美理想等丰富内涵。

【关键词】辛弃疾　词　三国　情结

辛弃疾一腔忠愤、满腹经纶，既无处施展，而寄之于词，于文学史上成就了另一番伟业。在唐宋词史上，极少有人如他这般对英雄人物情有独钟，热爱抒写英雄的精神气质。辛弃疾词作中广泛使用三国典故，成为其独有的艺术特色。三国意象，顾名思义，就是在词的创作中使用与三国相关的战役、人物、兵器等军事意象来寄托主观情思。这体现了辛弃疾对军旅的深入了解及独特的审美视野，也是稼轩词极为重要的特征之一。

---

* 刘佳依（1994~），女，贵州贵阳人，贵州大学哲学与社会发展学院宗教学专业在读研究生。

一、稼轩词中的三国人物形象

在唐宋词史上，钟情于刻画英雄人物、抒写英雄气概，首屈一指的便是辛弃疾。清代陈廷焯赞曰："东坡词极名士之雅，稼轩词极英雄之气，千古并称，而稼轩更胜。"（《云韶集》卷五）辛弃疾笔下的三国英雄人物不胜枚举，无不反映了他建功立业、恢复山河的进取之心，体现了他为民族大业奋斗至死的强烈历史使命感。至此，辛弃疾延续了南宋词人悲观低沉的情绪，并深化了此一精神，将其延伸至对政治环境及社会生活的忧患意识。在他笔下，有两种人物形象最为典型，即指点天下的主公形象和羽扇纶巾的谋士形象。

（一）孙权的形象

辛弃疾对孙权着墨不多，但在这些为数不多的描绘中仍可见词人对其极高的推崇和偏爱。如《南乡子·登京口北固亭有怀》：

> 何处望神州，满眼风光北固楼。千古兴亡多少事，悠悠。不尽长江滚滚流。　年少万兜鍪，坐断东南战未休。天下英雄谁敌手？曹刘。生子当如孙仲谋。

又如《永遇乐·京口北固亭怀古》上片：

> 千古江山，英雄无觅，孙仲谋处。舞榭歌台，风流总被，雨打风吹去。斜阳草树，寻常巷陌，人道寄奴曾住。想当年，金戈铁马，气吞万里如虎。

这两首作品皆为辛弃疾晚年（1205）所作。垂垂老矣的词人由孙权的经历联系到自身的遭遇，壮志难酬，不免心生感慨。据《三国志》记载，孙权亲自领兵迎敌，曹操见吴军军队整齐肃穆、纪律严明，喟叹道：生子当如孙仲谋，刘景升儿子若豚犬耳。辛弃疾在《南乡子》中引用曹操所言"生子当如孙仲谋"，与"刘景升儿子若豚犬耳"产生了鲜明的对比，讽刺用意明显。当时的刘琮拱手将大片国土献上，和南宋政权苟且偷安的行为如出一辙。辛弃疾借此痛讽当朝之人不具备孙权那般敢于在危难之际捍卫家国的勇气。自古英雄，惺惺相惜。与孙权逐鹿中原的曹操，尚且对其称赞不已，以英雄自许的辛弃疾更是对其满怀憧憬。无奈时运不济，词人只能以孙权的气魄鼓舞自己，释放集艳羡、感伤、失落于一身的情怀。《永遇乐·京口北固亭怀古》开篇便将孙权少年英雄的形象推至读者眼前，丝毫没有淹没在随后的一如宋武帝刘裕、卫青、霍去病、廉颇等一系列英武善战的人物形象之中。加之以下片悲壮苍凉，极尽咏古之能事。可见稼轩笔力遒劲，将吴主孙权的形象刻画得入木三分、深入人心。

不仅如此，辛弃疾在词中还经常把孙权与刘备相提并论，推崇备至："孙刘辈，能使我，不为公。"（《水调歌头·我饮不须劝》）清沈曾植曰：稼轩为叶衡所推毂，二年衡罢，史浩独相，意不喜北人，故有"孙刘"之譬（《稼轩长短句小笺》）。此外，与孙权相关的典故在辛弃疾其他作品中也屡见不鲜，如《满江红·江行和杨济翁韵》："吴楚地，东南坼，英雄事，曹刘敌。"再如《六州歌头·西湖万顷》："孙又子，方谈笑，整乾坤。"前者为辛弃疾贬赴南方时所作，由曾经在此称霸的吴主孙权联想到当时堪与之对抗、遂形成三国鼎足之势的唯有曹刘二人，与《南乡子·登京口北固亭有怀》乃同一喻义。后者则把孙权运筹帷幄、气定神闲的特点鲜明地表现出来。

相较于魏蜀之二主，孙权的谋略和手段并未见得出类拔萃，但其胆魄与雄心深深地打动了辛弃疾。辛弃疾在《九议》中对孙权评价曰："某以谓吴不能取魏者，盖孙氏之割据，曹氏之猜雄，其德本无以相过。"❶ 辛弃疾的青眼有加，实为钦佩孙权不惧强势、勇于力争的胆魄和雄心。虽然南宋时期国难当头，但这种反抗强权的精神气概却是当权者所缺乏的。再者，朝堂上倾向于议和的势力专权已久，对主战派的打压已成常态，志士们空有杀贼之心，却始终无法如愿。

（二）刘备的形象

刘备的形象历来被视为汉家正统，"长厚似伪"的一面也广为人知。在辛弃疾笔下，刘备有着不输于孙权的地位。从每每被拿来作为与孙权相提并论的对象，便可见稼轩对刘备的赞誉之高。如《南乡子·登京口北固亭有怀》："天下英雄谁敌手？曹刘。生子当如孙仲谋。"又如《满江红·江行和杨济翁韵》：

---

❶ 辛弃疾. 辛弃疾全集［M］. 成都：四川文艺出版社，1996：349.

过眼溪山，怪都似、旧时相识。还记得、梦中行遍，江南江北。佳处径须携杖去，能消几緉平生屐。笑尘劳、三十九年非、长为客。

吴楚地，东南坼。英雄事，曹刘敌。被西风吹尽，了无尘迹。楼观才成人已去，旌旗未卷头先白。叹人间、哀乐转相寻，今犹昔。

这首词书写了辛弃疾由山形地势而引起对三国英雄的追怀，将抚今与追昔完美结合。由所见东南一带的景象之壮阔，联想到问鼎三国的曹刘。昔日，曹操曾对刘备说："今天下英雄，唯使君与操耳。"此视天下如囊中之物的胸襟与气势，让辛弃疾心生憧憬。"吴楚地"四句写地灵人杰，声情激昂，隐含着满腔豪情。"被西风吹尽，了无尘迹"二句，有喟叹，有追慕，生怕不能仿效、追随。

此外，辛弃疾还用"刘关张"的典故喻友人。如《贺新郎·和徐斯远下第谢诸公载酒相访韵》："我觉君非池中物，怳尺蛟龙云雨。时与命犹须天付。"《三国志·吴志·周瑜传》云："刘备以枭雄之姿，而有关羽、张飞熊虎之将，必非久屈为人用者，恐蛟龙得云雨，终非池中物也。"❶辛弃疾即用此典，指出刘关张三人都是胸怀大志、不安于现状、终究要成就大事业之人。

刘备为功业奔走半生，每每受挫。他待人宽厚，以德服人，礼贤下士，与一旦得势便骄纵残暴的君主有着截然不同的作风，因此为民心所向，也是辛弃疾心理想的、愿与之共事的明君形象。刘备以恢复汉室为旗帜，书写出以弱势对抗强势的北伐传奇，这让南渡后的辛弃疾产生了深深的共鸣。天下大乱，社稷偏安，却有着"知其不可为而为之"的气魄，敢为天下先，这让辛弃疾心驰神往、心胸激荡。以南宋之弱对抗大金之强并非不能，奈何统治者无心于此，词人也只能在创作中聊以慰藉了。

（三）曹操的形象

在唐五代文学作品中，曹操的形象已俨然是阴险残忍、忌才狭量、荒淫无度的奸相枭雄典型，描写其麻木不仁和心胸狭窄的作品比比皆是。崔涂的《鹦鹉洲即事》批判曹操善妒的狭窄心胸，揭露其铲除异己的不轨动机。刘商的《铜雀妓》更是由对曹操的人格讽刺转向对其作风的鞭挞。但

---

❶ 陈寿. 三国志 [M]. 长沙：岳麓书社，2002：744.

南宋文人却一反常态，对曹操的形象表现出极大的包容，甚至青眼有加。在辛弃疾看来，一代枭雄曹操是与刘备势均力敌、共有资格相争天下的。此类天下之主无出其右的笔调在稼轩词中屡见不鲜：

> 英雄事，曹刘敌。（《满江红》）
>
> 天下英雄谁敌手？曹刘。生子当如孙仲谋。（《南乡子·登京口北固亭有怀》）
>
> 君去问曹瞒，好公安。（《昭君怨·送晁楚老游荆门》）

曹操得与以贤德著称的刘备并受稼轩推崇，在于他胸怀大业、知人善任，不达目的誓不罢休，并且能够把握历史机遇，成就一番大业。正所谓"时势造英雄"，便得见于此。同时，曹操暮年的慷慨激昂、雄心壮志，也备受稼轩欣赏。如《鹧鸪天·峡石前用韵答吴子似》：

> 叹息频年廪未高。新词空贺此丘遭。遥知醉帽时时落，见说吟鞭步步摇。　干玉唾，秃锥毛。只今明月费招邀。最怜乌鹊南飞句，不解风流见二乔。

"最怜乌鹊南飞句"化用曹操《短歌行》中的"月明星稀，乌鹊南飞"，而《短歌行》一诗明确表达了曹操唯才是举的思想。清人沈德潜在《古诗源》中说："月明星稀四句，喻客子无所依托。"❶

曹操其人如此为稼轩所推崇，首要的原因即是他所建立的盖世功业。曹操对内消灭了袁氏、吕布、刘表、马超、韩遂等势力，对外击退了戎狄之入侵，实现了北方的统一，并推行诸多政策以恢复生产、稳定社会，为曹魏日后立国打下了坚实的基础。其二，是求贤若渴、任人唯才的务实态度。曹操凭借自身的才略和眼光，在艰难的环境中立下了重振朝纲的功绩。其三，曹操心怀天下的凌云壮志和经纶世务的雄韬伟略，无不让心系天下却报国无门的辛弃疾心生向往。南宋政权虽正统，但面对强金却无所作为、偏安一隅的事实，让辛弃疾扼腕痛惜。

（四）羽扇纶巾的谋士形象

稼轩词中另一种典型的人物形象，是羽扇纶巾的谋士形象。与指点天下的主公形象不同，谋士形象象征着另一重寄托，彰显了兼济天下的生命

---

❶ 沈德潜. 古诗源 [M]. 北京：中华书局，1998：90.

价值。辛弃疾深受儒家积极入世思想影响，即使处在不得志的人生阶段，仍不失对政治理想的追求。

辛弃疾笔下的文人谋士形象或羽扇纶巾、谈笑风生，或慷慨从戎、英勇不屈。他在《满江红·贺王帅宣子平湖南寇》中塑造了一个深谋远虑、运筹帷幄的诸葛亮形象："箫鼓归来，举鞭问何如诸葛？人道是匆匆五月，渡泸深入。"又如《惜分飞·春思》之"最是周郎顾，尊前几度歌声误"，化用"曲有误，周郎顾"的典故，塑造了英姿勃发的周瑜形象。另如《念奴娇·三友同饮借赤壁韵》："龙友相逢，洼尊缓举，议论敲冰雪。"华歆与北海邴原、管宁一同游学，交往甚密，三人被比作一龙，歆为龙头，原为龙腹，宁为龙尾，为世人所称道。辛弃疾化用此典故，表达了对名士交游的欣赏和自身亦欲与益友结伴的期望。"想王郎结发赋从戎，传遗业。"（《满江红》）以结发从戎的王粲寄托自己奋进抗争的决心。

辛弃疾笔下的谋士形象无不承载着他的使命意识。以具备王佐之资的周瑜为例，他既有扫荡荆城、威震东夏的英姿，又不失高致雅量与倾世才华，能文能武，当世无双。与辛词中俯拾皆是的失路英雄相比，周瑜的形象是积极的、意气风发的，投射出辛弃疾的进取意识和爱国热情。与年少时便以一身才干四处征战的周瑜相比，辛弃疾的才干不但无法施展，还屡受打压，以建功立业为奋斗目标的他只能空叹庙堂之远。

在这些跃然纸上、栩栩如生的谋士形象的刻画中，辛弃疾用经用史、以文为词的创作特点表露无遗。当然，不得不指出的是，辛词过于频繁地使用典故，也不无掉书袋的嫌疑。

二、稼轩词三国意象的丰富内涵

（一）慷慨报国的人生理想

辛弃疾工于文词，举世闻名，为词坛做出了卓绝的贡献。他的词作达600首之多，且首首质量上乘，尽展其人生理想，后人称其为词中之龙。郭沫若为济南辛弃疾纪念堂题词："铁板琵琶，继东坡、高唱大江东去；美芹悲黍，冀南宋、莫随鸿雁南飞。"稼轩继承苏轼豪放词风而有所发展的，正是那激昂不息的爱国之心。这是时代使然，更是以气节自许、以功业自许的胸怀使然。

1181 年，辛弃疾站在人生的交叉路口。在这一年，他卸任江淮，开始了 20 余年的山水田园生活。这是他的政治理想最受压抑的低谷，却也是他在创作上收获颇丰的时期。他与陈亮的结交正体现了在这一时期他虽寄情山水，却不忘庙堂之事。陈亮是南宋著名的进步思想家及爱国词人，与辛弃疾友谊深厚，将其视为知己，二人更有"鹅湖之会"的美谈流传至今。辛弃疾借三国华歆的典故自比："龙友相逢，洼尊缓举，议论敲冰雪。"（《念奴娇·三友同饮借赤壁韵》）二人志同道合的战斗友谊，说明了辛弃疾即使卸职闲居，也不失抗金复国、收复中原之心，展现了他欲展宏图的人生志向。全词如下：

> 论心论相，便择术，满眼纷纷何物。踏碎铁鞋三百炳，不在危峰绝壁。龙友相逢，洼尊缓举，议论敲冰雪。何妨人道，圣时同见三杰。
>
> 自是不日同舟，平戎破虏，岂由言轻发。任使穷通相鼓弄，恐是真口难灭。寄食王孙，丧家公子，谁握周公发。冰口皎皎，照人不下霜月。

《念奴娇·赤壁怀古》是苏轼在 47 岁谪贬黄州游赤壁时所作，乃慷慨豪迈之千古佳作。稼轩写此《念奴娇》时年近半百，与苏轼所处之境遇极为相似，情感上亦有共鸣。大气恢宏、长歌壮烈，实已难乎为继。写下《念奴娇》这个词牌，悲壮苍凉之气就袭上心头，无法自持。辛弃疾一别以往怀古的风格，别出心裁地抒发个人追求，将志意和心中的郁结化为一系列的意象，构成云卷云舒的奇景，彰显出另一种格调的雄奇。

（二）忧国忧民的政治诉求

辛弃疾的爱国词作，念念不忘家国之忧。辛弃疾以词勉友自励，处处响彻退敌复国的高呼，堪称时代的最强音。他借用诸多三国人物形象寄托自己忧国忧民的政治诉求。在《水龙吟·登建康赏心亭》中，他使用求田问舍的典故"求田问舍，怕应羞见，刘郎才气"，彰显出自己的救世之心。他登上赏心亭，凭栏遥望大好河山，为自己的前途和祖国的命运担忧，十余年的抗金之路如梦幻、泡影。他不学晋代的张翰——因贪恋故乡鲈鱼的美味，就思及归隐，更鄙视三国的许汜——专为个人打算，不为社稷着想，但奈何朝中尽是卖国求荣之小人。辛弃疾以胸怀扶世济民之志的陈登自比，抨击那些只图个人安逸、不问国家大事的当权者，希望能惊醒他们的苟安迷梦，实现北复中原、建功立业的远大抱负。

在《满江红·贺王帅宣子平湖南寇》中，他又借诸葛亮的形象表达了自己的政治愿望："笳鼓归来，举鞭问何如诸葛？人道是匆匆五月，渡泸深入。"词作中处处流露出抗金北伐、收复中原、再造中兴大业的豪情壮志。

辛弃疾的政治思想自有其历史渊源。他吸取了儒、法、道、兵的积极思想，主张王霸并用。其政治思想以现实为支撑，其仁政、法治、财政、任贤、战略等理念皆围绕南北问题而展开。他的思想顺应历史发展的需要，也反映了广大人民群众向往和平的愿望，其进步性的一面在当今仍有积极的意义。

（三）雄豪壮大的审美理想

辛弃疾继承了苏轼词的优良传统，大胆地打破了词和其他文学样式的界限，形成了独特的"以文为词，用经用史"的艺术风格。因此，他的作品有着丰富的内涵，千百年来一直广为流传，闪烁着不可磨灭的光辉，具有强大的生命力和艺术魅力。自北而归的辛弃疾备受猜疑，先后两次罢官达18年之久。他禀性执着却又壮志难酬，胸中的愤懑之气一触辄发。

由于辛弃疾在军旅生涯中积累了丰富的经验，并将之与自己熟悉的三国意象相结合，构成了其词作中大量的军事题材意象和三国意象群，造就了稼轩词雄奇壮阔的审美境界，更体现出他的艺术个性，展现了他期盼重归前线、再度冲锋陷阵的凤愿。而由理想与现实之间的落差所产生的时不我待的苦闷和悲壮，几乎展现在他每首豪放词中。这种深沉、热烈的情绪，加之其敏锐的目光和远见卓识，形成了辛词豪放、热烈而不失细腻、深重的词风。悲壮、哀婉、刚柔兼济的词风，反映出南渡后的词人创作风格的变化，其关注的重点也由士人生活转向民族大业和苦难的现实。

苏轼和辛弃疾虽同以豪放派词人的身份立足于词坛，但苏轼的风格偏于旷达洒脱，辛弃疾则偏于壮阔悲凉。同是有感于三国历史的登高怀古之作，稼轩之《永遇乐·京口北固亭怀古》与东坡之《念奴娇·赤壁怀古》便有极大区别。苏词"人生如梦，一尊还酹江月"，不可不谓雄奇旷达；辛词"千古江山，英雄无觅，孙仲谋处"，借古喻今，虽壮志难酬，却执着坚守。辛词豪而不放，更见激切深重。

三、结　语

首先，辛弃疾从小生长在沦陷的北方，家族世代忠良，这不仅使他养成了心怀天下的忧患意识，更让他树立起恢复中原的高远志向。他亲眼看见、亲身感受了金朝统治下的屈辱与痛苦，在《美芹十论》中写道："民有不平，讼之于官，则胡人胜，而华夏之民则饮气以茹屈。田畴相邻，胡人则强而夺之；孳畜相杂，胡人则盗而有之。"❶ 南宋朝廷不仅苟且偷安、不思进取，反而为虎作伥，对勇于抗争的志士进行打压。辛弃疾身处其中，深感报国无门。这种痛苦无奈使得其词作呈现出深刻的社会内容，具有浓郁的时代气息。

其次，随着投降派逐渐在朝中占上风，宋金对峙的局面更难以打破，辛弃疾远大的政治抱负、不与投降派为伍的政治态度，让他屡受打击。这不仅让他对现实更加失望、对三国更加向往，也使得他这一时期的作品呈现出复杂的情绪，形成了特有的豪放而苍凉、雄伟而沉郁的风格。而此番仕途及从戎的经历，深化了他的爱国思想，扩大了他的眼界，也扩大了他的豪放词境界，使之更具内涵，意义深远。

最后，对三国英雄的崇拜历来是中国思想文化界的一个普遍现象，忠肝义胆、高风亮节的辛弃疾自然也不能例外。时势造英雄的三国历史充分证明，只要奋斗，就有机会实现人生理想和政治抱负。如此广阔的发展空间，让多少空有抱负和才干却无处施展的人感慨生不逢时。因此，报国无门的辛弃疾对三国英雄产生崇拜及向往之情亦是顺理成章。

综上所述，辛弃疾打破了唐五代以来词作中仅有三种抒情主人公（唐五代时的红粉佳人、北宋时的失意文士和南渡初年的苦闷志士）的局面，开拓出一系列英雄人物形象。这一方面丰富了词的表现内涵，一方面也赋予了词雄豪壮大的审美境界，体现了他对词境的开拓和对词史的贡献。研究辛弃疾豪放词中比比皆是的"仲谋""曹刘""诸葛"等三国人物形象，有利于深入发掘其创作心理，进一步探索他的社会忧患意识和个体人生苦闷。

---

❶ 辛弃疾. 美芹十论 [M]. 广州：中山大学出版社，2012：17.

浅析李清照咏梅词

■ 李懿雯*

【摘　要】李清照的咏梅词记载了作者不同人生阶段的心路历程，不同时期的李清照笔下有着形态各异的梅花形象。她或是以梅自喻，或是借梅花感叹命运，独特的抒情手法在文学史上可谓一枝独秀。

【关键词】宋代梅文化　李清照　咏梅词　抒情

自古文人多爱花。晋陶渊明独爱菊，唐朝人盛爱牡丹，周敦颐钟情于"出淤泥而不染"的莲花（周敦颐《爱莲说》），李清照则对梅花情有独寄。在她流传下来的50多首词作中，有18首提及梅花，而以咏梅为主要意象的就有12首之多，堪称古代文学史中咏梅最多的女性作家之一。

一、李清照咏梅词的阶段性特征

李清照生于宋神宗元丰七年（1084），处于南北宋易代之际。社会动荡，父死夫亡，多舛的命运让她迅速地成熟起来，无论是思想还是审美情怀都发生了重大改变。她的咏梅词或借梅抒情，或以梅自喻，将情感与梅花融为一体。梅花也成为她生活的"见证者"，记录了她跌宕起伏的人生。根据具体内容和感情基调，可以大致将其咏梅词分为三个阶段。

（一）"此花不与群花比"的少女情怀

李清照的少女时期，充满着幸福和快乐，其咏梅词中也透露出独特的

---

* 李懿雯（1995~），女，山西长治人，本科，湖州师范学院求真学院，研究方向为古代文学。

青春气息与自信，如《渔家傲》：

> 雪里已知春信至，寒梅点缀琼枝腻。香脸半开娇旖旎，当庭际、玉人浴出新妆洗。　造化可能偏有意，故教明月玲珑地。共赏金尊沉绿蚁，莫辞醉、此花不与群花比。❶

梅花被称作"二十四番花信"❷之首。尽管还是满天飞雪的寒冬，悄然绽放的梅花已经带来了春的气息，零星似火地点缀在洁白的梅枝上。清白落落的梅花宛若刚刚出浴的美人，娇媚艳丽，欲放还休，柔美的面庞泛出丝丝青涩，令人心生爱怜。天地似乎也被这娇媚所动容，将一月清辉洒在这花树上，更增添了一丝清丽。李清照沉醉在这美景之中，饮尽一樽梅香。她看到的不仅仅是梅花，更是当下的自己：出身高贵，知书达理，"此花不与群花比"。作者在词中运用拟人和比喻的手法赋予梅花生命的气息，一个"娇"字更是透出梅花柔美清洁之姿态；下阕中将赏梅赏金樽的自己融入梅花之中，达到了人、景、情的高度结合。最后一句借用梅花来衬托自己高洁的品格和超凡脱俗的姿态，由对物的赞赏上升为对更高层次的人格的追求，正可谓："娇嗔优雅身世之自况。"（陈祖美《李清照诗词文选评》语）

在李清照早期的咏梅词中，伤春惜花也是一大主题，表现的多是闺阁之怨和对幸福生活的向往。如《浣溪沙》两首：

> 淡荡春光寒食天，玉炉沉水袅残烟。梦回山枕隐花钿。　海燕未来人斗草，江梅已过柳生绵。黄昏疏雨湿秋千。

> 髻子伤春慵更梳，晚风庭院落梅初。淡云来往月疏疏。　玉鸭熏炉闲瑞脑，朱樱斗帐掩流苏。通犀还解辟寒无？

这两首词中都用到了"落梅"这一意象，延伸出来的是词人淡淡的惜花伤春之情。"淡荡""残""梦回"等词描述出对时光流逝的无奈。词人面对凋零的江梅、纷扬的柳絮，感叹自己已不是"斗草"的少女，失去了一丝天真烂漫，增添了几分多愁善感。自己所钟爱的梅花因为春天的到来而纷纷凋落，散落的发髻也懒于打理。"晚风庭院落梅初"一句从正面烘托出词人的孤寂哀伤，下阕转写屋内景象：熏炉闲置，流苏虚掩，十分静谧。

---

❶ 唐圭璋. 全宋词［M］. 北京：中华书局，1999：926. 又，除另注外，本文所引李清照词均据此书。

❷ 唐圭璋. 全金元词［M］. 北京：中华书局，1979：1125.

如此凄清的环境，不知通犀角还能否消除心中的凄冷？这两首词通过对落梅的描写，由物及人，将要抒发的情感缓缓道来，寄情于景，不觉突兀，不觉落俗。虽是惜花，更是感叹时光匆匆，生活孤寂。

（二）"莫恨香消雪减，难言处、疏影尚风流"的愁妇时期

李清照在与赵明诚结为连理后，有过一段共剪西窗烛的幸福生活。但怎奈好景不长，先是父亲因元祐党争被罢黜出京，复因与赵明诚聚短离长，再加上一系列变故，使得李清照变成了一个伤心人。其《玉楼春》词云：

> 红酥肯放琼苞碎，探著南枝开遍未？不知蕴藉几多香，但见包藏无限意。　道人憔悴春窗底，闷损阑干愁不倚。要来小酌便来休，未必明朝风不起。

朱彝尊《静志居诗话》谓："咏物诗最难工，而梅尤不易，李易安词'要来小酌便来休，未必明朝风不起'皆得此花之神。"❶ 即使是早春时节，词人也不愿出门，唯有自己亲手所植的江梅依然令她牵挂。"探著"一次更像是许久未见的老友，欲放的花蕾已经馥郁氤氲，饱满的花苞中蕴含着多少情思。这样的景象更令词人的烦闷无以复加，但也只能憔悴春窗底，无力去凭栏。想着这梅花像是和自己有着同样境遇的朋友，便邀梅花一同小酌。明早若是有狂风暴雨，怕是连未绽的花苞也要香消玉殒了。"要来"两句更像是微醺人的呓语，照应着开篇的"探著南枝开遍未"。这首词将自己的真实而独特情感寄寓于梅，每一朵梅花都似有词人因党争株连而过着不安生活的轨迹。

同时期的《满庭芳》一词也体现出类似的情感：

> 小阁藏春，闲窗锁昼，画堂无限深幽。篆香烧尽，日影下帘钩。手种江梅渐好，又何必、临水登楼。无人到，寂寥浑似，何逊在扬州。
> 从来知韵胜，难堪雨藉，不耐风揉。更谁家横笛，吹动浓愁。莫恨香消雪减，须信道、扫迹情留。难言处，良宵淡月，疏影尚风流。

《花草粹编》将此词类归"残梅"，可见其意象。范成大《梅谱·后序》云："梅，天下尤物，无问智贤愚不肖，莫敢有异议。"❷ 世人爱梅均

---

❶ 褚斌杰.李清照资料汇编［M］.北京：中华书局，1984：73.
❷ 范成大.范成大笔记六种［M］.北京：中华书局，2002：253.

因其品格，然而词人却说"难堪雨藉，不耐风揉"——尽管梅花耐寒，但依然娇弱，免不了风吹雨打，零落成泥。词的前五句写当时的凄清环境，"藏"和"锁"为互文，突出了房间的清幽；随后由物及人，借用何逊爱梅的典故，引出下阕梅花虽受"雨藉""风揉"亦会"香消雪减"，但依然"疏影尚风流"。世人爱梅却不知惜梅，而遭遇世事艰辛的词人现在不正如这被雨藉风揉的残梅吗？综观整首词，不难发现其寄情于物的情感——处处写物，却处处寄情，这种情景交融正是李清照词作的独特之处。

（三）"一枝折得，人间天上，没个人堪寄"的幽怨梅曲

靖康二年（1127），金兵南下，攻进汴京。同年，李清照居住已10年的青州发生兵变，无奈之下她只得南下，迁居江宁。后因赵明诚罢守江宁，二人又奔走至建康，但不久赵明诚也离世了。家仇国恨留给李清照的只有痛苦、寂寥，此刻的她已不是那个"此花不与群花比"的高洁女子，亦不是那个只道惜花伤春的妇人，怀念过往生活、悼念至亲成为她后期作品的基调。如《诉衷情》：

> 夜来沉醉卸妆迟，梅萼插残枝。酒醒熏破春睡，梦远不成归。
> 人悄悄，月依依，翠帘垂。更捼残蕊，更捻余香，更得些时。

在词人眼中，梅花已不复旖旎之态，更不复蕴藉多香。残破的梅花带来的，只有对从前美好生活的回忆。在梦中，词人仍旧是天真烂漫的少女，宠爱她的丈夫在为她的画像题字；繁华的汴京集市中，都是她熟悉的景象。忽来一阵清风，不觉嗅到了枕边的残梅余香，搅扰了她的一枕清梦；她想要再度寻梦，却也惘然。夜深人静之时，伴她的只有款款月光和残破的梅花，那份对于从前生活的向往，哪是一席翠帘便可以遮挡的呢？思至此处，词人的心绪乱了，她捻碎了手中的梅花，也捻碎了所有的希望。整首词中未见一个"愁"字，却令人处处觉愁，愁景愁梦愁情，更是愁上加愁。

况周颐《漱玉词笺》说："（李清照词）叠法各异，每叠必佳，皆是天籁肆口而成，非作意为之也。"❶ 在本首词中，连用了三个"更"字，语气逐渐加深，突出了词人被惊醒之后的忧愁烦闷。李清照作为闺阁词人，在咏家国之难时少了一些雄浑的男子气概，但正是这种特有的绵柔情思更能

---

❶ 褚斌杰.李清照资料汇编［M］北京：中华书局，1984：181.

触动读者的深层情感。

把这种痛苦、寂寥抒发到极致的，是《孤雁儿》：

藤床纸帐朝眠起，说不尽无佳思。沉香断续玉炉寒，伴我情怀如水。笛声三弄，梅心惊破，多少春情意。　小风疏雨萧萧地，又催下千行泪。吹箫人去玉楼空，肠断与谁同倚。一枝折得，人间天上，没个人堪寄。

丈夫的病逝和国家的兵荒马乱让作者一早就没了好心情，无心将炉中的沉香续起，此时的心情也如那香炉一般冰凉。窗外传来《梅花落》的袅袅笛声，幽怨绵长的笛声与作者凄苦的心境融为一体，吹开了满树的梅花，勾起了她悲伤的回忆。萧萧的疏雨伴随着她的眼泪一同坠落，曾经那个伴她雪里寻诗、收集古书的"吹箫人"如今已不在了，像这样的断肠人还能与谁相依偎呢？词的末尾使用陆机和范晔的典故——陆机尚可折得一枝梅花赠予远在长安的范晔，而自己与丈夫则是天人永隔，手里的梅花又该寄给谁呢？

词前小序曰："世人作梅词，下笔便俗。予试作一篇，乃知前言不妄耳。"小序明言此词的主题是咏梅，而"吹箫人去玉楼空"表明该词作于赵明诚去世之后。整首词的情感基调是对亡夫的哀悼和怀念，在结构上与前引的几首没什么不同，都是上阕写环境，引梅入词，下阕注入自己的情感，突出咏梅主题。

李清照后期的咏梅词对于情感的抒发有了重大改变，这与她的经历有着密切关系。梅花已不只是她抒发情感的寄托，更成为她的化身，成为她的精神家园，进而至"物我合一"。

二、李清照与同时代男性词人咏梅词之比较

在党争不断和战乱频繁的内忧外患之下，宋代文人的审美观由唐代的赏其形转向了赏其韵，而盛开在料峭寒冬的梅花成为他们理想的寄情之物。他们追求梅花的高洁之态，咏梅词也在宋代达到了空前的繁荣。众所周知的宋代词人陆游，一生作咏梅词 165 首；被称为"梅妻鹤子"的林逋，一生以赏梅和咏梅为乐；刘克庄也作有咏梅词 130 多首……但这些男性词人的

抒情方式和情感基调与李清照又是截然不同的。如姜夔的《玉梅令》：

> 疏疏雪片，散入溪南苑。春寒锁、旧家亭馆。有玉梅几树，背立怨东风，高花未吐，暗香已远。　公来领略，梅花能劝，花长好、愿公更健。便揉春为酒，翦雪作新诗，拼一日、绕花千转。❶

该词以梅花的形态和特征为描写对象，描摹出的是一幅清丽、傲然的雪中梅图。词中，梅花的形象是脱俗的、刚毅的，一句"背立怨东风"给梅花注入了潇洒的君子之风。而李清照作为女性词人，在咏梅时多了一些女子特有的娇柔，如《渔家傲》中的"香脸半开娇旖旎，当庭际，玉人浴出新妆洗"，突出的是梅花含苞待放的娇媚之态，极尽小女子的温婉柔情之美。

此外，姜夔在咏梅词中往往别有寄托，常把梅花作为恋人的化身。如《暗香》之"正寂寂。探寄与路遥，夜雪初积。翠尊易泣。红萼无言耿相忆"，当有怀人之情在其中。又如《江梅引》之"人间离别易多时。见梅枝。勿相思。几度小窗，幽梦手同携"，显然是将梅花视为了恋人的影子。❷而李清照通常是将自己与梅花融为一体以自喻，最明显的便是《渔家傲》中的"此花不与群花比"，将梅花与自己的经历结合在一起，"人景合一"，这样梅花就不再只是抒情之物了。

苏轼在《西江月·梅花》中赞梅花"玉骨那愁瘴雾，冰姿自有仙风"，❸崔道融有"香中别有韵，清极不知寒"之句。❹世人咏梅皆以其格高，而李清照作《满庭芳》则曰："从来，知韵胜，难堪雨藉，不耐风揉。"这正是不同于男子的惜花之情。男词人只看到梅花绽放于寒冬、不畏严寒的傲骨风姿和无意争春的低调品格，而李清照在赞美梅花的同时还会怜惜它忍受料峭寒风的吹打，这是她咏梅词的独特所在。

同为婉约派词人的晏几道也作过一首咏梅词《蝶恋花》：

> 千叶早梅夸百媚。笑面凌寒，内样妆先试。月脸冰肌香细腻。风流新称东君意。　一捻年光春有味。江北江南，更有谁相比。横玉声中吹满地。好枝长恨无人寄。❺

❶❷ 唐圭璋. 全宋词［M］. 北京：中华书局，1999：2173，2181，2170.
❸ 苏轼. 苏轼词集［M］. 上海：上海古籍出版社，2009：161.
❹ 彭定求. 全唐诗［M］. 北京：中华书局，1985：8202.
❺ 唐圭璋. 全宋词［M］. 北京：中华书局，1999：224.

词的结构比较简单：首句指出梅花是花信之首，二三两句是对梅花之形和"笑面凌寒"的特征描写；下阕前两句是对梅花的赞赏，最后一句则在赞美到极致之后，在"梅花落"的笛声中引出"横玉声中吹满地"的感叹和"好枝长恨无人寄"的惋惜。"笑面凌寒，内样妆先试"使用寿阳公主梅花点额的典故，脱离了俗套，加入了一丝传奇色彩。

细品这首词，可以发现它与李清照的咏梅词是呼应的。例如，"月脸冰肌香细腻"，与《渔家傲》中的"香脸半开娇旖旎"极为相似；"风流新称东君意"中的"东君"，也见于李清照的《小重山》；"江北江南，更有谁相比"，与《渔家傲》中"此花不与群花比"的评价十分接近；而"横玉声中吹满地。好枝长恨无人寄"，则与《孤雁儿》的结尾意象如出一辙。按照晏几道和李清照生活的年代来判断，这首词应作于李清照之前，而如此相近的咏梅方式实在令人感叹。

三、李清照与朱淑真咏梅词之比较

在宋代，也不乏同李清照一样博学多思、善于作词的女词人，朱淑真就是其中之一。朱淑真号幽栖居士，为宋代作品最多的女作家，著有《断肠集》，与李清照《漱玉词》合称"双璧"。❶ 朱淑真同样出生在官宦之家，父母兄嫂皆擅文墨。田汝成《西湖游览志余》卷十六有云："（朱淑真）幼警慧，善读书，工诗，风流蕴藉。"但朱淑真的父母对她的感情生活横加阻拦，导致她所托非人，葬送了一生的幸福。她的咏梅词也多体现出一种孤独清冷之感，如《卜算子·咏梅》：

> 竹里一枝斜，映带林逾静。雨后清奇画不成，浅水横疏影。　吹彻小单于，心事思重省。拂拂风前度暗香，月色侵花冷。❷

继林逋《山园小梅》"疏影横斜水清浅，暗香浮动月黄昏"之后，❸"疏影"便成为梅花的特定意象。在本词中：一场清雨过后，林间越发安静，梅花被重重竹枝环绕，构成了一幅清丽的皓月、幽梅之画卷；微风拂

---

❶ 黄嫣梨，吴锡河. 断肠芳草远——朱淑真传［M］. 石家庄：花山文艺出版社，2001：206.

❷ 冀勤. 朱淑真集注［M］北京：中华书局，2008：258.

❸ 吴之振. 宋诗钞［M］. 北京：中华书局，1986：409.

去了浮动的暗香，耳边萦绕着《小单于》的笛声，心情却十分沉重。在这种月冷梅清的意境下，作者塑造出梅花孤寂高洁的姿态，也烘托出自己寂寥孤寂的心情。此外，其《柳梢青·咏梅》三首也以不同的视角对梅花进行了刻画。其二曰：

> 冻合疏篱，半飘残雪，斜卧低枝。可便相宜，烟藏修竹，月在寒溪。　亭亭伫立移时，拼瘦损、无妨为伊。谁赋才情，画成幽思，写入新词。❶

这首词以咏梅为主，结合了疏篱、飘雪、修竹、寒月等辅助意象，由此，梅花才更见风致。无论是冻合的梅花，还是随着飘雪纷扬的梅花，抑或是被积雪附盖、只能斜卧枝底的梅花，都与这烟雾笼罩的竹林、溪水中清澈的明月倒影相融合。下阕由物及人，由梅花低调美好的品质、不畏严寒的高贵气质联想到自己。

再综观朱淑真的其他咏梅词，不难发现，其风格并不像李清照那样具有明显的变化，也没有那份对于家国的感叹。李清照将梅花作为倾诉对象，咏梅词记录了她生活中的点点滴滴和转折、变迁。而朱淑真多以赏梅为主，是典型的闺愁闺怨、对于爱情生活不满的宣泄。且朱淑真作词比李清照更为大胆，情感表达更加直白，让人一探便知。李清照的词作则是一字一句都经过推敲、斟酌，用词极为谨慎，其情感由字里行间一丝一丝地渗透出来，故"首首皆为佳作"。❷

李清照的咏梅词在中国文学史上是不可多得的佳作，从中既可以看出她忧家忧国的气概，更能体会到她绵柔的情思。她以女性的独特视角诉说着对梅花的情有独钟，将自己的经历与梅花紧密结合，形成了别具一格的咏梅词。

【参考文献】

[1] 王仲闻. 李清照集校注 [M]. 北京：人民文学出版社，1999.

[2] 陈祖美. 李清照作品赏析集 [M]. 成都：巴蜀书社，1996.

---

❶ 冀勤. 朱淑真集注 [M]. 北京：中华书局，2008：259.
❷ 黄嫣梨，吴锡河. 断肠芳草远——朱淑真传 [M]. 石家庄：花山文艺出版社，2001：199.

［3］温绍堃，钱光培．李清照名篇赏析［M］．北京：十月文艺出版社，1987.

［4］平慧善．李清照及其作品［M］．吉林：时代文艺出版社，1985.

［5］舒红霞．女性审美文化——宋代女性文学研究［M］．北京：人民文学出版社，2004.

［6］艾治平．宋词的花朵：宋词名篇赏析［M］．北京：北京出版社，1985.

［7］袁行霈．中国文学史［M］．北京：高等教育出版社，2005.

［8］黄杰．宋词与民俗［M］．北京：商务印书馆，2005.

［9］徐北文．李清照全集评注［M］．济南：济南出版社，1990.

［10］张毅．宋代文学思想史［M］．北京：中华书局，1995.

［11］黄嫣梨．朱淑真研究［M］．上海：上海三联书店，1992.

［12］卫淇．人生不过一场绚烂花事［M］．哈尔滨：哈尔滨出版社，2010.

［13］赵明华．"一代词宗"李清照诗词品读［M］．北京：中国画报出版社，2013.

［14］李首鹏．论李清照咏梅词［J］．西南农业大学学报，2005（4）．

［15］吕睿．浅论早期易安词中梅意象的悲伤情怀［J］．文学教育，2012（11）．

［16］李荷蓉．李清照咏梅词与宋代梅文化［J］．河南大学学报：社会科学版，2008（5）.

［17］李鹤男．菊芳雅致梅傲雪——李清照后期的咏花词分析［J］．辽宁广播电视大学学报，2013（4）.

［18］李春艳．李清照咏梅词的特色［J］．忻州师范学院学报，2010（6）.

［19］禹媚．论李清照咏梅词的人格情结与命运咏叹［J］．岳阳职业技术学院学报，2006（12）.

［20］郑卫民．论李清照咏梅词中梅花审美取向的变化［J］．职校论坛　科技信息，2009（19）.

［21］周生杰．此花不与群花比——试论李清照咏梅词［J］．钦州师范高专学校学报，2003（3）.

王十朋的雁荡山诗歌研究

■ 章家露*

【摘　要】南宋初期著名诗人、学者、政治家王十朋曾 8 次游雁荡，共留下 58 首相关诗篇，可以说是第一位集中歌咏雁荡山之人。王十朋第一次游雁荡山当在绍兴十五年。其诗作在艺术上表现为淳朴淡雅的诗风、诗情画意的交融和情趣理趣的结合；在思想内涵上，多为思乡的惆怅、闲适脱俗的意趣和忠君爱国的君子之风。深入探讨雁荡山诗歌在王十朋诗歌中的地位以及在雁荡山诗歌中的地位，可以总结出其历史意义。

【关键词】王十朋　生平　作品　创作成就　意义

王十朋（1112~1171），字龟龄，号梅溪，浙江温州乐清左原（今梅溪村）人，南宋初著名诗人、学者、政治家，通经史，工诗文，有《梅溪王先生文集》传世，为历代学者所关注，曾多次印刻。《四库全书》《四部丛刊》均见录，1998 年上海古籍出版社出版《王十朋全集》。温州雁荡山以山水奇秀闻名，素有"海上名山、寰中绝胜"之誉，史称中国"东南第一山"。其开山凿胜始于南北朝，兴于唐，盛于宋。历代文人墨客纷至沓来，留下诗篇 1 500 余首。王十朋曾多次游雁荡山，留下大量诗篇，被誉为第一位以大量诗篇歌颂雁荡山的诗人。

---

* 章家露（1995~），女，浙江温州人，湖州师范学院求真学院学生。

一、王十朋生平及其雁荡山诗歌作品考证

(一) 王十朋游雁荡山的时间与次数

学界对于王十朋游雁荡山的时间和次数存在异议。关于其第一次游雁荡山的时间，有学者认为是绍兴十五年，如程晓晴女士提到："绍兴十五年冬（1145），赴太学，第一次游雁荡山。"❶ 有的学者认为是绍兴十六年，如吴鹭山先生认为："绍兴十六年初春（1146），补赴太学，便道游雁荡山。"❷ 关于其游雁荡山的次数，吴鹭山先生认为是7次，❸王琼女士认为是6次，❹ 程晓晴女士认为至少有8次。❺

笔者通过对清人徐炳文所著《梅溪王忠文公年谱》、王雪丽和王祝光父女所编《王十朋年谱》、郑定国先生《王十朋年谱》、徐顺平先生《王十朋年谱简编》及吴鹭山先生《王十朋年谱》的考察，发现王十朋的雁荡山诗歌大部分都是便道经过，游雁荡山之后所作。他最早写的与雁荡山有关的诗是《送刘方叔季文游雁山》，此后，都是从家乡赴补太学、到朝廷就任途中所作；前后共8次。

（1）绍兴十五年乙丑（1145）暮冬初春，第一次前往临安赴补太学。对此次时间有争议，是因为暮冬初春难以划分，此时为年末。据《宿驿奥》雍正本注：绍兴乙丑赴补太学，更有《题灵峰三绝》《出雁山》之作。王十朋向来痴醉于左原风光，却在看到雁荡山风光之后，感叹"雁山新入春游眼，却笑平生未见山"。此为第一次。

（2）绍兴十七年丁卯（1147）秋，赴鹿鸣宴。《丁卯秋赴鹿鸣宴次太守赵殿撰韵》雍正本注：绍兴十七年。后有诗《再过雁山三绝》。此为第二次。

（3）绍兴十九年己巳（1149）秋，赴补太学。《登姚奥岭望家山有感》（"已作一宿客"）雍正本注：己巳。《宿灵山院》《题石梁》《过雁山》《次先之过雁荡山》。此为第三次。

❶❺ 程晓晴.王十朋诗歌研究［D］.福州：福建师范大学，2008.
❷❸ 吴鹭山.王十朋年谱［J］.温州师范学院学报，1997（1）.
❹ 王琼.王十朋《梅溪集》研究［D］.武汉：华中师范大学，2007.

（4）绍兴二十二年壬申（1152）冬，赴补太学。《初拟过雁山既而取道乌石寄梦龄昌龄》雍正本注：壬申。另有诗《过白溪》。此次途中王十朋丧子，诗篇较少。此为第四次。

（5）绍兴二十六年丙子（1156），前去临安参加次年春殿试。《登姚奥岭望家山有感》（"昔年度兹岭"）雍正本注：赴试。《度雁山》雍正本注：丙子赴省。此外有《度谢公岭》。此为第五次。

（6）绍兴二十七年丁丑（1157），王十朋被宋高宗亲擢为状元。《宿罗汉三绝》雍正本注：丁丑归。《游大龙湫和前韵》《游灵岩辉老索诗至灵峰寄数语》《题瑞岩》。此为第六次。

（7）绍兴二十九年己卯（1159），王十朋在绍兴签判秩满解官还乡，有诗《题双峰资深堂》（五首）、《宿灵岩赠长老敏行》。此为第七次。

（8）绍兴三十二年壬午（1162），王十朋居家。《左原诗三十二首》中提及壬午三月，有诗《天柱岩》《雁潭》。此为第八次游雁荡山（中雁）。

（二）王十朋雁荡山诗歌作品考证

目前，研究者对王十朋雁荡山诗歌的数量有较大争议；其作品中是否有遗漏的，是否有他人之作，都需要进一步考证。梁章钜先生认为："王梅溪话雁山诗歌至十七首之多。"许宗斌先生认为有30余首，王琼女士明确为36首，蒋叔南先生录有其诗歌存目30首。❶ 笔者通过对《梅溪王先生文集》《王十朋全集》和《全宋诗》第三十六卷、《雁荡山志》《乐清县志》《温州经籍志》及相关文献资料的考察，认为如下53首为王十朋关雁荡山诗歌：

> 《送刘方叔季文游雁山》《题灵峰三绝》（三首）、《出雁山》《太学寄梦龄昌龄弟》《再过雁山三绝》（三首）、《宿灵山院》《登姚奥岭望家山有感》（"已作一宿客"）、《与万先之登舟芳龄路人有手持桂花者戏觅之概然相赠且言欲施此花久矣又言花名秋香一名十里香遂与先之分之记以一绝》《题石梁》《过雁山》《次先之过雁荡山》《十一月二日自金溪访钱用章于白石览山川景物之奇以东道之姓为韵》《次韵昌龄游

❶ 欧阳少鸣. 梁章钜《雁荡诗话》、《闽川闺秀诗话》探论［J］. 长江大学学报：社会科学版，2012（10）. 许宗斌. 状元王十朋诗游雁荡山［J］. 风景名胜，1994（6）. 王琼. 王十朋《梅溪集》研究［D］，武汉：华中师范大学，2007. 蒋叔南. 雁荡山志［M］. 北京：线装书局，2010.

白石二诗》（两首）、《再和二首》（两首）、《初拟过雁山既而取道乌石寄梦龄昌龄》《过白溪》《登姚奥岭望家山有感》（"昔年度兹岭"）、《度雁山》《度谢公岭》《宿罗汉三绝》（三首，第三首为《赴试道经雁山》）、《游大龙湫和前韵》《游灵岩辉老索诗至灵峰寄数语》《题瑞岩》《题双峰资深堂》（五首）、《宿灵岩赠长老敏行》《同钱用明用章游白石岩》《又书岩上》《屑玉泉》《游东际》《宝印叔得小假山以长篇模写进士钦逢辰和之某次韵并剪钦》《雁山僧景暹求文记本觉殿》《又六言》《天柱岩》《雁潭》《金华先生有奇石名碧连催来自蜀陈洪州以诗觅之金华缀所嗜以赠亦一段奇事也予家雁荡群峰错峙皆几案间物因和二公诗颇起乡思寓意断章》《题净名院二绝》（两首）、《能仁禅寺》《石夫人》《梅雨瀑》《醉翁岩》

对于王十朋雁荡山诗歌数量产生异议的原因有以下几点：第一，雁荡山面积辽阔。《雁荡山志》有云：

> 本山合外境东西一百十里，南北一百里，周围四百二十里。自石门潭东南二十五里至南松岩，自本觉西二十里至左原，自筋竹洞口东十里至海涯，自穹明洞北五十里至寒坑。❶

就狭义的范围而言，雁荡山单指北雁荡山，"雁荡三绝"即灵峰、灵岩、大龙湫皆在北雁。就广义的范围来说，包括北雁荡山、南雁荡山和中雁荡山。南雁荡山位于平阳县西部，有东西洞、明王峰、顺溪、赤岩山等景点；中雁荡山原名白石山，有玉甑、西漈、三湖、东漈、凤凰山等景点。如果不能准确把握雁荡山的地理界限，就容易错失其部分诗篇。在地理上，北雁、中雁、南雁都是雁荡山的一部分。在其诗歌中，北雁诗、中雁诗、南雁诗都是其雁荡山诗的一部分，这是确定其诗歌篇目时应当注意的。

第二，忽略了组诗。王十朋的雁荡山诗歌有 7 组组诗，即《题灵峰三绝》（三首）、《再过雁山三绝》（三首）、《次韵昌龄游白石二诗》（两首）、《再和二首》（两首）、《宿罗汉三绝》（三首）、《题双峰资深堂》（五首）、《题净名院二绝》（两首）。如果将组诗算为 1 首，则得出 40 首的结论。笔者统计的 53 首，是将组诗里的诗单独计算，更具有合理性。《宿罗汉三绝》

---

❶ 蒋叔南. 雁荡山志 [M]. 北京：线装书局，2010.

（三首）的第三首为《赴试道经雁山》，在《广雁荡山志》和《雁荡山志》中均为独立的1首。如果将组诗算作1首，难免有些不合适。

第三，王十朋的雁荡山诗歌中有11首只能算是与雁荡相关，不是全为雁荡山而作，此类诗篇多是思乡感怀之作，在丰富王十朋雁荡山诗歌的思想内涵方面有重要意义，在此亦归入雁荡山诗歌。

第四，补遗之作。本文收4首，即《能仁禅寺》《石夫人》《梅雨瀑》《醉翁岩》。其中，《能仁禅寺》和《石夫人》已收入《王十朋全集》，但《梅雨瀑》和《醉翁岩》没有收入。补遗之作的数目是影响总数目的重要因素。

（三）王十朋雁荡山诗歌分类

以地理为划分依据，本文将王十朋诗歌分为北雁荡山之诗、南雁荡山之诗和中雁荡山之诗。除此之外，还有与雁荡山相关之诗、补遗诗两类，共五大类。

（1）北雁荡山之诗。王十朋可谓是雁荡山的知音。在他的这类诗歌中，歌咏北雁荡山的兼具艺术特色和思想内涵，代表了其雁荡山诗歌的最高成就。这类诗共有27首：

《题灵峰三绝》（三首）、《出雁山》《再过雁山三绝》（三首）、《与万先之登舟芳龄路人有手持桂花者戏觅之概然相赠且言欲施此花久矣又言花名秋香一名十里香遂与先之分之记以一绝》《题石梁》《过雁山》《次先之过雁荡山》《度雁山》《度谢公岭》《宿罗汉三绝》（三首）、《游大龙湫和前韵》《游灵岩辉老索诗至灵峰寄数语》《题瑞岩》《题双峰资深堂》（五首）、《宿灵岩赠长老敏行》《题净名院二绝》（两首）

（2）南雁荡山之诗。在王十朋的雁荡山诗歌中，歌咏南雁荡山的数量较少，只有《天柱岩》《雁潭》两首，皆出自《左原诗三十二首》。

（3）中雁荡山之诗。在王十朋的雁荡山诗歌中，有9首相关之作：

《次韵昌龄游白石二诗》（两首）、《再和二首》（两首）、《十一月二日自金溪访钱用章于白石览山川景物之奇以东道之姓为韵》《同钱用明用章游白石岩》《又书岩上》《屑玉泉》《游东际》

（4）与雁荡山相关之诗。在王十朋的诗歌中，与雁荡山有关的共11

首，多是将雁山化为思乡感怀的对象：

《送刘方叔季文游雁山》《太学寄梦龄昌龄弟》《宿灵山院》《登姚
奥岭望家山有感》（"已作一宿客""昔年度兹岭"）、《初拟过雁山既
而取道乌石寄梦龄昌龄》《过白溪》《雁山僧景暹求文记本觉殿》《又
六言》《宝印叔得小假山以长篇模写进士钦逢辰和之某次韵并剪钦》
《金华先生有奇石名碧连催来自蜀陈洪州以诗觅之金华缀所嗜以赠亦一
段奇事也予家雁荡群峰错峙皆几案间物因和二公诗颇起乡思寓意断章》

（5）补遗之诗。《王十朋全集》辑佚诗《能仁禅寺》："不到能仁久，
欣闻赐额还。浮云已过眼，依旧好青山。"（据明永乐《乐清县志》卷六）
能仁寺位于北雁荡山。《王十朋全集》辑佚诗《石夫人》："亭亭独立望天
津，四畔无家石作邻。螺髻不梳千载晓，峨眉空扫万年春。雪为铅粉冯风
傅，霞作胭脂仗日匀。莫道岩前无宝鉴，一轮明月照夫人。"（据明永乐
《乐清县志》卷五）关于此诗，争论较多。段海蓉女士在《〈石夫人〉作者
考辨》中对其八位作者进行一一考证，结论为王十朋之作，但不排除是翻
新之作。

《赴试道经雁山》："故乡从此去，借问几时还。先自思兄弟，那堪宿雁
山。"（据《广雁荡山志》卷二十一艺文诗四）。❶《梅雨瀑》："灵源东接雁
池遥，裂石崩崖下九霄。云断青天倚长剑，月明泉室挂生绡。江声雨势三
秋急，雪片冰花五月饶。休勒移文北山去，他年来赴石梁招。"（据《雁荡
山诗选》❷）此诗未见于《梅溪王先生文集》和《王十朋全集》。《醉翁
岩》："两石如醉翁格清，兀然相待坐岩局。啼春山鸟自相劝，满地落花犹
未醒。"（据《南雁荡山志》❸ 卷六）此诗为王十朋游南雁荡山时所作，见
于地方志。

综上所述，王十朋有 8 次游雁荡山的经历，共留有 53 首相关诗歌。其
中，咏北雁 27 首，咏南雁 2 首，咏中雁 9 首，相关之作 11 首，补遗 4 首。

---

❶ 曾唯. 广雁荡山志［M］. 杭州：西湖摄影出版社，1990. 又，此诗见于《宿罗汉三绝》第
三首，但在《广雁荡山志》和《雁荡山志》中均为独立的一首。

❷ 谢军. 雁荡山诗选［M］. 乐清：雁荡山风景旅游管理局，1979.

❸ 周喟. 南雁荡山志［M］. 瑞安：戴氏咏古斋，1918（民国 7 年）.

二、王十朋雁荡山诗歌的创作成就

前人对于王十朋诗歌的整体评价亦适用于评价其雁荡山诗歌。朱熹代刘共父作《宋梅溪王忠文公文集序》称：

> 平居无所嗜好，顾喜为诗。浑厚质直，恳恻条畅，如其为人，不为浮靡之文，论事取极己意。然其规模宏阔，骨骼开张，出入变化，俊伟神速，世之尽力于文字者，往往反不能及。其他片言半简，虽或出于脱口肆笔之余，亦无不以仁义忠孝为归，而皆出于肺腑之诚。然非有所勉强慕效而为之也。盖其所禀于天者，纯乎阳德刚明之气。是以其心光明正大，疏畅洞达，无有隐蔽，而见于事业文章者，一皆如此。（《晦庵集》卷七五）

雁荡山诗歌作为王十朋诗歌的重要组成部分，与其他诗篇在艺术方面自然有相通之处，但其特殊性更是不容忽视。

（一）王十朋雁荡山诗歌的艺术特色

1. 淳朴淡雅的诗风

王十朋很推崇韩愈。清道光《乐清县志》卷十六《杂志》言梅溪诗："瓣香韩欧苏三家，而以韩为宗。初得《昌黎集》，辄欲尽和韩诗三百余篇。"❶虽是推韩学韩，主要是"以文为诗"，其诗风不似韩愈的"奇崛"，而是趋于淳朴淡雅，有"厚""质"的韵味，简单易读。宋汪应辰谓："公于文专尚理致，不为浮虚靡丽之词。"（《文定集》卷二三）宋真德秀言："绝去雕琢，浑然天质，一登临，一燕赏，以至赋一卉木，题一岩石，惓惓忠笃之意，亦随寓焉。"（《西山文集》）

其《过雁山》诗云："清秋天气过山中，征雁行人路不同。从此又劳千里翼，传书来往浙西东。"山中还是秋天，路上的人各有其事；此次又要劳顿千里，只能往家乡传几封家书。语言简洁，通俗易懂。

《次先之过雁荡山》有云："云山缭绕几千重，撩我秋来逸兴浓。欲向灵岩移卓笔，与君同扫万人峰。"云雾缭绕在山间足足"几千重"，这令人

---

❶ 乐清县地方志编纂委员会．乐清县志 [M]．北京：中华书局，2000.

逸兴更浓。遥望灵岩，不知山石奇绝，可有一石恰似卓笔，借来与君共扫这"万人峰"。首联写山间秀美空灵的美景令作者的兴致愈发高涨。"欲向灵岩移卓笔"，此句妙，带有"奇"的特色，末句表达了作者横扫万人峰的壮志凌云。

又如《雁潭》："九日登临涧水滨，荡中征雁亦来宾。如今雁至应相感，不见名潭旧主人。"善用白描手法"以文为诗"，明白晓畅，不失韵致，铸就了王十朋雁荡山诗歌特有的淳朴淡雅之风。

2. 诗情画意的交融

王十朋在写雁荡山风景时，每一笔都饱含深情，达到了诗情画意交融的境界。这也是其雁荡山诗歌最为显著的艺术特色。如《度雁山》：

> 雁山五经眼，兹行尤可观。初冬天气佳，雁归山未寒。有日照幽谷，无云翳层峦。入境见祥云，振衣登马鞍。瀑水飞玉龙，羽旗导翔鸾。石柱屹天外，卓笔书云端。灵峰观石室，杖屦穿山赞。山禽知我来，好音若相欢。群峰列春笋，丹青状尤难。行色愧匆匆，更约他时看。❶

可以说一句诗就是一幅画，整体的画面让人如痴如醉。"有日照幽谷，无云翳层峦"，是一幅日散云雾照幽谷图；"入境见祥云，振衣登马鞍"，是一幅偶遇祥云图；"瀑水飞玉龙，羽旗导翔鸾"，是一幅白龙飞临图；"石柱屹天外，卓笔书云端"，是一幅天外奇石图……作者更像是一位技艺炉火纯青的丹青画手。其《又书岩上》云：

> 十里湖山翠黛横，两溪寒玉斗琮琤。路从飞鸟上头过，人在白云高处行。岩下行田谢康乐，洞中辟谷李先生。凭栏不瞰人间世，转觉此心名利轻。

此诗体现出诗人少有的"奇"。如果说"十里湖山翠黛横，两溪寒玉斗琮琤"还是一幅秀美的山水画，"路从飞鸟上头过，人在白云深处行"则是一幅志存高远意境的画。人行走的道路有飞鸟掠过，人在白云深处行走，从侧面写出山之高险，亦写人之高远。

诗人用诗的语言描绘出一幅幅秀丽神奇的画，不得不承认这类作品颇

---

❶ 除另注外，本文所引王十朋诗歌均出自：梅溪集重刊委员会. 王十朋全集［M］. 上海：上海古籍出版社，1998.

具"诗中有画，画中有诗"的审美体验。

3. 情理情趣的结合

王十朋的雁荡山诗歌善于借景言志、借景抒情，带有情理和情趣相结合的艺术特色。如《再过雁山三绝》之《大龙湫》《天柱峰》《天聪洞》：

> 龙大那容在此湫，银河得得为飞流。好乘风雨昂头角，直到天池最上头。

> 女娲石烂若为修，四海咸怀杞国忧。谁识山中真柱石，擎天功业胜伊周。

> 重华疑到此山中，凿石疏岩达四聪。端为草茅忧世士，不教无路献孤忠。

"四海""擎天""端为"等句表达了诗人忧国忧民的情感、渴望建功立业的志向和无人赏识的忧愤，而这些都是见景生情、借景言志，情景交融。又如《宿罗汉三绝》：

> 梵舍十八所，道场皆矩罗。兹独号罗汉，想应无漏多。雁荡屡经眼，个中方再游。何时脱尘鞅，来此饱清幽。故乡从此去，借问几时还。先自思兄弟，那堪宿雁山。

"何时"等句表达了诗人渴望出世的脱俗思想。在雁荡山，似乎格外容易触发这种情感。

王十朋雁荡山诗歌的艺术特色在其每首诗中都有体现，三者不是单一出现，而是相互交融，这使得其作品具有较高的艺术价值。

（二）王十朋雁荡山诗歌的思想内涵

1. 思乡的惆怅之感

王十朋诗歌中与雁荡山相关的诗歌，多将雁荡山作为感怀的意象，表达思乡的惆怅之感。如《太学寄梦龄昌龄弟》中"东望家山几断魂"，只是远远地望见了雁荡山，就几近魂断；《宿灵山院》中"明日出山家渐远，乡心从此上愁颜"，看见太阳升起，想到不得不离开雁荡山，思乡的愁绪就涌上心头。其两首《登姚奥岭望家山有感》更是遥相呼应：

> 已作一宿客，渐为千里人。吾亲白云下，回首一沾巾。

> 昔年度兹岭，回首念慈亲。如今望云处，惟有泪沾巾。

望见雁荡山，唯有泪沾襟。王十朋见他物而思念故乡，而一切乡思都可以靠家乡的雁荡山来化解。

2. 闲适脱俗的意趣

一种闲适是"山林有真乐，富贵何足求"，一种脱俗是"凭栏不瞰人间世，转觉此心名利轻"，在王十朋的雁荡山诗歌中皆能体会。如《题灵峰三绝》：

> 家在梅溪水竹间，穿云蜡屐可曾闲。雁山新入春游眼，却笑平生未见山。洞中大士半千身，住世端能了世因。应笑玉箫峰下客，马蹄长践利名尘。三宿灵峰不为禅，茶瓯随分结僧缘。明朝杖屦丹丘去，带得烟霞过海船。

诗人先说家在溪水涧，可是等进入雁山，也只能淡然自嘲"平生未见山"，可谓一脱俗。诗人感慨山中住几日便能了是因，忽而被嗒嗒的马蹄声吸引，"应笑玉箫峰下客，马蹄长践利名尘"。最后，诗人不为修禅而来却结下了僧缘，遥想着明天拄着杖屦去丹丘，带着一片烟霞，宛如一位仙风道骨的长者，洒脱飘逸。

《同钱用明用章游白石岩》和《十一月二日自金溪访钱用章于白石览山川景物之奇以东道之姓为韵》两首诗是王十朋游中雁荡山时留下的佳作，其中的"但愿乞二山，不愿万户侯""王孙占得湖山胜，明月清风不计钱"等诗句，既有不屑名利的洒脱，又有闲适的情趣，寄情山水，热爱林泉。

3. 忠心为国的君子之风

明李东阳《麓堂诗话》有言："（陆）静逸之见，前无古人，而叹羡王梅溪诗，以为句句似杜。"王十朋是一位真正的儒学君子，天下自在其心中。如《游灵岩辉老索诗至灵峰寄数语》：

> 雁荡冠天下，灵岩犹绝奇。烟霞列屏障，日月明旌旗。岩前有卓笔，可以书雄词。天聪况非遥，茫然听无疑。愿起灵湫龙，霖雨行何为。愿用真柱石，永支廊庙危。愿煽造化炉，四海归淳熙。愿招鸾凤友，朝廷相羽仪。何人梦石室，妄诞夸一时。那能了世缘，未免贪嗔痴。名山误见污，公议安可欺。愿借灵湫水，一洗了堂碑。诗以寄老禅，狂言勿吾嗤。

诗的前部分极尽辞藻状写灵岩的绝奇，借景言志，"愿煽""愿招"云云展现出凌云之志；后部分对"何人"即秦桧极尽讽刺，认为名山误见污，更"愿借灵湫水，一洗了堂碑"。笔者认为，这句话是王十朋雁荡山诗歌中成就最高的佳句：一是仅 10 个字就突出体现了王十朋心怀天下的思想，二是从一个最特殊的角度描写龙湫水，实可感叹。

在雁荡山诗歌中，王十朋是第一大家。他了解并深爱着家乡的山，他的诗歌胜在将美景与思想融为一体。不管是思乡的感怀、闲适脱俗的意趣，还是忠心爱国的情怀，都载之于诗情画意、情理结合、淳朴淡雅的雁荡山诗歌中。

三、王十朋雁荡山诗歌的意义

（一）文学史意义

王十朋留有 2 000 多首诗歌，可以分为五大类：咏史诗、政治诗、酬唱诗、悼亡诗和纪行诗。

其咏史诗大部分收在《王十朋全集》卷十中，共 106 首。其诗以 106 位历史名人为题，以《伏羲》为首，以《徐有功》收尾，帝王占多数。王十朋对他们的历史功过进行了客观的评价，诗句更似散文，有信手拈来的意味。如《孔父》："春秋死难止三人，皆欲求仁未得仁。节义可书惟孔父。"《仇牧》："春秋死难止三人，皆欲求仁未得仁。仇牧捐躯为君父，不如孔氏胜如荀。"《荀息》："春秋死难止三人，皆欲求仁未得仁。荀息捐躯为私昵，也胜贼子与奸臣。"这三首小诗摆在一起，前半相同，后半论高低——孔夫子为上、仇牧居中、荀息为下，可谓精巧简练，又有深意。

在王十朋的政治诗中，有落第忧愤之作，有抒发远大抱负之作，有伤时感怀之作，有关注底层百姓之作。其忧国忧民的儒家思想和淳朴诗风在咏史诗和政治诗中体现得淋漓尽致，在艺术上稍有欠缺，句法过于平淡。

王十朋的酬唱诗数量较多，一类是收在《王十朋全集》卷九中的"和韩"诗，表达了对韩愈的仰慕之情，共 17 首；一类是和志同道合之士共论国家大事、畅谈理想抱负之作，也包括送别、思念、感怀知音之作，种类繁多，另被集为《楚东酬唱集》。

王十朋的悼亡诗情感真挚，使人读之落泪。如悼念母亲的"不见双亲空泣血，此生无计报劬劳"（《十月二十八母氏劬劳之日也，哀痛中书二十八字》）、悼念儿子的"当时戏发十年间，添我无穷今日悲"（《哭孟丙》）、悼念妻子的"三十年间共辛苦，忽然惊断梦中因"（《哭令人》），等等。

王十朋的纪行诗代表了他的最高艺术成就，包括雁荡纪行诗、夔州纪行诗、泉州纪行诗、湖州纪行诗和饶州纪行诗。其中，雁荡和夔州的纪行诗是最重要的部分。余霞女士评价说：

> 王十朋出任夔州知州，在入夔途中、宦寓夔州及离夔路上创作了三百多首优秀诗歌，或写景状物，或凭吊怀古，或评论时政，或记民情风俗，或酬和赠答，这些诗歌体裁丰富，呈现出以实录为主、崇尚理致、朴实条畅的艺术风格。❶

王十朋的雁荡纪行诗多达 58 首，在其诗歌中占有独特的地位。陶文鹏先生评价说：

> 王十朋的山水诗与宦游诗写得既多又好，上承梅、苏、欧、王等人，下开陆、范、杨、朱，在古代山水诗与宦游诗史上可谓承前启后，卓有贡献，应占有一席之地……王十朋毕竟写出了二千多首具有第一等襟抱与仁者气象的真诗，我们应该充分认识与评价他在宋代诗歌史上的地位和贡献。❷

王十朋的文学成就虽不能与其他大家相比，但他在南宋初期诗坛、在浙江文学史上的地位还是值得肯定的，尤其是在雁荡山文化上。王十朋是"雁山七贤"之一，雁荡山的美景在他的笔下呈现。雁荡山和王十朋连在一起，展现出的就是"人杰地灵"。

（二）文化史意义

作为第一位以大量诗篇歌咏雁荡山的诗人，王十朋的相关诗歌在雁荡山诗歌中占有重要地位。梁章钜先生称：

> 永嘉四灵最著四人者，皆曾游雁荡，而传句甚稀，惟赵师秀有《大龙湫》诗……此外更无一诗，亦名山之小缺憾也。读王梅溪忠文诗集凡为雁山作者，多至十七首，亦可谓无负兹山矣。❸

---

❶ 余霞. 论王十朋的夔州诗 [J]. 重庆工商大学学报, 2008 (8).
❷ 陶文鹏. 论王十朋的山水诗与宦游诗 [J]. 西南民族大学学报, 2013 (3).
❸ 梁章钜. 雁荡诗话 [M]. 北京: 北京图书馆出版社, 2005.

雁荡山之景以大龙湫为冠。对比其他几位诗人的大龙湫诗，更能看出王十朋诗歌的特点所在。赵师秀的《大龙湫》充分展现出其写景的功底，颔联"高风吹作雨，低日射成虹"❶ 写出了大龙湫的秀美；徐玑的《大龙湫》运用夸张的手法如"数千尺""贴石流""众山圻""半空游"等，❷突出了大龙湫的奇绝；汤显祖的《大龙湫》着重表现大龙湫飞落时烟雨蒙蒙的美景，等等。具体到王十朋，如《再过雁山三绝》其一《大龙湫》：

> 龙大那容在此湫，银河得得为飞流。好乘风雨昂头角，直到天池最上头。

诗人以大龙湫的名字展开奇妙的想象：一条飞龙顺流而下，气势浩浩荡荡，昂着头角、乘着风雨逆流而上，势如破竹，直飞上天池顶端；同时也寄托了诗人志存高远、意气风发的情感。

如果说其他人的雁荡山诗歌多注重景物刻画、思想较为单一的话，王十朋的雁荡山诗歌则注重诗情画意的交融、情理结合的趣味，同时，还包含多种思想，如寄情山水的闲情雅致、出世与入世的感想、渴望建功立业的雄心抱负以及报国无门的忧愤。可以说，王十朋的雁荡山诗歌兼具艺术性和思想性，代表了雁荡山诗歌的最高成就。至于"愿借灵湫水，一洗了堂碑"，更是当得起雁荡山诗歌的第一名句。

《雁荡山志·艺文志》有云：

> 李白歌蜀道难于上天，孙绰赋天台可使掷地。盖惟名人乃有名作，是以胜区常留胜事，当日对景抒怀，因多随手拈来之妙；后人探幽访旧，遂系流连咏叹之思。一经品题，身价十倍，山亦莫能外也。❸

雁荡山虽曾与庐山、黄山并称三山，亦曾与五岳齐名，但现在来看却在文化方面有些逊色，而王十朋的雁荡山诗歌则在一定程度上有所弥补。作为雁荡山第一乡贤，王十朋在雁荡山文化中是一个重要印记。王十朋有如此多的雁荡山诗歌，相信他读懂了雁荡山。山遇知音，借知音之名，才会有更多知音纷至沓来。名山美景美则美矣，名作佳句美则美矣，若是两者交相辉映，方能相得益彰，亦不负两者之美名也。

---

❶ 赵师秀. 清苑斋诗集［M］. 上海：上海古籍出版社，1987.

❷ 徐玑. 二薇亭诗集［M］. 上海：上海古籍出版社，1987.

❸ 蒋叔南. 雁荡山志［M］. 北京：线装书局，2010.

【参考文献】

[1] 王雪丽，王祝光．王十朋传［M］．沈阳：辽宁大学出版社，1990．

[2] 徐顺平．王十朋评传［M］．北京：作家出版社，1998．

[3] 王十朋．梅溪王先生文集［M］．文渊阁四库全书影印本．上海：上海古籍出版社，1987．

[4] 北京大学古文献研究所．全宋诗［M］．北京：北京大学出版社，1998．

[5] 孙诒让．温州经籍志［M］．北京：中华书局，2011．

[6] 段海蓉．《石夫人》作者考辨［J］．中国文化研究，2011（春之卷）．

[7] 脱脱等．宋史［M］．北京：中华书局，1997．

[8] 王文碎．爱国状元王十朋［M］．合肥：黄山书社，2002．

[9] 王祝光．王十朋纪念论文集［M］．沈阳：辽宁人民出版社，2001．

[10] 南晓燕，施中旦．历代诗人咏王十朋［M］．北京：线装书局，2013．

[11] 乐清市文学艺术界联合会．王十朋研究文集［M］．乐清：1994．

[12] 乐清市政协文史委员会．乐清上下一千六百年·人物篇［M］．北京：中国文史出版社，2006．

[13] 吴鹭山．雁荡诗话［M］．乐清：1997．

[14] 许宗斌．雁荡山笔记［M］．北京：线装书局，2009．

[15] 滕万林．雁荡山揽胜［M］．南宁：广西民族出版社，2002．

[16] 周守华．雁荡山人文风采［M］．北京：海洋出版社，1991．

[17] 金明雪．历代名人与雁荡山［M］．杭州：浙江摄影出版社，2003．

[18] 张一平，张胜男．温州诗歌史［M］．杭州：浙江人民出版社，2013．

[19] 杨舞西．雁荡山史话［M］．上海：天马图书有限公司，1998．

[20] 金明雪．雁荡山诗词［M］．北京：中国民族摄影艺术出版社，2004．

[21] 李红梅．王十朋诗歌研究［D］．保定：河北大学，2007．

影视界的宠儿
——解析《妻妾成群》中的故事因素

■ 葛晓倩*

【摘　要】《妻妾成群》是苏童的一部中篇小说，这部小说在社会上引起广泛关注主要源于它被改编成影视作品《大红灯笼高高挂》。本文主要讨论《妻妾成群》中包含的故事因素，探讨它们所具有的影视魅力。

【关键词】妻妾成群　故事　冲突　景物

苏童的中篇小说《妻妾成群》被张艺谋改编成电影《大红灯笼高高挂》，继而又被台湾导演郑建荣改编成与电影同名的电视剧，一时间被广大读者所熟知。由于电视与电影的先入为主，笔者第一次读《妻妾成群》完全没看到电影中出现的精彩画面，只有枯燥的人物以及大段大段的景物描写。后来，因为专业原因多次重读《妻妾成群》，才有了颇多收获，发现它能被改编成电影和电视剧的一个重大原因是：它包含着丰富的故事因素。

故事是电影和电视剧的灵魂。一部好的电影、电视剧首先得有个好故事，故事越精彩越能吸引人，普通观众也有这样的期待。《妻妾成群》就讲述了一个好故事。它写于 1989 年，是苏童从实验意义的先锋创作转向写故事的传统创作的一篇成熟的作品，正如他在一次访谈中说的"从《妻妾成群》开始我有一种讲故事的欲望"。❶

＊ 葛晓倩（1990~），女，安徽亳州人，贵州师范大学文学院在读硕士，研究方向为中国现当代文学。

❶ 周新民，苏童．打开人性的皱折——苏童访谈录［J］．小说评论，2004（2）：27.

一、时空封闭——故事的构成背景

《妻妾成群》中的故事发生在一个封闭的时空里：封闭的陈家大院，四季的轮回变换。故事发生在夏天，由颂莲从后门被抬进陈家大院做四太太开始；经过秋天、冬天，她得宠、失宠，目睹了三太太梅珊的惨死，发疯；第二年春天，五太太文竹嫁了进来，故事结束。在改编成影视作品时，这类传统的文学作品比先锋派文学更容易把握，因为它更贴近影视作品的呈现方式。

《妻妾成群》中的人物由老爷陈佐千，四个太太即毓如、卓云、梅珊、颂莲，五个儿女即飞浦、忆惠、忆云、忆容、飞澜，一群仆人即雁儿、陈妈、福子、管家陈佐文等，两个外来者即医生、顾家三少爷组成。他们的活动范围就是陈家大院，封闭的空间便于故事的讲述，同时，空间的局限也使得故事更有张力。人物活动的私人空间有四个太太及丫鬟雁儿的房间，公共空间有后花园、中院、饭厅、客厅。在每个单独的空间中，人物的活动就像一幕幕情景剧，而这些空间的串联就构成了流动的人物活动场景，讲述了一个人的多个故事。在后花园，颂莲初进陈府便遭遇雁儿和一帮仆人的嘲笑；在南厢房，又遇到雁儿，再次受到多般为难；在大太太毓如的房间，受到冷遇；在二太太的房间，得到了热情招待；三太太则闭门不见。由此，展现了颂莲刚进陈府时的状况。重阳节，她与大少爷飞浦在饭桌初见；花园中，二人又偶遇；后来，飞浦登门探望；再后来，他请朋友教颂莲吹箫等。这是她在陈府中的快乐时光。在颂莲房中，陈佐千大都为房事而来，颂莲也经历了得宠、失宠。后花园是梅珊和颂莲都喜欢的地方，梅珊在那唱戏，颂莲赏花，她们对花园中的那口井都深有感触。这也是她们两姐妹相亲相惜的原因。最后，梅珊偷情、惨死在井中，颂莲发疯，陈佐千又娶了五太太文竹。

当然，小说中除陈府外还出现了三个空间：颂莲的家、西餐社和一家旅馆。但它们的出现似乎只是为了衬托陈府这个封闭的空间。颂莲的家是个缺少温情的地方，父亲因茶厂倒闭而自杀，她退了学，后母逼她在做工和嫁人之间选择。这种情况下，她选择嫁给有钱人当小妾（逃离家庭的牢笼）。西餐社是个自由的活动空间，在这里颂莲和陈佐千第一次见面。小说中详细描写了西餐社中的颂莲作风洋派、漂亮洁净，深得陈佐千的喜爱。颂莲在西餐社中的所有表现也是为了讨陈佐千的喜欢而嫁入陈府（自愿进入另一个牢笼）。对于旅馆，小说只是一笔带过：三太太梅珊和医生在旅馆偷情被抓。但这是不同于陈府的自由之地。梅珊终究还是没有逃脱陈府的牢笼，这也暗示出颂莲的命运。颂莲由一个自由的地方走进一个封闭、压抑的地方，从此再也走不出去。她夏天嫁进来，冬天便发疯，到第二年春天文竹嫁进来，似乎暗示着女人宿命的轮回。

在陈府这个封闭的空间，生活着一群人，他们走进去就再也出不来。两个外来者只是陈府的过客，对他们的生活产生不了任何影响；如果有，也是更坏的。医生走进陈府，带给了梅珊情欲上的满足，却又使她和颂莲都饱受情欲煎熬。陈佐千从性功能衰弱到丧失，满足不了颂莲的情欲。每逢阴雨天，她就想起床第之事，眼前常出现梅珊与医生在桌子下交缠的四条腿。梅珊为了情欲付出了生命的代价，颂莲也因为飞浦的性无能及梅珊的惨死而发疯。顾家三少爷是陈府的另一个外来者，他是飞浦的好朋友，皮肤白皙，举手投足腼腆拘谨，第一次出现时就与飞浦手拉手形影不离。后来，飞浦去云南做生意就是与他结伴同行。小说中，飞浦说自己害怕女人，又是个性无能者，那么顾三与飞浦的交好就不是一般的男人间的友谊了。他们就像《红楼梦》中厮混在大家族中的少爷。由此，也可以看出家族的污浊衰败之象。封闭时空的外来者与府中之人的活动，进一步深化了故事的戏剧色彩。

二、冲突激烈——故事的内在动力

中国戏剧理论和批评认为：没有冲突就没有戏剧。《妻妾成群》中诸多激烈的冲突应该是其能被改编成影视作品的主要原因之一。妻、妾、成、群这四个字听起来就有故事，几个女人围着一个男人争风吃醋、钩心斗角，再加上丫鬟、仆人、少爷，可以上演一出宫斗戏了。

小说中的冲突主要通过人物的对话和动作表现出来，这恰巧对应了声音与画面这两个重要的电影元素。颂莲初进陈府时，被丫鬟雁儿当成穷亲戚嘲笑。她先是瞟了一眼雁儿说："你傻笑什么，还不去把水泼掉？"雁儿仍然笑着，说："你是谁呀，这么厉害？"她就搡了雁儿一把，"我是谁？你们迟早要知道的。"❶ "人物的对话在故事叙述和任务塑造上起着非常重要的作用，它是人物之间交流、人物内心情感表达的重要手段。"❷ 从颂莲和雁儿的对话以及她的动作可以看出，颂莲的强势也为两人后面的矛盾埋下了伏笔。当雁儿成为颂莲的使唤丫头时，颂莲百般为难雁儿：用手挑她的头发，怕有虱子，嫌她头发难闻，让她用肥皂重洗。雁儿为了报复，朝颂莲的衣裙上吐唾沫。这是太太与丫鬟之间的冲突。四个太太之间的冲突则更加激烈。大太太毓如表面不问世事，安心礼佛，却时时都在显示自己的威仪。颂莲刚过门去拜访她时，她只顾礼佛，连头都没抬。后来，因为在后院烧树叶与颂莲产生分歧，斗了几句嘴，她就在吃饭时把筷子往桌上一拍："你也不拿个镜子照照，你颂莲在陈家算个什么东西？"陈佐千五十大寿时，三太太的儿子飞澜与二太太的女儿忆容追闹，碰翻了花瓶，她把他们拽到外面一人捆了一巴掌。而二太太卓云，用三太太梅珊的话说，是慈善面孔蝎子心。她与梅珊差不多同时怀孕，在梅珊三个月时，差人在梅珊的药里下泄胎药。梅珊也曾报复卓云，花钱雇人把卓云的女儿忆容打伤，住了医院。但最终，她因为和医生偷情，被卓云带着仆人捉奸在床，带回陈府，按照家规，沉井而死。颂莲刚进门时，卓云表面对她百般热情、诸多关心，暗地里却指使雁儿诅咒颂莲。颂莲发现后，感叹知人知面不知心。帮卓云剪头发时，她出于报复，故意剪伤了卓云的耳朵。

女人之间不断地斗争是为了获得男人的宠爱，巩固自己的地位，但她们和陈佐千之间也存在不可调和的冲突。毓如是大太太，有着自己的身份、地位，但陈佐千讨颂莲做四太太竟然没告诉她，可见她在陈佐千心中的分量之低。梅珊可以对陈佐千要要性子、发发脾气，那是因为陈佐千宠着她。但就像陈佐千说的，女人永远爬不到男人的头上来。他不高兴时大骂："狗娘养的小婊子，我迟早狠狠收拾她一下。"颂莲第一次失宠就是因为心情不好，陈佐千说了句"我最恨别人给我脸色看"，然后跳下床、穿好衣服就去了别的太太那里。她最后一次失宠也是因为拒绝陈佐千无理的性要求，被

❶ 苏童. 苏童作品精编 [M]. 桂林：漓江出版社，2007：205. 下引同，不另注。
❷ 佟婷，王幼仪. 电影剧作理论与技巧 [M]. 北京：中国传媒大学出版社，2015：176.

陈佐千骂道："没见过你这种女人，做了婊子还立什么贞节牌坊？"从陈佐千极尽侮辱之能的话可以看出陈府中男人的强权以及女人地位的低下。

矛盾是戏剧的核心，戏剧是通过矛盾冲突来展开情节的。小说中多处激烈的冲突恰恰满足了戏剧的这一重要因素，精彩的人物对话和动作也成为戏剧的一大亮点。

三、景物独特——故事的外部张力

景物是小说的构成要素之一，也是电影的必备因素。张艺谋把《妻妾成群》改编成电影《大红灯笼高高挂》就是化用了"红灯笼"这一意象。其实，"红灯笼"在小说中只出现了两次：十二月初七，陈府门口挂起了"灯笼"，这天陈佐千过五十大寿；到了夜里，两个女仆去门口摘走寿日的"灯笼"。"红灯笼"本是节日喜庆的代表，在张艺谋的电影中变成了一种意象、一种仪式，或者说是一种文化符号。在电视剧《大红灯笼高高挂》中，"红灯笼"是家族喜事的装饰物，是家族兴衰的象征。电影导演和电视编剧选取不同的角度，用不同的表现方式展现"红灯笼"，都是为了作品服务的。

《妻妾成群》中"红灯笼"被导演看中，有它自身的因素，但小说中也出现了多个独特的景物。"江南才子"苏童笔下的每一种景物都是一种意象，《妻妾成群》中的深宅大院——陈府，何尝不是一种象征？它可以理解为封建大家族这个牢笼，象征着封闭、陈腐、落后，但有着扼杀新生命的力量。接受过高等教育的颂莲嫁进陈府，她所拥有的新生命力被一点点扼杀。年仅19岁的她就失去了少女的鲜活力，成为一个多愁善感、轻言生死的妇人，疯狂是她最终的命运归宿。

此外，后花园墙角的一架紫藤和紫藤架下的一口井这两个意象在小说中多次出现，每次出现都会伴随着颂莲的情绪及生活状况的变化。第一次出现时，颂莲还很得宠，她从窗口看见那些紫色的絮状花朵在秋风中摇曳，一天天地清淡。颂莲第一次走到井边，在井中看到自己闪烁不定的脸，听见自己的喘息声被吸入水井放大了，吓得快速离开。后来，她从卓云口中知道了那口井叫"死人井"，曾淹死过三个上代的家眷。第二次，是颂莲和陈佐千一起看窗外的雨景，看到空无一人的花园被风掠过，摇晃犹如人形的紫藤架，便和陈佐千聊到了那口井，说井中的女人像她。还在得宠时的颂莲似乎意识到了自己未来的命运。紫藤花的花语是：为情而生，为爱而亡。紫藤架下守护的那口井却是多个女人的葬身之地，她们应该称得上是为情而生、为爱而亡之人吧。第三次出现，是陈佐千寿宴当日，也是颂莲第一次失宠之后。颂莲经过后院，又看见了那架凋零的紫藤，在风中发出凄迷的絮语，而那口井仍然在向她隐晦地呼唤着。颂莲再次走到井边时，竟产生了幻觉，觉得井中有只手伸出来盖住她的眼睛，有个声音叫她下来。颂莲之所以会产生这样的幻觉，可能是因为感觉到了自己在陈家的命运就像风中飘零的花瓣。第四次出现，是在陈佐千丧失性功能、颂莲最后一次失宠时。颂莲与梅珊在井边谈话，颂莲问井中死的是谁，梅珊回答："一个是你，一个是我。"她们都感到自己的命运和井中女人的命运一样。第五次出现，是在雁儿死后，她从陈妈口中听说了井中死人的故事，被吓得晚上不敢关灯睡觉。最后一次，是目睹梅珊被沉进井里淹死，颂莲彻底发疯。疯了以后，她常常说："我不跳井。"小说中的"井"就是多情女人的葬身之所，这个意象贯穿始终，昭示着颂莲命运的起伏变化。

除了紫藤与井，小说中还多次出现了菊花。颂莲与飞浦在花园偶遇，就是为了赏菊。颂莲的说的"花非花，人非人，花就是人，人就是花"，道出了花与人的境遇。本是花之隐逸者的南山菊却被摆成了福、禄、寿、禧这四个俗字来装点俗人的生活。人们常用花来比喻女人，花的命运也暗示着女人的命运。菊花是盛开在秋天的花，菊的枯萎预示着冬天的到来。颂莲是夏天进门、秋天失宠、冬天发疯的，菊花多次出现在她的房中。第一次，是秋雨中与陈佐千行房事，梳妆台上几朵紫色雏菊闪烁着稀薄的红影。花开得那样的黯淡无光，预示着颂莲以后的生活。第二次，是颂莲父亲留给她的遗物箫不见了，颂莲眼圈红肿着，一个人呆坐在沙发上，手里捻着一枝枯萎的雏菊。这一天，是颂莲第一次失宠，陈佐千烧了她的箫又不顾她的心情强行与他行房事。颂莲就像那黯淡的雏菊，最终逃不了枯萎的命运。第三次，是与大太太毓如发生争吵后回到房中，她看到梳妆台上的大丽菊已枯萎得发黑，却又不知把它扔向何处，最后索性扔在了衣柜。其实，颂莲自身又何尝不是无处安置的菊花呢?

小说中的意象书写在增添了韵味的同时，也推动了情节的发展。其实，苏童在写作时十分关注对意象的描写，小说中的人名也是独具匠心，梅珊、颂莲、文竹。梅是花中四君子之一，有着清高傲人的风骨，莲是出淤泥而不染的君子，竹更是有气节之物，但种在宅院中供人观赏时，就失去了自由和气节，就像这几个女人一样，命运只能由他人操纵。陈佐千的儿子飞浦、飞澜的名字都有个"飞"字，寓意展翅高飞，另一个字也都与水有关，寓意奔涌流淌，但他们都在陈家大院这个牢笼中失去了自由。飞浦厌倦府中女人的争吵，以做生意之名逃了出去，但终究还是要回来扛起陈家这个重担。父亲妻妾成群，他却天生怕女人，与顾家少爷手牵手形影不离；虽然喜欢颂莲，却不能拯救她。

《妻妾成群》中的独特景物构成了一个意象群，深宅大院、女人、紫藤、深井、菊花、落叶、秋雨、冬雪……这些意象彰显了生命的压抑与乏力以及命运的无可奈何，它们中的任何一个都包含着故事因素。张艺谋发掘出红灯笼这个意象，说明文学作品中的景物也可以转化为影视作品中的重要元素。

四、内容丰富——故事的多种解读

《妻妾成群》虽是一部中篇小说，却包含着丰富的内容，这也是它能被改编成影视作品的原因之一。小说中，雁儿与颂莲的激烈冲突常常让人想不通，丫鬟应该忠心于主子，做好自己分内的事，但雁儿不仅时常顶撞，还多次诅咒颂莲。颂莲一进门就让雁儿受了委屈，作为丫头自然是忍着，但雁儿却敢趁着没人往颂莲的衣裙上吐唾沫，可见她不是一般的丫鬟。她还时常没事就往梅珊房间跑，或是和卓云一起用浑身插满钢针、写着颂莲名字的布偶诅咒颂莲。作为四太太的丫鬟，却勾结其他太太谋害自己的主子，可见她的不忠。雁儿为什么这么做，又哪来的这么大胆子？张艺谋似乎发现了这点，在电影中处理成陈佐千本打算让雁儿做四太太最后却娶了颂莲，让雁儿与颂莲的冲突变得合理化了。郑建荣也发现了这点，在电视剧中处理成雁儿与陈佐千有私情、一心想着当五太太。其实，作为作家的苏童也是匠心独运，在小说中有所交代。同是丫鬟，单单从名字上看雁儿就不同于福子，而且她名字中的"雁"是有鸿鹄之志的雁，不是目光短浅、屈居屋檐下的家燕。同为仆人，陈妈从 15 岁起就在陈家，一做就是大半辈子，但还是个伺候人的仆人。从与颂莲的对话中可以看出她甘当下人的"奴才命"："在这里伺候惯了，回老家过清闲日子反而过不惯""人一生下来就有富贵命奴才命……有一天即使天塌下来地陷下去，只要我们活着，就是我伺候你，不会是你伺候我的。"雁儿不是陈妈，她并不认命，不甘心一辈子做下人。那么，雁儿有没有改变命运的机会呢？小说开头提到，雁儿在后院初见颂莲时，仆人们都注意到颂莲擦汗不是用手帕而是用衣袖，所以都把颂莲当成了陈家的一个穷亲戚捂着嘴笑。可见大户人家的下人也是自认比乡下人有身份，就像《红楼梦》中的刘姥姥进大观园把丫鬟当成小姐一样。可就是这样一个被下人嘲笑的颂莲，转眼间成了陈府的四太太，连雁儿都得给她当使唤丫头，雁儿心中自然有落差，感到不服。颂莲之所以地位突然比雁儿高了，是因为老爷喜欢她，况且老爷也是喜欢雁儿的——有一次竟摸了雁儿的乳房一把。颂莲知道雁儿因为这"一把"所以敢跟她对着干，对她也不得不顾忌一下。如果陈佐千娶了雁儿当五太太，雁儿的地位就和颂莲一样了。这点，雁儿应该是意识到的。

小说中还有一个从未露过面的人，就是大小姐忆惠。既然没出现，苏童又为什么写到她呢？忆惠在小说中只被提到过两次：第一次，是颂莲刚进陈家时穿着白衣黑裙，被仆人们当成是在北平读书的大小姐回家了；第二次，是颂莲向雁儿打问大小姐，雁儿说，我们大小姐又漂亮又文静，以后要嫁贵人的。颂莲听完，心里暗笑，觉得雁儿褒此贬彼的话音让人厌恶。这个未曾露面的大小姐，命运又怎样呢？在电视剧中，忆惠是个重要角色。她是陈府中最开明之人，但没毕业就嫁给了门当户对的顾家三少爷，因为娘家之事忍受着婆家的冷眼，不过最终敢于离婚，一个人在上海找工作，成为一个独立的新女性。小说中没有交代忆惠是个什么样的人、什么命运，留下了读者乃至导演、编剧想象的空间。

除了人物之外，小说中还有一个可挖掘的故事就是陈家的家族兴衰史。对此，苏童虽然简略带过，但从细节之处可窥见一斑。作为一个男人能够妻妾成群必须具备两个因素：一是丰厚的财产，二是旺盛的性能力，就像《金瓶梅》中的西门庆一样。仅从陈府后院的井中死过好几个上代的家眷以及陈家世代的男人都好色便可以看出，陈家一直是家境殷实、妻妾成群的。至于陈家的衰落，从仆人陈妈的一番话中可以看出："我是亲眼见他娶了四房太太，娶毓如大太太的时候他才十九岁，胸前佩了一个大金片儿，大太太也佩了一个，足有半斤重啊。娶二太太卓云，就换了个小金片儿，到娶梅珊三太太，就只是手上各戴几个戒指，到娶了你，就什么也没见着了，这陈家可见是一天不如一天了。"陈家的衰落不仅体现在金钱上，还体现在男性生命力的衰弱上。陈佐千虽然有着旺盛的性能力，但由于过度纵欲和年龄的增长，娶了四太太不到一年就丧失了性功能。性功能不仅代表着性欲，还代表着生命力和繁殖力。陈佐千性功能的丧失，不仅预示着他自身的衰老，还预示着他再也无法为陈府创造新的生命。他的长子飞浦不仅在生意上不能为陈府创造财富，在性能力也不能为陈府创造新的生命。财富和生命力的缺失，预示着陈府的衰落。随着丫鬟雁儿和三太太梅珊的惨死，四太太颂莲发疯，陈府似乎成了埋葬人生命的坟墓。五太太文竹的过门也只是豪门最后一点虚假的风光，不过是又一个生命葬送在陈府这个黑暗的牢笼里。《妻妾成群》虽是部中篇小说，却有着长篇家族史诗的大气派。导演郑建荣就是挖掘到这点，在电视剧中展现了陈府的衰败以及陈家人的落魄。

《妻妾成群》是个好故事，但作者的根本目的却不是在讲故事。在一次访谈中他说创作《妻妾成群》时觉得，一个封建大家庭中男权屋檐下女子的身影中藏着巨大的人性空间。这是苏童创作的初衷，但成功作品中的人物和故事"自己会说话"，从而达成了文本的多义性。正所谓"一千个读者就有一千个哈姆雷特"，从《妻妾成群》中，可以读出封建家族的盛衰、男权下的女性命运、人性的特点，等等。正因为如此，它才会同时成为影视界的宠儿。

【参考文献】

［1］陈林侠. 从小说到电影——影视改编的综合研究［M］. 北京：中国社会科学出版社，2011.

［2］张学昕. 人文关怀的注入与女性意识的突出——苏童小说女性形象的塑造［J］. 佳木斯大学社会科学学报，1999（4）.

［3］汪政，何平. 苏童研究资料［M］. 天津：天津人民出版社，2007.

《文化论丛》征稿

文化作为人类生存样式及其产品的总和是一个外延极广的概念，而文化研究也正在成为一个被越来越多学者所关注的人文与社会众多学科共建的开放性学术领域。鉴于此，贵州师范学院文学院、贵州民族审美文化研究所推出一份以文化研究为主题的学术丛书——《文化论丛》。

《文化论丛》秉持"追求真理，交流创新"的学术理念，确立"特色学科与多学科共建"的学术定位，以文化研究为主题，设立"黔地文化""民族民间文化""中国传统文化""外国文化与文化比较""现代文学与文化""现代传媒与文化""理论前沿与文化热点"等栏目。

本书突出贵州地方文化研究，设有专栏"黔地文化"。该栏目下设三个子栏目（"文学研究""民族艺术与审美文化研究""民俗研究"），以彰显本刊在民族文化和地方文化研究方面的特色。欢迎广大学界同仁不吝赐稿。

本书接受的稿件可以是研究论文、评论论文、研究纪要，也可以是田野调查报告、结合理论诠释与评论的影像论文、重要学术思想或人物的专题访谈、书评、影评、社会热点问题或重大事件评论等。

来稿请将邮件主题命名为"作者姓名+文章题目"，发送至邮箱：wenhualunc@ 163. com。

投稿注意事项：

一、紧扣本书主题，观点明确，文字精练，遵循学术规范，具有创新性。文责自负，严禁抄袭。

二、为方便编辑，来稿请一律采用 Word 格式电子文档，通过电子邮件以附件形式发送到本刊邮箱。

三、稿件应包括：题目、作者、摘要、关键词、正文、注释等。文后请附作者简介，包括姓名、出生年月、性别、民族、籍贯、单位、职称、学位、研究方向。

四、文章具体排版格式请参考附件，参考文献一律列于文后。

五、本书将视情况对文稿进行修改，如不同意修改，请在来稿时注明。因编辑工作量较大，请作者自留底稿，恕不退稿。

附件：《文化论丛》征稿稿件格式

论××××××××××*

张　三**

【摘　要】在中国当代文学史上，××××……

【关键词】×× ××× ××××……

一、××××

汪××❶的作品数量不多，××××……（正文，五号，其他层级请作相应调整）

（一）××××

他有着深厚的中国古代文化和民间文学的修养……

1. ×××的影响

（二）××××

……

二、××××

……

五、结　语

……

注释格式（文中注释一律采用脚注形式），如：

①毛峡，丁玉宽. 图像的情感特征分析及其和谐感评价［J］. 电子学报，2001（12）：55.

②刘国钧，王连成. 图书馆史研究［M］. 张三，译. 北京：高等教育出版社，1979：65.

③张和生. 地质力学系统理论［D］. 太原：太原理工大学，1998：42.

……

---

　* 项目说明（若无，则本项从略）。如：贵州省哲学社会科学一般项目（项目号：××××）。

　** 张三（19××~），男，贵州贵阳人，文学硕士，贵州师范学院文学院教授，研究方向为当代文学。

　❶ 汪××，当代作家……